基础会计学习指导

第二版
The Second Edition

王前锋　主编

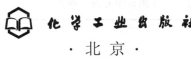
·北京·

本书是化学工业出版社出版的《基础会计》(第二版)(王前锋主编)的配套学习指导用书。全书共分九章,每章包括知识结构图、疑难解答、练习题、案例题、练习题与案例题答案及解析、教材参考答案等。本书具有以下特色:知识结构图形象直观地概括了各章知识点;疑难解答针对性强;练习题强化基础、覆盖面广;案例题综合性强;答案解析准确、严密、透彻、全面,能够帮助读者拓展知识面,达到举一反三、融会贯通的效果。

本书适合高等学校会计学、财经管理类专业学生、各类成人教育学生课后练习使用,也可以作为应对各类考试的复习参考书。

图书在版编目(CIP)数据

基础会计学习指导/王前锋主编. —2版. —北京:化学工业出版社,2018.8
ISBN 978-7-122-32423-8

Ⅰ.①基… Ⅱ.①王… Ⅲ.①会计学-高等学校-教学参考资料 Ⅳ.①F230

中国版本图书馆CIP数据核字(2018)第129902号

责任编辑:曾照华　　　　　　　　　　　　装帧设计:王晓宇
责任校对:王　静

出版发行:化学工业出版社(北京市东城区青年湖南街13号　邮政编码100011)
印　　装:大厂聚鑫印刷有限责任公司
787mm×1092mm　1/16　印张14¼　字数352千字　2018年9月北京第2版第1次印刷

购书咨询:010-64518888(传真:010-64519686)　售后服务:010-64518899
网　　址:http://www.cip.com.cn
凡购买本书,如有缺损质量问题,本社销售中心负责调换。

定　　价:42.00元　　　　　　　　　　　　　　　　　　版权所有　违者必究

前言 FOREWORD

本书是化学工业出版社出版的《基础会计》(第二版)(王前锋主编)的配套学习指导书。本书第一版出版于2013年7月,随着教材的再版,相关内容迫切需要修订。在本次修订过程中我们保持第一版原貌,对部分内容进行修订,具体体现在以下方面。

(1) 作为《基础会计》(第二版)的学习指导用书,本书在体系结构的设计上,各章节内容的安排上,都与教材保持一致,以便学生结合教材更好地掌握会计学的基本理论、基本方法和基本技能。

(2) 在结构安排上,保留了本书第一版的知识结构图、疑难解答、练习题、案例题、练习题与案例题答案及解析、教材参考答案等内容。同时,为了更好地理解教材知识点,遵循最新的相关制度规范,并充分考虑我国会计制度改革的最新要求,新增了部分疑难解答,对部分练习题进行了调整。

(3) 为了检验学习效果,熟悉考试相关要求,在本书附录部分新增模拟试题及参考答案。

由于水平有限,可能有不当之处,恳请读者批评指正。我们期待您的意见和建议,以便再版时予以完善。邮件请发至:wangqfnj@163.com。

编者

2018 年 6 月

第一版前言 FOREWORD

西方有句谚语："Tell me, I will forget; Show me, I may remember; Involve me, I will understand."（告诉我，我会忘记；教给我，我能记住；让我参与，我才能真正理解。）会计是一门实践性较强的学科，要想真正弄明白，搞清楚，必须花费一番工夫，进行大量的训练。会计知识需要积累，需要投入大量的时间和精力，除此之外，没有捷径可走。

本书是化学工业出版社出版的《基础会计》（王前锋主编）的配套学习指导用书，旨在满足高等学校会计学、财经管理类专业学生的学习需要，满足企业财会人员、管理人员以及各类成人教育学生的自学需要。

本书主要包括以下内容。①知识结构图。在每章开篇，经过提炼教材内容，用图形概括了本章涉及的知识点，形象直观，便于读者巩固所学会计知识，为后续的练习做好准备。②疑难解答。根据多年的教学经验，筛选出在学习过程中，可能遇到的疑难问题进行详细解答。③练习题及答案解析。针对每个知识点，精心编排了大量练习题，并对每项练习进行解答与解析，让读者不仅知其然，而且知其所以然。④案例题及答案。模仿实务设计的案例题，便于检验读者能否灵活应用所学的会计知识。⑤教材参考答案。为了便于检查学习效果，对教材的习题和案例分析给出了详细答案。⑥会计学习参考资料。会计学习不仅仅局限于弄清楚教材的内容，它应该是开放式、持续的学习过程。为了读者今后能够自主地学习，在附录部分，列举了会计人员常用的法律、法规及规章制度，网络资源及会计期刊。总之，本书一切从学习会计学的实际出发，希望对读者学习会计能够提供帮助。

本书由王前锋任主编，拟定编写大纲，并对全书进行了统稿工作，胡志丽任副主编。参加编写的人员及分工如下：第1~5章由王前锋、杨玥编写；第6~10章由王前锋、胡志丽、徐晴编写。感谢冒乔玲提供了第3章教材练习参考答案，感谢张长江提供了第5章教材练习参考答案。本书在编写过程中，参考了许多教材、学习指导书以及大量的考试真题，在此向其作者表示感谢。

尽管在本书编写过程中我们尽了最大的努力，由于水平有限，考虑可能不周全，书中不妥之处，恳请读者批评指正。如能留下宝贵意见，我们不胜感激，联系方式：wangqfnj@163.com。

编者

2013 年 3 月

CONTENTS

目 录

第一章 总论 …… Page 1
- 一、本章知识结构图 …… 2
- 二、疑难解答 …… 3
- 三、练习题 …… 5
- 四、案例题 …… 11
- 五、练习题与案例题答案及解析 …… 11
- 六、教材参考答案 …… 16

第二章 账户和复式记账 …… Page 19
- 一、本章知识结构图 …… 20
- 二、疑难解答 …… 21
- 三、练习题 …… 23
- 四、案例题 …… 32
- 五、练习题与案例题答案及解析 …… 32
- 六、教材参考答案 …… 40

第三章 企业主要经济业务的核算 …… Page 45
- 一、本章知识结构图 …… 46
- 二、疑难解答 …… 47
- 三、练习题 …… 52
- 四、案例题 …… 61
- 五、练习题与案例题答案及解析 …… 61
- 六、教材参考答案 …… 70

第四章 会计凭证 …… Page 77
- 一、本章知识结构图 …… 78
- 二、疑难解答 …… 79

三、练习题 ·· 81
　　四、案例题 ·· 88
　　五、练习题与案例题答案及解析 ·· 88
　　六、教材参考答案 ··· 93

第五章 会计账簿　　Page 97

　　一、本章知识结构图 ·· 98
　　二、疑难解答 ·· 99
　　三、练习题 ·· 102
　　四、案例题 ·· 109
　　五、练习题与案例题答案及解析 ·· 110
　　六、教材参考答案 ·· 116

第六章 账务处理程序　　Page 123

　　一、本章知识结构图 ··· 124
　　二、疑难解答 ··· 125
　　三、练习题 ·· 126
　　四、案例题 ·· 130
　　五、练习题与案例题答案及解析 ·· 131
　　六、教材参考答案 ·· 137

第七章 财产清查　　Page 151

　　一、本章知识结构图 ··· 152
　　二、疑难解答 ··· 153
　　三、练习题 ·· 155
　　四、案例题 ·· 161
　　五、练习题与案例题答案及解析 ·· 161
　　六、教材参考答案 ·· 167

第八章 财务报告　　Page 169

　　一、本章知识结构图 ··· 170
　　二、疑难解答 ··· 171
　　三、练习题 ·· 173
　　四、案例题 ·· 181

五、练习题与案例题答案及解析 …………………………………………………… 182
六、教材参考答案 …………………………………………………………………… 190

第九章 会计工作的组织与管理 193

一、本章知识结构图 ………………………………………………………………… 194
二、疑难解答 ………………………………………………………………………… 195
三、练习题 …………………………………………………………………………… 196
四、案例题 …………………………………………………………………………… 200
五、练习题与案例题答案及解析 …………………………………………………… 201
六、教材参考答案 …………………………………………………………………… 204

附录一 模拟试题及参考答案 207

附录二 会计学习参考资料 217

第一章
总论

一、本章知识结构图

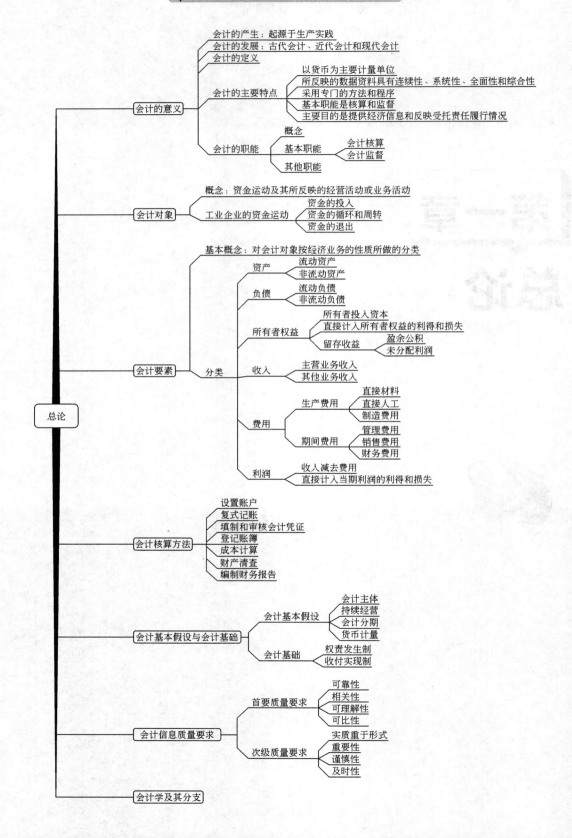

二、疑难解答

1. 为什么说会计是一门通用的商业语言？

答：因为有了会计，各种经济业务才可以在企业内部，或者企业之间、企业与政府等机构之间进行交流。比如，企业拥有多少资产、欠了多少债务、享有多少权益、取得多少收入、用了多少费用、获得多少利润等这些问题，都需要借助会计来说明。

会计中对资产、负债、所有者权益、收入、费用和利润等要素都进行了严格的定义，因此在使用这些语言时，就可以相互理解，不致发生歧义。比如，根据会计上的定义，管理者的领导能力、企业产品的市场占有率对企业来说虽然重要，但不属于企业的资产。另外，会计中除了统一定义了这些要素外，对处理经济业务的方法、程序甚至披露的格式也有统一的规定。

2. 财产与资产是否是一回事？

答：财产的概念在日常生活中普遍应用，比如，现金、设备、房屋等都属于财产。但是会计中的资产与日常用语中的财产存在很大不同。作为一项会计要素的资产，是指企业过去的交易或者事项形成的、由企业拥有或者控制的、预期会给企业带来经济利益的资源。根据资产的定义，资产具有以下特征。

① 资产应为企业拥有或者控制的资源。
② 资产预期会给企业带来经济利益。
③ 资产是由企业过去的交易或者事项形成的。

从上述资产的定义和特征可以看出，资产不仅包括各种财产，还包括债权和其他权利。比如企业拥有的债权，是企业的一项资产，但不是企业的财产。

3. 如何理解流动资产和流动负债的时间界限？

答：从流动资产和流动负债的定义可以看出，表示时间界限的有两个条件：第一个条件是"一年"；第二个条件是"超过一年的一个营业周期"。第一个条件比较容易理解，关键是如何理解第二个条件。比如为建造一艘15个月完工的万吨油轮，在开工时从银行取得13个月期限的借款，该笔借款属于长期负债还是流动负债？建造油轮借款虽然超过"一年"，但没有超过"一个营业周期"，显然这部分借款应该属于流动负债。

4. 如何理解流动资产的变现、出售和耗用？

答：变现一般针对应收及预付款项、交易性金融资产等而言，指将资产变为现金；出售一般针对产品等存货而言，指将企业的产成品、商品、原材料、半成品等对外销售；耗用一般指将存货由一种形态（如原材料）转变成另一种形态（如产成品）的过程。

5. 如何理解资本公积、盈余公积和未分配利润？

答：首先，资本公积与盈余公积都是一种储备，这种储备归投资者所有。两者的区别在于盈余公积是从净利润中提取的，作为企业的一种储备，是必须按照《公司法》的规定提取的；资本公积属于所有者权益，但又不是实收资本，它是企业收到投资者的超出其在企业注册资本中所占份额的投资，以及直接计入所有者权益的利得和损失等。

其次，盈余公积、未分配利润同属于企业的留存收益，不同的是，盈余公积是企业从净利润中提取的，未分配利润是企业历年分配（或弥补）后的余额。

6. 所有者权益和负债同属于权益，都是对资产的要求权，两者之间有什么区别？

答：负债是企业债权人对企业资产的要求权即债权，也是企业对债权人承担的经济责任；所有者权益是企业的投资者对企业净资产的要求权即所有权，也是企业对投资人承担的经济责任。两者的区别主要表现在以下几个方面。

（1）企业对债权和所有权满足的先后次序不同。一般规定债权优先于所有权，债权是第一要求权，表现在当企业清算时，负债拥有优先清偿权，而所有者权益则只有清偿所有的负债后，才返还给投资者。

（2）作为企业负债对象的债权人与企业只有债权债务关系，无权参与企业的经营管理，也不能参与企业的利润分配；而作为所有者权益对象的投资人则有法定参与管理企业或委托他人管理企业的权利，同时也有参与企业利润分配的权利。

（3）负债有规定的偿付期限，一般要求企业按规定的利率计算并支付利息，到期偿还本金。所有者权益在企业正常经营期间，只要不发生清算、破产或其他终止经营情况，无需偿还，投资人也不得要求返还投资。

7. 如何理解利得和损失？

答：在《企业会计准则——基本准则》中涉及利得和损失，但并没有把它作为独立的会计要素。可以从以下两方面理解利得和损失。

（1）定义　利得是指由企业非日常活动所形成的、会导致所有者权益增加的、与所有者投入资本无关的经济利益的流入。损失是指由企业非日常活动所发生的、会导致所有者权益减少的、与向所有者分配利润无关的经济利益的流出。从定义可以看出，利得和损失是企业在非日常活动中所形成的，与之相对应，收入和费用是在日常活动中所形成的。

（2）分类　利得和损失分为两类：一类是直接计入所有者权益的利得或损失；另一类是直接计入当期利润的利得或损失。

直接计入所有者权益（其他资本公积）的利得或损失，包括的业务主要有：存货或自用房地产转为投资性房地产时其公允价值大于账面价值的差额、可供出售金融资产公允价值的变动部分。

直接计入当期利润（营业外收入和营业外支出）的利得或损失，包括的业务主要有：盘盈利得、捐赠利得、盘亏损失、公益性捐赠支出、非常损失、罚款损失、非货币性资产交换的利得或损失、债务重组的利得或损失等。

8. 如何理解确认、计量和报告？

答：确认是指会计数据进入会计系统时确定如何进行记录的过程，即将某一会计事项作为资产、负债、所有者权益、收入、费用和利润等会计要素正式加以记录。

计量是用货币或其他量度单位计量各项经济业务及其结果的过程。

报告是以日常核算资料为主要依据，总括反映企业和行政、事业等单位在一定时期内的经济活动情况和经营成果的报告文件。也就是日常所说的资产负债表、利润表、现金流量表等。

9. 同一个人是否既可以是公司的投资者、雇员，又可以是公司的债权人？

答：作为一个独立的会计主体，公司可以吸收投资，雇用员工，购买房屋，并处理其他业务。一个人可以作为投资者拥有公司的一些股份，又可以是公司的一名雇员，雇员的工资在没有发放之前形成公司的一项负债，所以，同一个人可以同时是公司的投资者、雇员和债权人。

10. 为什么会计有财务会计和管理会计之分？

答：因为通常来说会计有两种不同的目的和需求，即用于外部的和用于内部的。

财务会计是用于外部的，对外部会计来说，需要有某些规定，以明确会计确认的条件、计量的标准和信息最低的披露要求等。这意味着提供的会计数据要经得起审计，并能与其他单位进行对比。而管理会计则是用于内部的，内部会计着眼于提供大量的信息，为计划、管理和控制服务。这就要求灵活并强调实用性，所以管理会计提供的数据比财务会计要详细、全面，而且数量要大得多。

三、练习题

（一）单项选择题

1. 唐、宋两代是我国会计全面发展的时期，我国会计采用的是（　　）。
   A. 三柱结算法　　　B. 四柱结算法　　　C. 龙门账法　　　D. 增减记账法
2. 近代会计形成的标志是（　　）。
   A. 单式记账法的产生　　　　　　　　B. 账簿的产生
   C. 单式记账法过渡到复式记账法　　　D. 出现剩余产品之后
3. 会计是随着生产的发展和客观管理的要求而产生及不断发展的，最初的会计只是（　　）。
   A. 生产职能　　　　　　　　　　B. 生产职能的组成部分
   C. 生产职能的附带部分　　　　　D. 独立于生产职能
4. 会计以（　　）作为主要的计量单位。
   A. 劳动量　　　B. 实物　　　C. 货币　　　D. 三者都可以
5. 资金的循环与周转过程不包括（　　）。
   A. 采购过程　　　B. 生产过程　　　C. 销售过程　　　D. 分配过程
6. 投资人的资金和债权人的资金投入企业后，形成企业的（　　）。
   A. 成本　　　B. 费用　　　C. 资产　　　D. 负债
7. 下列属于反映企业财务状况的会计要素是（　　）。
   A. 收入　　　B. 所有者权益　　　C. 费用　　　D. 利润
8. 下列不属于资产的是（　　）。
   A. 应收账款　　　B. 预收账款　　　C. 债券　　　D. 专利权
9. 负债是指由于过去交易或事项所引起的企业的（　　）。
   A. 过去义务　　　B. 现时义务　　　C. 将来义务　　　D. 永久义务
10. 属于流动负债的是（　　）。
    A. 预收账款　　　B. 应收账款　　　C. 应收票据　　　D. 应付债券
11. 下列各项中，属于所有者权益的是（　　）。
    A. 房屋　　　B. 银行存款　　　C. 未分配利润　　　D. 借款
12. 下列项目中，不属于收入范围的是（　　）。
    A. 商品销售收入　　　B. 劳务收入　　　C. 租金收入　　　D. 代收款项
13. 下列属于主营业务收入的是（　　）。
    A. 原材料销售收入　　　　　　　B. 产品销售收入

C. 固定资产出租收入　　　　　　　　D. 无形资产出租收入

14. 下列说法正确的是（　　）。
    A. 生产费用均可以直接计入产品成本
    B. 制造费用属于期间费用
    C. 自然灾害损失属于费用
    D. 费用表现为企业资产的减少或负债的增加，或者两者兼而有之，最终导致企业所有者权益的减少

15. 费用中能予以对象化的部分构成（　　）。
    A. 成本　　　　　B. 负债　　　　　C. 期间费用　　　　　D. 资产

16. 会计核算工作的基础环节是（　　）。
    A. 登记会计账簿　　　　　　　　　B. 填制和审核会计凭证
    C. 进行财产清查　　　　　　　　　D. 编制财务会计报告

17. 会计的基本职能是（　　）。
    A. 核算和监督　　B. 预测和决策　　C. 计划和控制　　D. 考核和评价

18. 会计人员在进行会计核算的同时，对特定主体经济活动的真实性、合法性和合理性进行监督检查，是在履行（　　）。
    A. 会计反映职能　B. 会计核算职能　C. 会计分析职能　D. 会计监督职能

19. 下列各项中，（　　）是会计方法中最基本的方法。
    A. 会计核算方法　B. 会计检查方法　C. 会计分析方法　D. 会计监督方法

20. 以下说法正确的是（　　）。
    A. 会计主体一定是法律主体
    B. 企业发生的停业、破产、清算情况，并不影响企业的持续经营
    C. 中期指短于一个完整的会计年度的报告期间，如半年度、季度、月度
    D. 业务收支以人民币以外的货币为主的企业，也可以使用外币作为记账本位币，编制的财务报表也应当以外币反映

21. 在会计核算的基本前提中，界定会计工作和会计信息空间范围的是（　　）。
    A. 会计主体　　　B. 持续经营　　　C. 会计期间　　　D. 货币计量

22. 持续经营假设是建立在（　　）基础上的。
    A. 会计主体　　　B. 权责发生制　　C. 会计分期　　　D. 货币计量

23. 会计分期是建立在（　　）基础上的。
    A. 会计主体　　　B. 持续经营　　　C. 权责发生制　　D. 货币计量

24. 在我国，会计年度是按（　　）确定。
    A. 公历起讫日期　　　　　　　　　B. 农历起讫日期
    C. 7月制起讫日期　　　　　　　　D. 4月制起讫日期

25. 企业会计核算基础应当采用（　　）。
    A. 收付实现制　　B. 权责发生制　　C. 实收实付制　　D. 现金制

26. 采用权责发生制基础时，下列业务中能确认为当期收入的是（　　）。
    A. 预收购货方定金　　　　　　　　B. 收到当期销售商品货款
    C. 预付下季度房租　　　　　　　　D. 支付上月货款

27. 企业的资产按取得时的实际成本计价，这满足了（　　）要求。
    A. 可靠性　　　　B. 明晰性　　　　C. 相关性　　　　D. 及时性

28. 在相关性信息质量要求下，企业提供的会计信息应当与财务报告使用者的（　　）

相关。
A. 财务预测需要　　B. 效益评价需要　　C. 经济决策需要　　D. 信息披露需要
29. 会计核算过程中，会计政策前后各期（　　）。
A. 应当一致，不得随意变更　　　　　　B. 可以变动，但须经过批准
C. 可以任意变动　　　　　　　　　　　D. 应当一致，不得变动
30. 企业将融资租入固定资产视同自有固定资产核算，所体现的会计信息质量要求是（　　）。
A. 谨慎性　　　　B. 实质重于形式　　　C. 可靠性　　　　D. 可比性

（二）多项选择题

1. 会计是随着人类社会生产的发展和经济管理的需要而产生、发展并不断得到完善。其中，会计的发展可划分为（　　）阶段。
A. 古代会计　　　B. 近代会计　　　　C. 现代会计　　　D. 当代会计
2. 会计的职能包括（　　）。
A. 进行会计核算　B. 实施会计监督　　C. 预测经济前景　D. 参与经济决策
3. 下列各项关于会计核算和会计监督之间的关系说法正确的是（　　）。
A. 两者之间存在着相辅相成、辩证统一的关系
B. 会计核算是会计监督的基础
C. 会计监督是会计核算的保障
D. 会计核算和会计监督没有什么必然的联系
4. 资金运动包括（　　）。
A. 资金的投入　　　　　　　　　　　　B. 资金的循环与周转
C. 资金的退出　　　　　　　　　　　　D. 资金的积累
5. 下列各项属于资金退出的有（　　）。
A. 偿还债务　　　　　　　　　　　　　B. 上交税金
C. 向投资者分配利润　　　　　　　　　D. 购买原材料
6. 下列关于会计对象的说法正确的是（　　）。
A. 会计对象是会计所要核算和监督的内容
B. 会计对象就是社会再生产过程中的资金运动
C. 企业日常进行的所有活动都是会计对象
D. 特定主体能够以货币表现的经济活动都是会计对象
7. 我国《企业会计准则》规定的会计要素除资产、负债外，还包括（　　）。
A. 所有者权益　　B. 收入　　　　　　C. 费用　　　　　D. 利润
8. 资产的特征是（　　）。
A. 过去的交易或事项形成
B. 企业日常活动形成的经济利益的总流入
C. 企业拥有或控制
D. 能够给企业带来未来的经济利益
9. 下列属于流动资产的是（　　）。
A. 预收账款　　　B. 预付账款　　　　C. 应收账款　　　D. 应收票据
10. 下列关于负债和所有者权益的说法正确的是（　　）。
A. 负债是对内对外所承担的经济责任，企业负有偿还的义务

B. 企业清算时，所有者权益具有优先清偿权
C. 负债不能参与利润分配
D. 所有者权益中的资本部分可以参与企业的利润分配

11. 下列说法正确的是（　　）。
A. 收入是指企业经济业务中形成的经济利益的总流入
B. 所有者权益增加一定表明企业获得了收入
C. 处置固定资产所形成的净利益不应确认为收入
D. 收入按照性质不同，分为销售商品收入、提供劳务收入和让渡资产使用权收入

12. 企业的收入可能会导致（　　）。
A. 现金的增加　　　　　　　　　　B. 银行存款的增加
C. 企业其他资产的增加　　　　　　D. 企业负债的减少

13. 下列方法中，属于会计核算方法的有（　　）。
A. 填制会计凭证　　　　　　　　　B. 登记会计账簿
C. 编制财务会计报告　　　　　　　D. 编制财务预算

14. 会计具有的基本特征包括（　　）。
A. 会计以货币为主要计量单位
B. 会计采用专门的方法和程序
C. 会计的基本职能是核算和监督
D. 会计的主要目的是提供经济信息和反映受托责任履行情况

15. 会计核算的基本内容包括（　　）。
A. 款项和有价证券的收付　　　　　B. 财物的收发、增减和使用
C. 债权债务的发生和结算　　　　　D. 财务成果的计算和处理

16. 会计监督是一个过程，它分为（　　）。
A. 持续监督　　B. 事前监督　　C. 事后监督　　D. 事中监督

17. 会计核算的基本前提有（　　）。
A. 会计主体　　B. 持续经营　　C. 会计分期　　D. 货币计量

18. 在下列组织中，可以作为会计主体的是（　　）。
A. 事业单位　　B. 分公司　　　C. 生产车间　　D. 销售部门

19. 会计期间分为（　　）。
A. 年度　　　　B. 半年度　　　C. 季度　　　　D. 月度

20. 权责发生制基础的要求是（　　）。
A. 本期已经实现的收入无论款项是否收到，都作为本期收入处理
B. 凡是在本期收到和付出的款项，都作为本期收入和费用处理
C. 本期已经发生的费用无论款项是否实际支付，都作为本期费用处理
D. 凡是本期发生的收入或费用，只要没有实际收到或付出款项，都不作为本期收入或费用处理

21. 下列属于企业会计信息质量要求的是（　　）。
A. 可比性　　　　　　　　　　　　B. 谨慎性
C. 客观性　　　　　　　　　　　　D. 实质重于形式

22. 下列各项中，属于会计信息首要质量要求的是（　　）。
A. 可靠性　　　B. 相关性　　　C. 可理解性
D. 可比性　　　E. 及时性

23. 在可理解性信息质量要求下，企业提供的会计信息应当（　　）。
    A. 清晰明了　　　　B. 相互可比　　　　C. 易于理解　　　　D. 便于使用
24. 在可比性信息质量要求下，企业提供的会计信息应当相互可比，其可比性包括（　　）。
    A. 同一企业不同会计期间的会计信息要具有可比性
    B. 同一企业同一会计期间的会计信息要具有可比性
    C. 不同企业不同会计期间的会计信息要具有可比性
    D. 不同企业同一会计期间的会计信息要具有可比性
    E. 任何企业任何会计期间的会计信息要具有可比性
25. 在及时性信息质量要求下，企业对于已经发生的交易或事项，应当（　　）。
    A. 及时收集会计信息　　　　　　　　B. 及时处理会计信息
    C. 及时传递会计信息　　　　　　　　D. 及时保管会计信息
26. 会计按其报告的对象不同，可分为（　　）。
    A. 财务会计　　　　B. 管理会计　　　　C. 企业会计　　　　D. 预算会计

（三）判断题

1. 会计只能以货币为计量单位。（　　）
2. 会计的职能指会计在经济管理过程中所具有的功能，包括进行会计核算和实施会计监督两个方面。（　　）
3. 会计核算所提供的各种信息是会计监督的依据。（　　）
4. 企业日常进行的所有经济活动都是会计对象。（　　）
5. 资金的退出指的是资金离开本企业退出资金的循环与周转，主要包括提取盈余公积、偿还各项债务、上交各项税金以及向所有者分配利润等。（　　）
6. 凡是资产其所有权一定归企业。（　　）
7. 负债是现在交易或事项所引起的现有义务。（　　）
8. 企业的利得和损失包括直接计入所有者权益的利得和损失以及直接计入当期利润的利得和损失。（　　）
9. 只要有经济利益流入，就是企业的收入。（　　）
10. 会计方法是指会计核算方法。（　　）
11. 会计要素是对会计核算的基本分类。（　　）
12. 没有会计主体，就不会有持续经营；没有持续经营，就不会有会计分期；没有货币计量，就不会有现代会计。（　　）
13. 会计主体假设为会计核算确定了空间范围，会计分期假设为会计核算确定了时间范围。（　　）
14. 会计主体必须是法律主体。（　　）
15. 持续经营假设是假设企业可以永远存在下去，即使进入破产清算，也不应该改变会计核算方法。（　　）
16. 业务收支以外币为主的单位，可以选择某种外币作为记账本位币，并按照记账本位币编制财务报告。（　　）
17. 所有会计主体均应以权责发生制为基础进行会计确认、计量和报告。（　　）
18. 某一会计事项是否具有重要性，很大程度取决于会计人员的职业判断。所以对于同一会计事项，在某一个企业具有重要性，在另一个企业则不一定具有重要性。（　　）

19. 企业在对交易或者事项进行会计确认、计量和报告时如果低估资产或者收益、高估负债或者费用，则违背了重要性要求。（　　）

20. 某企业20×7年5月份发生的经济业务，会计人员在6月份才入账，这违背了可比性要求。（　　）

（四）业务题

习　题　一

1. 目的

练习对会计要素进行分类。

2. 资料

金立公司20×7年8月31日的各项目余额情况如下。

(1) 房屋建筑物 200 000 元。
(2) 存入银行的存款 260 000 元。
(3) 出纳员处存放现金 3 000 元。
(4) 投资者投入资本 560 000 元。
(5) 向银行借入2年期借款 120 000 元。
(6) 向银行借入3个月期限的借款 15 800 元。
(7) 运输设备 120 000 元。
(8) 原材料库存 13 000 元。
(9) 生产车间正在加工的在产品 80 000 元。
(10) 产成品库存 56 000 元。
(11) 应收其他单位产品销货款 7 500 元。
(12) 应付其他单位材料购货款 12 000 元。
(13) 应交税费 6 500 元。
(14) 公司资本公积金 8 000 元。
(15) 公司已经提取的盈余公积金 8 200 元。
(16) 上年尚未分配利润 9 000 元。

3. 要求

根据上述资料，说明各项目属于哪一类会计要素，并计算资产、负债和所有者权益的合计数。

习　题　二

1. 目的

练习权责发生制和收付实现制确认收入及费用归属期的核算。

2. 资料

宏达公司20×7年6月发生下列经济业务。

(1) 销售产品 70 000 元，其中 30 000 元已收到存入银行，其余 40 000 元尚未收到。
(2) 收到现金 800 元，是上月提供的劳务收入。
(3) 用现金支付本月份的水电费 900 元。
(4) 本月应计劳务收入 1 900 元，款项尚未收到。
(5) 用银行存款预付下半年房租 15 000 元。
(6) 用银行存款支付上月份借款利息 500 元。
(7) 预收销售货款 26 000 元，已通过银行收妥入账。

(8) 本月分摊年初已支付的保险费 600 元。
(9) 上月预收货款的产品本月实现销售收入 18 000 元。
(10) 本月预提下月支付的修理费 1 200 元。
3. 要求
(1) 按收付实现制基础计算 6 月份的收入、费用。
(2) 按权责发生制基础计算 6 月份的收入、费用。

四、案例题

李明创办了一家管理咨询公司，该公司发生了下列经济业务，并由会计做了相应的处理。
(1) 李明从公司出纳处拿了 8 500 元现金资助父母到丽江旅游，会计将 8 500 元记为公司的办公费支出。
(2) 由于经济不景气，公司业务稀少，会计没有坚持每月编制财务报表，而是将两个月的业务合并编制财务报表。
(3) 公司收到外资企业的咨询费 12 000 美元，会计没有将其折算为人民币反映，而直接记到美元账户中。
(4) 年底支付下年的财产保险费 2 300 元，会计将其作为当月的管理费用处理。
要求：根据上述资料，分析该公司的会计在处理经济业务时是否正确，请说明理由。

五、练习题与案例题答案及解析

（一）单项选择题

1. B 唐、宋时期我国会计采用的是四柱结算法。
2. C 单式记账法过渡到复式记账法是近代会计形成的标志。
3. C 会计最初只是生产职能附带的部分，随着经济社会的不断发展，生产力的不断提高，会计从生产职能中分离出来，成为独立的职能。
4. C 会计是以货币为主要计量单位，反映和监督一个单位经济活动的一项经济管理工作。
5. D 资金的循环与周转是资金运动的主要组成部分，资金的循环与周转有三个环节，包括采购过程、生产过程和销售过程。
6. C 所有者投入的资金，称为所有者权益；债权人投入的资金，称为负债。资金投入企业后，形成企业的资产。
7. B 会计要素是对会计对象的基本分类，是会计对象的具体化。会计要素分为两大类：一类是反映财务状况的会计要素，包括资产、负债和所有者权益；另一类是反映经营成果的会计要素，包括收入、费用和利润。
8. B 资产包括各种财产、债权和其他权利。预收账款属于负债。
9. B 负债是指过去的交易或者事项形成的现时义务，履行该义务预期会导致经济利益流出企业。
10. A 流动负债是指将在一年或者超过一年的一个营业周期内偿还的债务，包括短期借款、应付票据、应付账款、预收账款、应付职工薪酬、应交税费等。选项 B 和选项 C 都属于流动资产，选项 D 属于非流动负债。

11. C 所有者权益是企业投资者对企业的投入资本以及利润留存于企业的部分，包括实收资本、资本公积、盈余公积和未分配利润等。房屋和银行存款属于资产，借款属于负债。

12. D 收入包括主营业务收入和其他业务收入，如销售商品的收入、提供劳务的收入、租金收入等，不包括为第三方或客户代收的款项。

13. B 主营业务收入包括产品销售收入、提供劳务收入和让渡资产使用权收入。原材料销售收入、固定资产出租收入、无形资产出租收入属于其他业务收入。

14. D 生产费用包括直接材料、直接人工和制造费用，其中，制造费用一般不能直接计入某项产品成本，而需要采用一定的方法分配计入有关产品的成本；期间费用包括管理费用、财务费用和销售费用；费用不包括自然灾害损失。

15. A 成本是对象化了的费用。

16. B 填制和审核会计凭证是会计核算方法之一，是会计核算的初始阶段和基本环节，是一项重要的基础性会计工作。

17. A 会计的基本职能是会计核算和会计监督。

18. D 会计监督职能，是指对特定主体经济活动和相关会计核算的真实性、合法性和合理性进行监督检查。

19. A 会计核算方法是会计方法中最基本的方法。

20. C 法律主体一定是会计主体，但会计主体不一定是法律主体；持续经营是指可以预见的未来，会计主体将会按当前规模和状态持续经营下去，不会停业，也不会大规模消减业务；业务收支主要以外币为主的企业也可以选择以某种外币作为记账本位币，但财务报告的编制必须用人民币反映。

21. A 会计主体界定了从事会计工作和提供会计信息的空间范围，同时说明某会计主体的会计信息仅与该会计主体的经济活动相关。

22. A 持续经营的前提是会计主体不会破产清算。

23. B 会计分期的前提是持续经营。

24. A 《会计法》规定，我国会计年度采用公历年度，即1月1日起至12月31日为一个会计年度。

25. B 根据《企业会计准则——基本准则》规定，企业应当以权责发生制为基础进行会计确认、计量和报告。

26. B 权责发生制是指企业按收入的权利和支出的义务是否属于本期来确认收入、费用的标准，而不是按款项的实际收支是否在本期发生，也就是以应收应付为标准。A、C、D 三项都不符合权责发生制基础，故选 B。

27. A 可靠性要求企业应当以实际发生的交易或者事项为依据进行确认、计量和报告，如实反映符合确认和计量要求的各项会计要素及其他相关信息，保证会计信息真实可靠、内容完整。

28. C 相关性要求企业提供的会计信息应当与投资者等财务报告使用者的经济决策需要相关，有助于投资者等财务报告使用者对企业过去、现在或者未来的情况做出评价或者预测。

29. A 在会计核算时，企业应当采用一致的会计政策，不得随意变更。

30. B 融资租入固定资产的产权虽然属于出租人，但是资产带来的经济利益的大部分被承租人所拥有，根据实质重于形式会计信息质量要求，企业应当将融资租入的固定资产视同自有固定资产核算和管理。

(二) 多项选择题

1．ABC　会计的发展可划分为古代会计、近代会计和现代会计三个阶段。

2．ABCD　会计职能包括：进行会计核算、实施会计监督、预测经济前景、参与经济决策等职能。

3．ABC　会计核算与会计监督两项基本职能之间存在着相辅相成、辩证统一的关系。会计核算是会计监督的基础，没有会计核算所提供的各种信息，监督就失去了依据；而会计监督又是会计核算的保障，没有会计监督就难以保证核算所提供信息的真实性、可靠性。

4．ABC　资金运动包括资金的投入、资金的循环与周转和资金的退出。

5．ABC　资金的退出包括偿还债务、上交税金、向投资者分配利润等。

6．ABD　会计对象是会计核算和监督的内容，即特定主体能够以货币表现的经济活动，而不是企业所有日常活动，所以选项C不正确。

7．ABCD　企业的会计要素由资产、负债、所有者权益、收入、费用和利润六项构成。

8．ACD　资产的特征包括三项：第一，资产是由于过去的交易或事项所形成的；第二，资产是企业拥有或者控制的；第三，资产能够给企业带来未来经济利益。选项B指的是收入。

9．BCD　预付账款、应收账款和应收票据属于流动资产，预收账款属于流动负债。

10．ACD　在企业清算时，负债具有优先清偿权。

11．CD　收入是指企业在日常活动中形成的、会导致所有者权益增加的、与所有者投入资本无关的经济利益的总流入；所有者权益增加不一定表明企业获得了收入；处置固定资产属于非日常活动，所形成的净利益就不应确认为收入，而应当确认为利得。

12．ABCD　收入是指企业在日常活动中形成的、会导致所有者权益增加的、与所有者投入资本无关的经济利益的总流入。企业的收入可能会导致现金的增加、银行存款的增加、企业其他资产的增加或者企业负债的减少等情况。

13．ABC　会计核算的七种方法包括：①设置会计科目和账户；②复式记账；③填制和审核会计凭证；④登记账簿；⑤成本计算；⑥财产清查；⑦编制财务报告。

14．ABCD　会计是以货币为主要计量单位，采用专门方法和程序，对企业和行政、事业单位的经济活动进行连续、系统、全面和综合的核算和监督，以提供经济信息和反映受托责任履行情况为主要目的的经济管理活动。

15．ABCD　《会计法》规定会计核算的对象和内容主要包括：款项和有价证券的收付；财物的收发、增减和使用；债权债务的发生和结算；资本、基金的增减；收入、支出、费用、成本的计算；财务成果的计算和处理等。

16．BCD　会计监督是一个过程，它分为事前监督、事中监督和事后监督。

17．ABCD　会计核算的基本前提包括会计主体、持续经营、会计分期和货币计量四项。

18．ABCD　会计主体又称会计实体、会计个体，是指会计人员为其服务的特定单位或组织，即会计人员所核算和监督的特定单位。

19．ABCD　我国《企业会计准则》规定，会计期间分为年度和中期，中期包括半年度、季度和月度。

20．AC　权责发生制基础要求，凡是当期已经实现的收入和已经发生或应当负担的费用，无论款项是否收付，都应当作为当期的收入和费用；凡是不属于当期的收入和费用，即使款项已在当期收付，也不应当作为当期的收入和费用。

21. ABD 《企业会计准则——基本准则》对会计信息质量的要求做出了明确规定，包括可靠性、相关性、可理解性、可比性、实质重于形式、重要性、谨慎性和及时性等。

22. ABCD 可靠性、相关性、可理解性和可比性是会计信息的首要质量要求，是企业财务报告中所提供会计信息应具备的基本质量特征；及时性是会计信息的次级质量要求。

23. ACD 可理解性要求企业提供的会计信息应当清晰明了，便于投资者等财务会计报告使用者理解和使用。

24. AD 可比性要求企业提供的会计信息应当相互可比。它主要包括两层含义：一是同一企业不同会计期间的会计信息相互可比；二是不同企业相同会计期间的会计信息相互可比。

25. ABC 在会计确认、计量和报告过程中贯彻及时性，要求及时收集会计信息，及时处理会计信息和及时传递会计信息。

26. AB 会计按其报告的对象不同，可分为财务会计和管理会计。财务会计是指为外部利害关系人提供会计信息的对外报告，管理会计是为企业内部管理人员提供有关会计信息的对内报告。

（三）判断题

1. 错误 会计的计量单位主要是货币，但货币并不是会计的唯一计量单位。
2. 错误 会计的职能是指会计在经济管理过程中所具有的功能，会计的基本职能包括进行会计核算和实施会计监督两个方面。除上述基本职能外，会计还具有预测经济前景、参与经济决策等职能。
3. 正确 会计核算所提供的各种信息是会计监督的依据。
4. 错误 能够以货币计量的经济活动才是企业的会计对象。
5. 错误 提取盈余公积不会导致资金离开本企业，不属于资金的退出。
6. 错误 有的资产虽然不为企业所拥有，但企业控制了这些资产，能够从资产中获取经济利益，所以并非所有资产都拥有所有权。
7. 错误 负债是指过去的交易或者事项形成的现时义务，履行该义务预期会导致经济利益流出企业。
8. 正确 利得是指由企业非日常活动所形成的、会导致所有者权益增加的、与所有者投入资本无关的经济利益的流入，利得包括直接计入所有者权益的利得和直接计入当期利润的利得。损失是指由企业非日常活动所发生的、会导致所有者权益减少的、与向所有者分配利润无关的经济利益的流出，损失包括直接计入所有者权益的损失和直接计入当期利润的损失。
9. 错误 日常活动是确认收入的重要判断标准，凡是日常活动所形成的经济利益的流入都应当确认为收入；反之，非日常活动所形成的经济利益的流入不能确认为收入，而应当计入利得。
10. 错误 会计方法是指从事会计工作所使用的各种技术方法，一般包括会计核算方法、会计分析方法和会计检查方法。
11. 错误 会计要素是对会计对象的基本分类。
12. 正确 这句话体现了会计核算的各前提之间的关系。
13. 正确 会计主体指会计所核算和监督的特定单位或者组织，所以，会计主体前提为会计核算确定了空间范围。会计分期是指将一个会计主体持续的生产经营活动划分为若干相等的会计期间，因此，会计分期前提为会计核算确定了时间范围。

14. 错误　会计主体与法律主体并非对等概念，一般来说，法律主体必然是会计主体，但会计主体不一定是法律主体。

15. 错误　持续经营只是一个假定，任何企业在经营中都存在破产、清算等不能持续经营的风险，企业一旦进入破产清算，就应当改变会计核算的方法。

16. 错误　业务收支以外币为主的单位，可以选择以某种外币作为记账本位币，但是编制的财务报告应当折算为人民币。

17. 错误　遵循现行会计准则的要求，企业和其他具有营利性质的组织和机构的会计核算采用权责发生制。预算会计及事业单位会计大部分业务采用收付实现制。

18. 正确　重要性需要依赖职业判断，企业应当根据其所处环境和实际情况，从项目的性质和金额大小两方面加以判断。

19. 错误　企业在对交易或者事项进行会计确认、计量和报告时如果低估资产或者收益、高估负债或者费用，则违背了谨慎性要求。

20. 错误　对于发生的经济业务推迟入账，违背了及时性要求。

（四）业务题

习　题　一

序号	项　　目	会计要素	金额/元
1	房屋建筑物	资产	200 000
2	存入银行的存款	资产	260 000
3	出纳员处存放现金	资产	3 000
4	投资者投入资本	所有者权益	560 000
5	向银行借入 2 年期限的借款	负债	120 000
6	向银行借入 3 个月期限的借款	负债	15 800
7	运输设备	资产	120 000
8	原材料库存	资产	13 000
9	生产车间正在加工的在产品	资产	80 000
10	产成品库存	资产	56 000
11	应收其他单位产品销货款	资产	7 500
12	应付其他单位材料购货款	负债	12 000
13	应交税费	负债	6 500
14	公司资本公积金	所有者权益	8 000
15	公司已经提取的盈余公积金	所有者权益	8 200
16	上年尚未分配的利润	所有者权益	9 000

资产总额＝200 000＋260 000＋3 000＋120 000＋13 000＋80 000＋56 000＋7 500＝739 500（元）

负债总额＝120 000＋15 800＋12 000＋6 500＝154 300（元）

所有者权益总额＝560 000＋8 000＋8 200＋9 000＝585 200（元）

习 题 二

（1）收付实现制基础：

收入＝30 000＋800＋26 000＝56 800（元）

费用＝900＋15 000＋500＝16 400（元）

（2）权责发生制基础：

收入＝70 000＋1 900＋18 000＝89 900（元）

费用＝900＋600＋1 200＝2 700（元）

（五）案例题

该公司的会计人员在处理经济业务时不完全正确，主要表现在以下方面。

（1）李明从公司取钱用于私人开支，不属于公司的业务，不能作为公司的办公费支出。会计人员违背了会计主体假设。

（2）我国会计期间分为年度、半年度、季度和月度。公司将两个月的业务合并编制财务报表，会计人员违背了会计分期假设，同时也不符合会计信息的及时性要求。

（3）我国《会计法》规定，企业应当以人民币作为记账本位币，但是企业业务收支以外币为主的，可以选择某种外币作为记账本位币。而会计直接将12 000美元记账，需看其究竟以何种货币为记账本位币。

（4）预付保险费应在受益期内摊销，不能记入当月的管理费用，会计人员违背了权责发生制基础。

六、教材参考答案

习 题 一

（1）企业拥有或控制的资源：资产

（2）企业为获得收入而必须花费的支出：费用

（3）企业所欠的数额：负债

（4）企业销售商品或提供劳务而取得的报酬：收入

（5）说明企业活动结果应当以适当的货币单位报告的假设：货币计量

（6）同一企业不同时期应该采用一致的会计政策：可比性

（7）企业应当如实地反映发生的交易或者事项：可靠性

（8）企业所有者投资和再投资的总额：所有者权益

（9）为企业会计核算界定了空间范围的假设：会计主体

（10）会计信息可以影响经济决策的特点：相关性

习 题 二

下列事项属于会计核算的范围：

（1）购入设备一批，支付价款26 000元

（2）支付水电费 1 500 元
（3）向银行借款 60 000 元
（4）收到客户所欠货款 50 000 元
（5）从银行提取现金 20 000 元

案 例 分 析

以上两方观点都有合理之处，但又都失之偏颇。因为一方认为会计为所有者服务，否认其对经营者服务，而另一方认为会计为经营者服务，但又否认其为所有者服务。我们认为，会计应当同时为所有者和经营者服务。在现代企业中，所有权和经营权是分离的，所有者一般不直接参与经营，而是委托经营者管理企业。企业的会计人员是由企业聘任的，会计人员在企业经营者的领导下开展经济业务的核算和监督工作，因此，会计人员首先应该为经营者提供会计信息，满足企业经营管理的需要，同时还要反映企业管理层受托责任的履行情况，有助于投资者、债权人、政府及其有关部门作出经济决策。

第二章
账户和复式记账

一、本章知识结构图

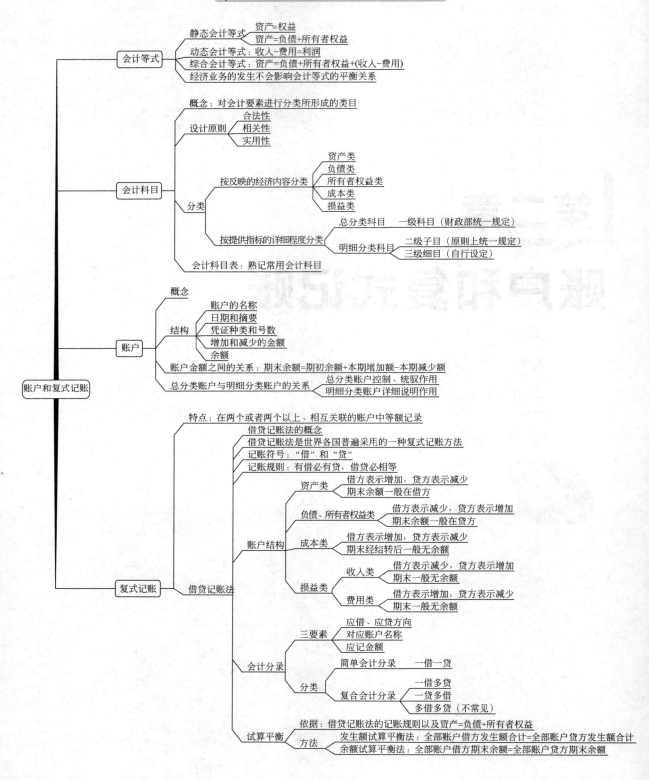

二、疑难解答

1. 为什么说复式记账法是在实践中发展起来的？它有哪些优点？

答：在实践中，经营者发现一笔交易总是牵涉两个方面，因此感到有必要把这两个方面的影响都记录下来，这样更符合逻辑，这正是复式记账法所能做到的。

复式记账法有如下两个优点：①由于对每一项经济业务都要在相互联系的两个或两个以上的账户中做记录，根据账户记录的结果，不仅可以了解每一项经济业务的来龙去脉，而且可以通过会计要素的增减变动，全面、系统地了解经济活动的过程和结果；②由于复式记账要求以相等的金额在两个或两个以上的账户中同时记账，因此可以对账户记录的结果进行试算平衡，以检查账户记录的正确性。

2. 会计科目在会计核算中起什么作用？

答：会计科目在会计核算中的作用主要体现在以下几方面：第一，通过设置会计科目，可以对纷繁复杂、性质不同的经济业务进行科学分类，可以将复杂的经济信息变成有规律的易于识别的经济信息，并为其转换为会计信息准备条件；第二，设置会计科目从信息分类的角度看，是将性质相同的信息给予约定的代码；第三，在会计核算的各种方法中，设置会计科目占有重要位置，它决定着账户开设和报表结构设计，是一种基本的会计核算方法。

3. 会计科目设置有什么规律？

答：会计科目的内容很多，对于初学者来说，要想在短时间内记清楚不是一件很容易的事，下面通过分类和归纳，总结出一些规律，便于记忆。

（1）名称相对应的科目

① 收与付对应的科目　例如：应收票据和应付票据、应收股利和应付股利、应收账款和应付账款、预收账款和预付账款、其他应收款和其他应付款。

② 收与支对应的科目　例如：主营业务收入和主营业务成本、其他业务收入和其他业务成本、营业外收入和营业外支出。

③ 长与短对应的科目　例如：短期借款和长期借款。

（2）看得见摸得着的科目　例如：库存现金、原材料、库存商品、固定资产、工程物资、在建工程等。

（3）根据名字就可以理解其含义的科目　例如：库存现金、银行存款、应收股利、应收账款、其他应收款、材料采购、原材料、库存商品、长期股权投资、工程物资、在建工程、无形资产、长期待摊费用、待处理财产损溢、短期借款、应付账款、预收账款、应付职工薪酬、应付股利、应交税费、其他应付款、长期借款、长期应付款、本年利润、利润分配、生产成本、主营业务收入、其他业务收入、投资收益、主营业务成本、其他业务成本、所得税费用等。

（4）最后两个字是"准备"的科目　例如：坏账准备、存货跌价准备、长期股权投资减值准备、固定资产减值准备、在建工程减值准备、无形资产减值准备等。

4. 如何理解借贷记账法的"借"和"贷"？

答：借贷记账法的"借"和"贷"最初有一定意义，后来逐渐失去其本来含义，现在已经变成了纯粹的记账符号。可以从以下三方面理解"借"和"贷"：①就账户的方向而言，"借"代表账户的左边，"贷"代表账户的右边；②就账户本身的余额而言，"借"方余额一般代表资产类账户的期末余额,而"贷"方余额一般代表负债、所有者权益类账户的期末余额;③就资金增减而言,"借"既可以反映资产类、费用类账户资金数量的增加,也可以反映负债类、所有者权益类和收入类账户资金数量的减少,"贷"既可以反映资产类、费用类账户资金数量的减少,也可以反映负债类、所有者权益类和收入类账户资金数量的增加。

5. 如何理解借贷记账法的记账规则?

答:借贷记账法的记账规则是"有借必有贷,借贷必相等",它有三层含义:①针对企业所发生的单项经济业务,即每一项经济业务发生后均按"有借必有贷,借贷必相等"的规则记账;②"有借必有贷"是针对某一经济业务所涉及的不同账户,某一账户登记借方(或贷方),则其他账户必须登记贷方(或借方),而不是针对同一个账户;③"借贷必相等"是指某一项经济业务发生后,记入某一账户借方(或贷方)的金额等于记入其他账户贷方(或借方)的金额(或之和),而不是指同一账户的借方金额等于贷方金额。

6. 编制会计分录的步骤有哪些?

答:在编制会计分录时,可以按以下步骤进行。

(1) 涉及的账户。分析经济业务涉及哪些账户发生变化。

(2) 账户的性质。分析涉及账户的性质,即它们各属于什么会计要素,位于会计等式的左边还是右边。

(3) 增减变化情况。分析确定这些账户是增加了还是减少了,增减金额是多少。

(4) 记账方向。根据账户的性质及其增减变化情况,确定分别记入账户的借方或贷方。

(5) 根据会计分录的格式要求,编制完整的会计分录。

7. 如何理解账户分类?

答:账户分类是指按照一定的标准对账户所做的分类。账户分类的主要方法有四种,即按经济内容分类、按提供信息的详细程度及其统驭关系分类、按用途和结构分类和按是否有余额分类。其中,按经济内容分类是账户最基础和最基本的分类。

(1) 账户按经济内容分类

账户的经济内容是指账户所反映和监督的会计对象的具体内容。账户按经济内容可分为资产类账户、负债类账户、所有者权益类账户、成本类账户和损益类账户五大类。

(2) 账户按提供信息的详细程度及其统驭关系分类

账户按其提供信息的详细程度及其统驭关系可分为总分类账户和明细分类账户。总分类账户是对会计要素的具体内容进行总括分类,提供总括信息的账户。明细分类账户是对总分类账户作进一步分类,提供更为详细和具体会计信息的账户。

(3) 账户按用途和结构分类

账户的用途是指通过账户记录能够提供什么核算指标。账户的结构是指在账户中如何记录经济业务。账户按用途和结构通常可以分为基本账户、调整账户和业务账户三大类,进一步可以细分为九小类,包括:盘存账户、结算账户、跨期摊配账户、资本账户、调整账户、集合分配账户、成本计算账户、配比账户和财务成果计算账户。

第一种和第二种分类具体内容教材已有介绍,第三种分类将在教材第三章"专栏 3-5 账户的分类"中详细介绍,下面主要介绍第四种分类。

(4) 账户按是否有余额分类

账户按是否有余额分为实账户和虚账户。实账户和虚账户的概念是美国会计学家托马斯·琼斯在 19 世纪 40 年代提出来的,目的是便于分期计算损益,定期编制财务报表。

实账户是指有期末余额的账户,如资产类账户、负债类账户和所有者权益类账户,这些账户不仅反映企业的资产、负债、所有者权益在本期的增减变化,还将这种变化逐渐累计记录下来,并将其期末余额转为下期的期初余额,因而又称为永久性账户。同时,因实账户的余额是编制资产负债表的基础,又将实账户称为资产负债表账户。

虚账户是指期末没有余额的账户,如收入类账户和费用类账户,它们是用来记录企业在某一会计期间实现的收入和发生的费用,期末结转或结清后无余额。收入、费用在当期的发生额是编制利润表的基础,因此,虚账户又称为利润表账户。

如果要将收入类账户和费用类账户结平,需要设置"本年利润"账户。"本年利润"账户本身也是虚账户,最后也要将其余额结转至永久性账户"利润分配——未分配利润"。具体核算见第三章。

8. 为什么借贷记账法下可以利用编制试算平衡表来检查记账是否正确?

答:经济业务发生后,按照借贷记账法的记账规则来记账,借贷两方的发生额必然是相等的。不仅是每一笔会计分录借贷发生额相等,而且当一定会计期间的全部经济业务的会计分录都记入相关账户后,所有账户的借方发生额与贷方发生额的合计数也必然相等。依此类推,全部账户的借方期末余额与贷方期末余额的合计数也必然相等。由此可以看出试算平衡机制主要体现在以下几个方面:①就企业某一期初余额而言,所有期初借方余额之和必定等于所有期初贷方余额之和;②就某一时期单笔业务而言,每一笔业务都是"有借必有贷,借贷必相等";③就某一时期所发生的所有业务而言,所有账户的借方发生额之和必定等于所有账户的贷方发生额之和;④就其期末余额而言,所有期末借方余额之和必定等于所有期末贷方余额之和;借贷记账法的试算平衡机制主要与借贷记账法的记账规则"有借必有贷,借贷必相等"和"资产=负债+所有者权益"的会计等式相关。

这四道试算平衡机制是查找错误记账的必要条件,但不是充分条件。也就是说,如果企业的账务处理违背了这四条平衡机制,企业的账务处理一定存在错误,但是,有时,企业的账务处理虽然符合这四条平衡机制,也有可能存在错误,比如重复记录经济业务、漏记经济业务、账户的对应关系错误等。

三、练习题

(一) 单项选择题

1. 下列经济业务中,( )不会发生。
 A. 资产增加,权益增加 B. 资产减少,权益增加
 C. 权益不变,资产有增有减 D. 资产不变,权益有增有减
2. 下列经济业务中,影响会计等式总额发生变化的是( )。
 A. 以银行存款 50 000 元购买材料 B. 结转完工产品成本 40 000 元
 C. 购买机器设备 20 000 元,货款未付 D. 收回客户所欠的货款 30 000 元
3. 下列经济业务引起资产与负债同时减少的是( )。
 A. 购入设备款未支付 B. 购入设备款已支付
 C. 向银行借入款项 D. 归还银行借款
4. 投资者投入设备一台,该项经济业务引起( )。
 A. 一项资产增加,一项负债增加 B. 一项资产增加,一项所有者权益增加
 C. 一项资产增加,另一项资产减少 D. 一项资产增加,一项负债减少

5. 下列经济业务会引起所有者权益要素变化的是（　　）。
   A. 向银行借入长期借款　　　　　B. 支付水电费
   C. 投资者投入现金　　　　　　　D. 归还前欠货款
6. 某企业期初资产总额为 200 万元，本期资产共增加 120 万元，期末的所有者权益为 270 万元，则期末的负债总额为（　　）。
   A. 70 万元　　　B. 50 万元　　　C. 190 万元　　　D. 350 万元
7. 甲企业 20×8 年 1 月 1 日的资产总额为 60 万元，负债总额为 40 万元，1 月份发生如下业务：①用银行存款偿还短期借款 10 万元；②用银行存款购入原材料，价值 5 万元；③收到购货单位偿还的欠款 8 万元，款项已存入银行，则 1 月末的所有者权益总额为（　　）。
   A. 22 万元　　　B. 20 万元　　　C. 25 万元　　　D. 30 万元
8. 20×8 年 1 月 1 日，甲企业的资产、负债和所有者权益满足如下等式关系：资产 800 000 元＝负债 300 000 元＋所有者权益 500 000 元。1 月份发生如下经济业务：①用银行存款支付职工工资 100 000 元；②将公司盈余公积金 80 000 元转作资本金；③接受投资者投入设备一台，价值 50 000 元，则 1 月末，甲企业的资产、负债和所有者权益要素之间的关系可以表示为（　　）。
   A. 资产 800 000 元＝负债 300 000 元＋所有者权益 500 000 元
   B. 资产 700 000 元＝负债 200 000 元＋所有者权益 500 000 元
   C. 资产 750 000 元＝负债 200 000 元＋所有者权益 550 000 元
   D. 资产 750 000 元＝负债 250 000 元＋所有者权益 500 000 元
9. 会计科目是对（　　）的具体内容进行分类核算的类目。
   A. 经济业务　　　B. 会计主体　　　C. 会计对象　　　D. 会计要素
10. （　　）不是设置会计科目的原则。
    A. 实用性　　　B. 相关性　　　C. 权责发生制　　　D. 合法性
11. 总分类会计科目一般按（　　）进行设置。
    A. 企业管理的需要　　　　　　B. 统一会计制度的规定
    C. 会计核算的需要　　　　　　D. 经济业务的种类不同
12. 关于会计科目，下列说法中不正确的是（　　）。
    A. 会计科目的设置应该符合国家统一会计制度的规定
    B. 会计科目是设置账户的依据
    C. 企业不可以自行设置会计科目
    D. 账户是会计科目的具体运用
13. 下列属于负债类科目的是（　　）。
    A. 预付账款　　　B. 应交税费　　　C. 长期股权投资　　　D. 实收资本
14. 下列会计科目中，属于损益类科目的是（　　）。
    A. 应收账款　　　B. 预收账款　　　C. 制造费用　　　D. 财务费用
15. 在下列项目中，与管理费用属于同一类科目的是（　　）。
    A. 无形资产　　　B. 本年利润　　　C. 应交税费　　　D. 投资收益
16. 会计科目按提供指标的详细程度不同分为（　　）。
    A. 一级科目和二级科目　　　　　B. 二级科目与三级科目
    C. 总分类科目和明细分类科目　　D. 总账科目和二级科目
17. 下列属于总分类会计科目的是（　　）。
    A. 辅助材料　　　B. 差旅费　　　C. 银行存款　　　D. 辅助生产成本

18. 会计账户的基本结构分左右两方，其基本依据是（　　）。
    A. 便于登记收支业务   B. 借贷原理
    C. 收付原理   D. 资金在运动中量的增加和减少
19. 会计科目和账户之间的联系是（　　）。
    A. 内容相同   B. 结构相同   C. 格式相同   D. 两者不相关
20. "预付账款"账户属于（　　）账户。
    A. 资产类   B. 负债类   C. 债务类   D. 费用类
21. "预收账款"账户属于（　　）账户。
    A. 负债类   B. 债权类   C. 资产类   D. 收入类
22. 下列各项中，属于损益类账户的是（　　）。
    A. 实收资本   B. 利润分配   C. 制造费用   D. 主营业务收入
23. 账户按期末余额分类，可以分为虚账户和实账户。下列账户中，属于虚账户的是（　　）。
    A. 营业外收入   B. 固定资产   C. 预付账款   D. 资本公积
24. 目前，我国企业采用的复式记账主要是（　　）。
    A. 单式记账   B. 增减记账法   C. 收付记账法   D. 借贷记账法
25. 借贷记账法的理论基础是（　　）。
    A. 会计要素   B. 会计假设   C. 会计等式   D. 复式记账法
26. 在借贷记账法下，可以在账户借方登记的是（　　）。
    A. 负债的增加额   B. 所有者权益的增加额
    C. 收入的增加额   D. 资产的增加额
27. 在借贷记账法下，可以在账户贷方登记的是（　　）。
    A. 资产的增加   B. 负债的减少   C. 收入的减少   D. 费用的减少
28. 下列各项中，不符合借贷记账法记账规则的是（　　）。
A. 资产数额的增加记在借方
B. 所有者权益、负债数额的增加记在贷方
C. 收入数额的减少记在借方
D. 成本、费用数额的增加记在贷方
29. 资产类账户的期末余额一般在（　　）。
    A. 借方   B. 借方或贷方   C. 贷方   D. 不确定
30. 对于负债类账户而言（　　）。
    A. 增加记借方   B. 增加记贷方   C. 减少记贷方   D. 期末无余额
31. 费用类账户的借方登记的是（　　）。
    A. 费用发生额   B. 费用减少额   C. 费用转销额   D. 减少发生额
32. 下列各项应在账户贷方登记的是（　　）。
    A. 应收账款的减少   B. 应收账款的增加
    C. 预付账款的增加   D. 预收账款的减少
33. 下列账户余额一般在借方的是（　　）。
    A. 短期借款   B. 应收账款   C. 应付账款   D. 应交税费
34. 在借贷记账法下，期末没有余额的账户类别是（　　）账户。
    A. 资产类   B. 损益类
    C. 负债类和所有者权益类   D. 成本类

35. 下列账户中，期末一般没有余额的是（   ）。
   A. 生产成本　　　B. 应交税费　　　C. 制造费用　　　D. 累计折旧
36. 一般来说，一个账户的增加方发生额与该账户的期末余额都应该记在账户的（   ）。
   A. 借方　　　　　B. 贷方　　　　　C. 相同方向　　　D. 相反方向
37. 应付账款账户期初贷方余额为 35 400 元，本期贷方发生额为 26 300 元，本期借方发生额为 17 900 元，该账户期末余额为（   ）。
   A. 借方 43 800 元　B. 借方 27 000 元　C. 贷方 43 800 元　D. 贷方 27 000 元
38. 某企业原材料账户的期初余额为 45 000 元，本月增加材料 18 000 元，期末库存材料为 24 000 元，则本期减少材料（   ）。
   A. 19 000 元　　　B. 39 000 元　　　C. 27 000 元　　　D. 42 000 元
39. 某企业"预收账款"账户期末贷方余额为 150 000 元，本期共增加 130 000 元，减少 140 000 元，则该账户的期初余额为（   ）。
   A. 借方 140 000 元　　　　　　　　B. 贷方 160 000 元
   C. 借方 160 000 元　　　　　　　　D. 贷方 140 000 元
40. 某会计账户的期初借方余额为 5 000 元，本期贷方发生额为 12 000 元。期末借方余额 8 400 元，则本期借方发生额为（   ）。
   A. 8 600 元　　　B. 15 400 元　　　C. 1 400 元　　　D. 14 500 元
41. 对某些经济业务标明应借、应贷账户名称及金额的记录称为（   ）。
   A. 对应关系　　　B. 对应账户　　　C. 会计分录　　　D. 账户
42. 购入材料一批，价款 60 000 元，增值税 10 200 元，货款暂未支付，该笔经济业务编制的会计分录是（   ）。
   A. 一借一贷　　　B. 一借多贷　　　C. 一贷多借　　　D. 多借多贷
43. 销售产品一批，价款 100 000 元，增值税 17 000 元，货款尚未收回。该笔业务编制的会计分录是（   ）。
   A. 一借一贷　　　B. 一借多贷　　　C. 一贷多借　　　D. 多借多贷
44. 购入材料一批，买价 50 000 元，增值税 8 500 元，货款共计 58 500 元，其中 40 000 元以银行存款支付，其余暂欠，该笔业务编制的会计分录为（   ）。
   A. 一借一贷　　　B. 一借多贷　　　C. 一贷多借　　　D. 多借多贷
45. 下列会计分录中，属于复合会计分录的是（   ）。
   A. 借：生产成本——A 产品　　　　　　　　　　　　　30 000
       贷：原材料——甲材料　　　　　　　　　　　　　　10 000
             ——乙材料　　　　　　　　　　　　　　　　20 000
   B. 借：制造费用——办公费　　　　　　　　　　　　　　 300
             ——邮电费　　　　　　　　　　　　　　　　　 600
       贷：库存现金　　　　　　　　　　　　　　　　　　　 900
   C. 借：制造费用——折旧费　　　　　　　　　　　　　 2 000
       管理费用——折旧费　　　　　　　　　　　　　　　 1 000
       贷：累计折旧　　　　　　　　　　　　　　　　　　 3 000
   D. 借：银行存款　　　　　　　　　　　　　　　　　　100 000
       贷：应收账款——A 公司　　　　　　　　　　　　　40 000
             ——B 公司　　　　　　　　　　　　　　　　60 000

46. 关于试算平衡表说法正确的是（   ）。
A. 试算平衡表是检查账户记录的唯一方法
B. 试算平衡表如果平衡，说明账户记录肯定无错误
C. 试算平衡表如果不平衡，说明账户记录有错误
D. 试算平衡表通过试算，可以检查账户记录的各种错误

47. 下列记账差错中，能通过编制试算平衡表判断的记账差错是（   ）。
A. 漏记了某项经济业务
B. 错误地使用了应借记的会计科目
C. 只登记了会计分录的借方或贷方，漏记了另一方
D. 颠倒了记账方向

（二）多项选择题

1. 下列属于会计等式的是（   ）。
A. 本期借方发生额合计＝本期贷方发生额合计
B. 本期借方余额合计＝本期贷方余额合计
C. 资产＝负债＋所有者权益
D. 收入－费用＝利润

2. 资产与权益的恒等关系是（   ）。
A. 复式记账法的理论依据
B. 总账与明细账平行登记的理论依据
C. 余额试算平衡的理论依据
D. 编制资产负债表的依据

3. 下列关于会计等式的说法中，正确的是（   ）。
A. "资产＝负债＋所有者权益"是最基本的会计等式，表明了会计主体在某一特定时期所拥有的各种资产与债权人、所有者之间的动态关系
B. "收入－费用＝利润"这一等式动态地反映经营成果与相应期间的收入和费用之间的关系，是企业编制利润表的基础
C. "资产＝负债＋所有者权益"这一会计等式体现了会计六要素之间的内在联系
D. 企业各项经济业务的发生并不会破坏会计基本等式的平衡关系

4. 发生下列经济业务后，会计等式不发生变化的有（   ）。
A. 企业用银行存款 30 000 元偿还其供货单位货款
B. 企业将现金 50 000 元存入银行
C. 企业由于资金周转困难，向银行借款 300 000 元以归还拖欠的货款
D. 企业接受投资人投资 200 000 元

5. 下列经济业务会引起资产总额发生变化的是（   ）。
A. 从银行存款提取现金
B. 购入材料 50 000 元，货款未付
C. 投资者投入设备一台
D. 以银行存款归还前欠货款

6. 下列经济业务引起等式两边同时变化的有（   ）。
A. 以银行存款归还前欠货款
B. 销售产品，货款未收
C. 以现金购买办公用品
D. 向银行借入款项，存入结算户

7. 下列经济业务引起等式一边变化的是（   ）。
A. 购入材料，货款未付
B. 购入材料，款项已付
C. 收回甲单位前欠货款
D. 归还前欠乙单位货款

8. 下列经济业务引起一项资产和一项负债变化的是（   ）。

A. 以银行存款偿还前欠货款 40 000 元
B. 向银行借入长期借款一笔，金额 100 0000 元
C. 购入材料 10 000 元，款项未付
D. 收回甲单位前欠货款 46 000 元

9. 下列有关明细分类科目的表述中，正确的有（　　）。
A. 明细分类科目也称一级会计科目
B. 明细分类科目是对总分类科目作进一步分类的科目
C. 明细分类科目是对会计要素具体内容进行总括分类的科目
D. 明细分类科目是能提供更加详细、具体会计信息的科目

10. 下列项目中，属于所有者权益类科目是（　　）。
A. 实收资本　　B. 资本公积　　C. 盈余公积　　D. 未分配利润

11. 下列项目中，属于成本类科目是（　　）。
A. 生产成本　　B. 制造费用　　C. 主营业务成本　　D. 长期待摊费用

12. 下列属于损益类会计科目的有（　　）。
A. 所得税费用　　　　　　　　B. 以前年度损益调整
C. 待处理财产损溢　　　　　　D. 本年利润

13. 下列会计科目，年末应无余额的有（　　）。
A. 主营业务收入　　B. 营业外收入　　C. 本年利润　　D. 利润分配

14. 在会计账户的标准格式中，应包括（　　）等项目。
A. 账户名称　　B. 日期和摘要　　C. 借方和贷方　　D. 余额

15. 会计账户的各项金额的关系可用（　　）表示。
A. 期末余额＝期初余额＋本期增加发生额－本期减少发生额
B. 期末余额－期初余额＝本期增加发生额－本期减少发生额
C. 期末余额－期初余额－本期增加发生额＝本期减少发生额
D. 期末余额＋本期减少发生额＝期初余额＋本期增加发生额

16. 下列关于会计账户和会计科目的说法正确的是（　　）。
A. 会计科目是开设账户的依据，账户的名称就是会计科目
B. 两者都是对会计对象具体内容的科学分类，口径一致，性质相同
C. 没有账户，会计科目就无法发挥作用
D. 会计科目不存在结构，账户则具有一定的结构

17. 关于总分类科目与明细分类科目表述正确的是（　　）。
A. 明细分类科目概括地反映会计对象的具体内容
B. 总分类科目详细地反映会计对象的具体内容
C. 总分类科目对明细分类科目具有控制作用
D. 明细分类科目是对总分类科目的补充和说明

18. 复式记账法必须遵循的基本原则是（　　）。
A. 以会计等式作为记账基础
B. 对每项经济业务，必须在两个或两个以上相互联系的账户中进行等额登记
C. 必须按经济业务对会计等式的影响类型进行记录
D. 定期汇总的全部账户记录必须平衡

19. 与单式记账法相比，复式记账法的优点是（　　）。
A. 有一套完整的账户体系

B. 可以清楚地反映经济业务的来龙去脉
C. 可以对记录的结果进行试算平衡，以检查账户记录是否正确
D. 记账手续简单

20. 期末余额在借方的账户有（　　）。
   A. 生产成本　　　B. 盈余公积　　　C. 长期待摊费用　　　D. 固定资产

21. 从银行借入长期借款，用于归还前欠货款，正确的做法是（　　）。
   A. 借记"银行存款"　　　　　　B. 贷记"长期借款"
   C. 借记"应付账款"　　　　　　D. 贷记"应付账款"

22. 账户哪一方记增加，哪一方记减少，取决于（　　）。
   A. 业务的性质　　　　　　　　B. 所采用的记账方法
   C. 账户性质和类型　　　　　　D. 会计人员的分工

23. 在借贷记账法下，"预付账款"账户的借方不反映的是（　　）。
   A. 企业债务的产生　　　　　　B. 企业债务的增加
   C. 企业债权的产生　　　　　　D. 企业债权的收回

24. 下列借方登记的是（　　）。
   A. 资产的增加额　　　　　　　B. 负债的增加额
   C. 所有者权益的增加额　　　　D. 费用的增加额

25. 下列在贷方登记的有（　　）。
   A. 费用的增加　　B. 收入的增加　　C. 负债的增加　　D. 资产的减少

26. 通过账户的对应关系，可以（　　）。
   A. 了解经济业务的内容　　　　B. 进行试算平衡
   C. 检查账户记录的正确性　　　D. 检查经济业务的处理是否合法、合理

27. 会计分录的内容包括（　　）。
   A. 经济业务内容摘要　　　　　B. 账户名称
   C. 经济业务发生额　　　　　　D. 应借应贷方向

28. 会计分录的格式正确的是（　　）。
   A. 先借后贷
   B. 借方在上，贷方在下
   C. 在一借多贷和多借多贷的情况下，借方或贷方的文字要对齐
   D. 在一借多贷和多借多贷的情况下，借方或贷方的数字要对齐

29. 关于会计分录的表述中，正确的有（　　）。
   A. 借贷方向、账户名称和金额构成会计分录的三要素
   B. 会计分录可以分为简单分录和复合分录
   C. 多借多贷的会计分录，除特殊情况外，一般不使用
   D. 在实际工作中，编制会计分录是通过填制原始凭证来完成的

30. 在借贷记账法下，当借记"银行存款"账户时，下列可能成为其对应账户的有（　　）。
   A. 实收资本　　　B. 库存现金　　　C. 生产成本　　　D. 本年利润

31. 收到投资人投入固定资产，正确的说法有（　　）。
   A. 借记"固定资产"　　　　　　B. 贷记"实收资本"
   C. 贷记"固定资产"　　　　　　D. 借记"实收资本"

32. 借贷记账法的试算平衡方法包括（　　）。
   A. 增加额试算平衡法　　　　　B. 减少额试算平衡法

C. 发生额试算平衡法　　　　　　D. 余额试算平衡法

33. 借贷记账法下，（　　）的依据是"资产＝负债＋所有者权益"。
   A. 全部账户的期初借方余额合计＝全部账户的期初贷方余额合计
   B. 全部账户的期末借方余额合计＝全部账户的期末贷方余额合计
   C. 全部账户的期初借方余额合计＋全部账户本期借方发生额合计＝全部账户的期末借方余额合计
   D. 全部账户的期初贷方余额合计＋全部账户本期贷方发生额合计＝全部账户的期末贷方余额合计

34. 下列属于试算平衡公式的是（　　）。
   A. 资产类账户借方发生额合计＝所有者权益类账户借方发生额合计
   B. 所有者权益类账户贷方发生额合计＝负债类账户贷方发生额合计
   C. 全部账户的本期借方发生额合计＝全部账户的本期贷方发生额合计
   D. 全部账户的期末借方余额合计＝全部账户的期末贷方余额合计

35. 某企业月末编制试算平衡表时，因"库存现金"账户的余额计算不正确，导致试算平衡中月末借方余额合计为 168 000 元，而全部账户月末贷方余额合计为 160 000 元。则"库存现金"账户（　　）。
   A. 为借方余额　　　　　　　　　　B. 为贷方余额
   C. 借方余额为 8 000 元　　　　　　D. 借方余额多记 8 000 元

（三）判断题

1. 资产、负债和所有者权益的平衡关系是企业资金运动处于相对静止状态下出现的，如果考虑收入、费用等动态要素，则资产与权益总额的平衡关系必然被破坏。（　　）
2. 任何一项经济业务的发生都不会破坏会计等式的平衡关系，只会引起资产和权益同时增加或同时减少。（　　）
3. 以银行存款偿还银行借款 50 000 元，这笔经济业务的发生，对所有者权益无影响。（　　）
4. 企业只能使用国家统一的会计制度规定的会计科目，不得自行增减或合并。（　　）
5. 会计科目不能记录经济业务的增减变化及结果。（　　）
6. 在我国，不管是商业企业还是工业企业，因都是企业性质，所以使用的会计科目是一致的。（　　）
7. 预付账款和预收账款均属于企业的负债。（　　）
8. 复式记账法是指对于发生的每一项经济业务都要以相等的金额同时在相互联系的两个账户中进行登记的一种记账方法。（　　）
9. 采用复式记账法能够全面反映经济业务的内容以及资金运动的来龙去脉。（　　）
10. "有借必有贷，借贷必相等"的记账规则要求一个账户的借方发生额合计必须等于贷方发生额合计。（　　）
11. 在借贷记账法下，一般借方登记增加数，贷方登记减少数。（　　）
12. 一个会计主体一定期间的全部账户的借方发生额合计数与贷方发生额合计数一定相等。（　　）
13. 借贷记账法下，资产类账户与费用类账户通常都有期末余额，而且在借方。（　　）
14. 所有者权益类账户的期末余额＝期初余额＋本期借方发生额－本期贷方发生额。（　　）

15. 账户的对应关系是指总账和明细账之间的关系。（   ）
16. 复合会计分录只能是一借多贷和多借一贷的会计分录。（   ）
17. 企业可以将不同类型的经济业务合在一起，这样可以形成复合会计分录。（   ）
18. 在会计处理时，只能编制一借一贷、一借多贷、多借一贷的会计分录，而不能编制多借多贷的会计分录，以避免对应关系混乱。（   ）
19. 发生额试算平衡是根据资产与权益的恒等关系，检验本期发生额记录是否正确的方法。（   ）
20. 期末进行试算平衡时，全部资产类账户的本期借方发生额合计应当等于其贷方发生额合计。（   ）
21. 编制试算平衡表时，也应该包括只有期初余额而没有本期发生额的账户。（   ）
22. 在试算平衡表上，实现了期初余额、本期发生额和期末余额三栏的平衡关系，能够保证账户记录是完全正确的。（   ）

（四）业务题

1. 目的

练习会计分录的编制和试算平衡表的编制。

2. 资料

某企业月初有关总分类账户的余额如下：

单位：元

资产	借方余额	负债及所有者权益	贷方余额
库存现金	3 000	短期借款	25 000
银行存款	200 000	应付账款	32 000
原材料	4 000	实收资本	320 000
固定资产	160 000		
生产成本	10 000		
合计	377 000	合计	377 000

该企业本月发生如下经济业务。

(1) 投资者追加投资 200 000 元，款已存入银行。
(2) 用银行存款 40 000 元购入不需要安装的设备一台。
(3) 购入材料一批，买价和运费计 15 000 元，货款尚未支付。
(4) 从银行提取现金 2 000 元。
(5) 借入短期借款 20 000 元，偿还前欠货款。
(6) 销售产品 35 000 元，货款存入银行。
(7) 生产产品领用材料一批，价值 12 000 元。
(8) 以银行存款支付企业行政管理部门水电费 7 000 元。

3. 要求

(1) 分析各项经济业务，说明经济业务发生后引起哪些资产类、负债类及所有权益类项目的变动。

(2) 分析上述经济业务涉及哪些会计科目、记账方向及记账金额。
(3) 编制相关会计分录。
(4) 编制"总分类账户发生额及余额试算表"。

四、案例题

刘瑜是会计学专业二年级的学生，刚学完《基础会计》课程，她想检验一下自己的专业能力，于是利用寒假到一家广告公司实习。刘瑜到公司实习的第一天，正赶上财务部忙着月末结账，感受到这种忙碌的工作氛围，刘瑜也跃跃欲试。于是，财务部经理交给刘瑜一项任务——编制试算平衡表。刘瑜轻松地对财务部经理说："这太简单了，我保证完成任务。"

刘瑜找齐公司的所有总账账簿之后，认真地工作起来了。很快，刘瑜将本月的"总分类账户发生额及余额试算平衡表"完整地编制出来了。刘瑜得意地将试算平衡表交到财务部经理手中，高兴地说："经理，这个月的总账发生额和余额都借贷平衡，说明这个月的总账记录完全正确。"财务部经理摇摇头说："那可不一定。"话音未落，负责稽核的李会计走了过来，指着手上的凭证说："这个月的账核对完了，发现有一笔财务费用是 3 000 元，错误的登记成 2 500 元，少记了 500 元，需要进行错账更正。"

刘瑜疑惑地问："试算平衡表不是已经平衡了吗？怎么还有错账呢？"
请你替财务经理向刘瑜解释以下问题。
1. 试算平衡表能够检验所有的错账吗？如果不能，有哪些错账不会影响试算表的平衡？
2. 编制试算平衡表有什么意义？

五、练习题与案例题答案及解析

（一）单项选择题

1. B 由资产=权益的平衡关系可知，资产减少，权益增加不可能发生。
2. C A、B、D 项均为资产内部一增一减，C 项为资产与负债同时增加。
3. D 归还银行借款业务一方面引起银行存款减少（资产的减少）；另一方面也使银行借款减少（负债减少），故应选 D。
4. B 投资者投入设备一方面意味着固定资产增加（资产增加）；另一方面意味着实收资本增加（所有者权益增加）。
5. C 投资者投入现金，一方面表明资产增加；另一方面引起了实收资本即所有者权益增加。
6. B 因为企业期末的资产总额为 320 万元（200 万元＋120 万元），则期末的权益总额为 320 万元，由于期末的所有者权益为 270 万元，故期末的负债总额为 50 万元（320 万元－270 万元）。
7. B ①用银行存款偿还短期借款使资产减少 10 万元，同时负债减少 10 万元；②、③经济业务使得资产内部要素一增一减，且增减金额相同。期末资产总额为 50 万元（60 万元－10 万元），期末负债总额为 30 万元（40 万元－10 万元），根据会计等式"资产－负债=所有者权益"。1 月末的所有者权益总额为 20 万元（50 万元－30 万元）。
8. C ①用银行存款支付职工工资 100 000 元，使等式两边资产和负债各减少 100 000

元；②将公司盈余公积金80 000元转作资本金，使所有者权益内部有增有减，增减金额相等，等式左边则不受影响，资产和权益总额仍保持平衡；③接受投资者投入设备50 000元，使等式左边固定资产设备增加50 000元，等式右边所有者权益增加50 000元，即等式两边各增加50 000元，故资产750 000元（800 000元－100 000元＋50 000元）＝负债200 000元（300 000元－100 000元）＋所有者权益550 000元（500 000元＋50 000元）。

9. D　会计科目是对会计要素的具体内容进行分类核算的类目。

10. C　会计科目的设置原则包括合法性、相关性、实用性。权责发生制是会计核算的基础。

11. B　总分类科目也叫总账科目或一级科目，一般是按照财政部门制定的统一会计制度规定设置。

12. C　由于各企业的经营特点不同，内部经营管理对会计信息的要求不同，允许企业在不违背会计准则的前提下，在不影响会计核算要求和财务报表指标汇总的条件下，可以根据自身的实际情况设置一些科目进行会计核算。

13. B　选项A、C属于资产类科目，选项D属于所有者权益类科目。

14. D　选项A属于资产类科目，选项B属于负债类科目，选项C属于成本类科目，选项D属于损益类科目。

15. D　选项A属于资产类科目，选项B属于所有者权益类科目，选项C属于负债类科目，选项D属于损益类科目，与管理费用属于同一类会计科目。

16. C　会计科目按提供指标的详细程度不同分为总分类科目和明细分类科目，总分类科目也称一级科目，明细分类科目又分为二级科目和三级科目等。

17. C　A、B、D三项均为明细分类科目，而银行存款为总分类会计科目。

18. D　会计账户的基本结构分左右两方，其基本依据是资金在运动中量的增加和减少。

19. A　会计科目与账户都是对会计对象具体内容的科学分类，两者口径一致，性质相同，会计科目仅仅是账户的名称，也是设置账户的依据，账户是会计科目的具体运用。

20. A　"预付账款"是资产类账户，是资产中的债权账户。

21. A　预收账款是根据销货合同向购货单位预先收取的款项，由于在收款时，产品还未销售，故它属于负债，收款后需要将来以产品或劳动偿还。

22. D　主营业务收入属于损溢类账户，实收资本和利润分配属于所有者权益类账户，制造费用属于成本类账户。

23. A　账户按期末余额分类，可分为有余额账户和无余额账户两类。通常情况下将有余额账户称为实账户，实账户的期末余额代表企业的财务状况，其余额列入资产负债表；将期末没有余额的损益类账户称为虚账户，虚账户发生额反映企业的损益情况，其本期发生额合计数在利润表中反映。题中只有A项"营业外收入"属于虚账户。

24. D　在我国境内所有企业都必须采用借贷记账法，而单式记账法在实际工作中已不再采用。

25. C　资产与权益的恒等关系，是复式记账法的理论基础。借贷记账法是一种复式记账法，因此借贷记账法的理论基础是会计等式。

26. D　对于资产类账户，一般借方登记增加数，贷方登记减少数。

27. D　费用类账户的记账规则为费用的增加记借方，减少记贷方。

28. D　成本、费用数额的增加应该记在借方。

29. A　资产类账户的期末余额一般在借方，和增加发生额的方向一致。

30. B　对于负债类账户，借方登记减少数，贷方登记增加数，期末余额一般在贷方。

31. A 费用类账户的结构与资产类账户相似,借方登记其增加额(费用发生额),贷方登记其减少额或转销额。

32. A 应收账款、预付账款属于资产类账户,借方登记增加,贷方登记减少;预收账款属于负债类账户,借方登记减少,贷方登记增加。

33. B "应收账款"账户是资产类,借方记录增加额,贷方记录减少额,余额一般在借方。

34. B 损益类账户是指其在一定时期的发生额合计要在当期期末结转到"本年利润"账户,用以计算确定一定时期内损益的账户。损益类账户期末一般没有余额。

35. C 制造费用属于应计入生产成本的间接费用,期末时应转入"生产成本"账户,结转后无余额。

36. C 一般情况下,一个账户的增加方发生额与期初余额之和比减少发生额大,其期末余额一般为正值,因此其余额方向一般与增加方的方向相同。

37. C "应付账款"属于负债类账户,负债类账户的期末余额一般在贷方,其余额计算公式为:期末贷方余额=期初贷方余额+本期贷方发生额-本期借方发生额,本题中,期末贷方余额=35 400+26 300-17 900=43 800(元)。

38. B 原材料账户的本期减少额=期初余额+本期增加额-期末余额,即45 000+18 000-24 000=39 000(元)。

39. B "预收账款"账户为负债类账户,根据负债类账户期末贷方余额=期初贷方余额+本期贷方发生额-本期借方发生额。预收账款期初余额=150 000+140 000-130 000=160 000(元)。

40. B 因为期初借方余额+本期借方发生额-本期贷方发生额=期末借方余额,所以该账户的本期借方发生额=8 400+12 000-5 000=15 400(元)。

41. C 会计分录是指对某项经济业务标明其应借、应贷账户名称及其金额的记录

42. C 该笔业务应编制的会计分录为:

借:材料采购		60 000
应交税费——应交增值税(进项税额)		10 200
贷:应付账款		70 200

43. B 该笔业务应编制的会计分录为:

借:应收账款		117 000
贷:主营业务收入		100 000
应交税费——应交增值税(销项税额)		17 000

44. D 该笔业务应编制多借多贷的会计分录。

借:材料采购		50 000
应交税费——应交增值税(进项税额)		8 500
贷:银行存款		40 000
应付账款		18 500

45. C 复合会计分录有一借多贷、一贷多借、多借多贷等形式。A项贷方、D项贷方和B项借方均属于一个科目有两个明细科目,只有C项借方为两个总账科目,故C项属于复合会计分录。

46. C 试算平衡表是检查账户记录是否错误的有效方法,但不是唯一的方法,因为对于发生的重记、漏记、记账方向颠倒等错误无法检查,故试算平衡不一定没有错误,但试算不平衡肯定有错误,因为账户记录的结果应当是:所有账户的借方发生额合计等于所有账户

的贷方发生额合计，所有账户的借方余额合计等于所有账户的贷方余额合计。

47. C 试算平衡本身有一定的局限性，它不能发现全部记账过程中的错误和遗漏，因为有些错误并不影响借、贷方的平衡关系。如 A、B、D 三项中的情况，均不会影响借贷方的平衡，因此通过试算平衡的方法无法检查出来。只有 C 项中的情况，会影响借贷方的平衡，能通过试算平衡的方法检查。

（二）多项选择题

1. CD 会计等式是反映会计要素之间数量上恒等关系的一系列等式，C 项是反映财务状况的会计等式，D 项是反映经营成果的会计等式，A 项和 B 项是试算平衡中用到的等式，不属于会计等式。

2. ACD 资产与权益恒等关系是会计复式记账、余额试算平衡和编制资产负债表的理论依据。

3. BD A 项应该是反映某一时点的静态情况，而非某一特定期间的动态情况，C 项错在这一会计等式并没有反映全部的会计要素。

4. ABCD A 项引起资产和负债金额同时减少，减少金额相等；B 项引起资产内部的项目一增一减，增减的金额相等；C 项引起负债内部的项目一增一减，增减的金额相等；D 项引起资产和所有者权益项目同时增加，增加金额相等。因此，上述经济业务都不会引起会计等式发生变化。

5. BCD 因为从银行存款提取现金，这笔经济业务只是引起资产内部的一增一减，而 B、C、D 三个选项的经济业务引起资产总额与负债总额或所有者权益总额的同时增加或同时减少。

6. ABD 会计等式的扩大式为"资产＋费用＝负债＋所有者权益＋收入"。以现金购买办公用品，它的变化是费用增加，资产减少，除此之外 A、B、D 业务的发生都会引起等式两边会计要素的变化。

7. BC 购入材料，货款未付，这笔经济业务一方面引起资产增加，另一方面引起负债增加，即等式两边变化；归还前欠货款，这笔业务一方面引起资产减少，另一方面引起负债减少。

8. ABC A 项属于资产和负债的同时减少，B、C 项属于资产和负债的同时增加，D 项属于资产内部的一增一减。

9. BD 总分类科目是一级会计科目；总分类科目是对会计要素具体内容进行总括分类的科目。所以选项 A、C 不正确。

10. ABC 常见的所有者权益类科目包括实收资本、资本公积、盈余公积、本年利润和利润分配等。注意："未分配利润"属于所有者权益的内容，但不属于所有者权益类科目。

11. AB A、B 项属于成本类科目，C 项属于损益类科目，D 项属于资产类科目。

12. AB 选项 A、B 属于损益类科目，选项 C 属于资产类科目，选项 D 属于所有者权益类科目。

13. ABC 主营业务收入、营业外收入属于损益类科目，期末应结转到"本年利润"科目中，年末应无余额。年度终了，应将"本年利润"科目的全部累计余额，转入"利润分配"科目，年度结账后，"本年利润"科目无余额，"利润分配"科目年末一般有余额。

14. ABCD 会计账户的标准格式中，应包括下列项目：账户名称、日期、凭证编号、摘要、借方、贷方、借或贷、余额。

15. ABD　根据"期末余额＝期初余额＋本期增加发生额－本期减少发生额",很容易知道A、B、D项是答案。

16. ABCD　会计科目与账户都是对会计对象具体内容的科学分类,两者口径一致,性质相同,会计科目仅仅是账户的名称,也是设置账户的依据,账户是会计科目的具体运用,会计科目不存在结构,账户则具有一定的结构。

17. CD　总分类科目是概括地反映会计对象的具体内容,明细分类科目是详细反映会计对象的具体内容。总分类科目对明细分类科目具有统驭和控制作用,而明细分类科目是对总分类科目的补充和说明。

18. ABCD　复式记账法必须遵循以下几项基本原则:①以会计等式作为记账基础;②对每项经济业务,必须在两个或两个以上相互联系的账户中进行等额记录;③必须按经济业务对会计等式的影响类型进行记录;④定期汇总的全部账户记录必须平衡。

19. ABC　记账手续简单是单式记账法的优点。

20. ACD　因为"盈余公积"账户属于所有者权益类账户,余额应当在贷方。

21. BC　借入长期借款偿还所欠货款,使长期借款增加的同时应付账款减少,属于负债内部的一增一减。

22. BC　账户哪一方记增加,哪一方记减少与业务的性质、会计人员的分工无关,只与所采用的记账方法以及账户的性质和类型有关。

23. ABD　因为"预付账款"账户借方登记的是预付账款的增加即债权的产生,而债权的收回应反映在其贷方,而债务的产生(即增加)应反映在负债账户的贷方。

24. AD　借方登记资产的增加额、负债的减少额、所有者权益的减少额、收入的减少额、费用的增加额;贷方登记资产的减少额、负债的增加额、所有者权益的增加额、收入的增加额、费用的减少额。

25. BCD　费用的增加登记在账户的借方,收入的增加、负债的增加、资产的减少均登记在账户的贷方。

26. AD　借贷记账法下的账户对应关系是由经济业务的性质所决定的。而在经济业务确定的情况下,则可以通过账户的对应关系了解经济业务内容及其所引起的资金增减变动情况,了解经济业务的来龙去脉,检查经济业务的处理是否合理、合法。

27. BCD　会计分录是指对某项经济业务标明其应借应贷账户及其金额的记录。选项A是账户应该具备的内容。

28. ABCD　会计分录书写有一定的格式要求,比如先借后贷;贷方的文字和金额数字都要在借方后退两格处书写;在一借多贷或一贷多借和多借多贷的情况下,要求贷方或借方的文字和金额数字必须对齐。

29. ABC　在实际工作中,编制会计分录是通过填制记账凭证来完成的。

30. AB　借记"银行存款"账户时,"实收资本"和"库存现金"都有可能成为银行存款的对应账户。

31. AB　收到固定资产,使资产增加;同时,投资人投资使所有者权益增加。

32. CD　借贷记账法的试算平衡方法包括发生额试算平衡法和余额试算平衡法。

33. AB　发生额试算平衡的理论依据是借贷记账法的记账规则,即"有借必有贷,借贷必相等"。余额试算平衡的理论依据是"资产＝负债＋所有者权益"。

34. CD　试算平衡是对所有账户记录进行检查,试算平衡包括发生额的试算平衡和余额的试算平衡。发生额的试算平衡公式为:全部账户本期借方发生额合计＝全部账户本期贷方发生额合计;余额的试算平衡公式为:全部账户的期初借方余额合计＝全部账户的期初贷方余额合计，全部账户的期末借方余额合计＝全部账户的期末贷方余额合计。

35. AD　借方余额168 000元比贷方余额160 000元多8 000元，出错原因是由"库存现金"账户余额计算不正确导致，现金属于资产，显然是多记了现金余额。

（三）判断题

1. 错误　资产与权益是恒等的关系，企业的任何经济活动都不会破坏这一基本的恒等关系。

2. 错误　企业发生的经济业务有两类：一类是不会破坏平衡关系，也不会引起等式两边总额的变化；另一类是不会破坏平衡关系，但会引起等式两边总额的同增或同减变化。

3. 正确　该笔经济业务的发生只是引起了资产与负债的同时减少，对所有者权益没有影响。

4. 错误　企业可以根据自身的生产经营特点，在不影响统一会计核算要求以及对外提供统一的财务报表的前提下，自行增设、减少或合并某些会计科目。

5. 正确　会计科目是对会计对象的具体内容进行的基本分类，但它只有分类的名称，而没有一定的格式，不能把发生的经济业务连续、系统地记录下来。因此，必须根据规定的会计科目设置账户，利用账户记录各项经济业务，反映有关会计要素的具体内容的增减变动及其结果。

6. 错误　不同性质的企业、同一性质的不同企业，使用的会计科目可以有所不同。

7. 错误　预付账款属于企业的资产，预收账款属于企业的负债。

8. 错误　复式记账法是指对于发生的每一项经济业务都要以相等的金额同时在相互联系的两个或两个以上的账户中进行登记的一种记账方法。

9. 正确　因为复式记账是对每项经济业务在两个或两个以上相互联系的账户中，以相等的金额反映的一种方法，故它可以反映资金的来龙去脉。

10. 错误　因为"有借必有贷，借贷必相等"的记账规则是要求一笔分录的借方登记数与贷方登记数相等，而不是一个账户的借方发生额合计和贷方发生额合计相等。

11. 错误　在借贷记账法下，哪一方记增加，哪一方记减少，取决于账户的性质，如负债类账户，贷方记增加，借方记减少。

12. 正确　根据"有借必有贷，借贷必相等"的记账规则，一个会计主体一定期间的全部账户的借方发生额合计数与贷方发生额合计数一定相等。

13. 错误　借贷记账法下，资产类账户的期末余额在借方，而费用类账户通常是没有期末余额的。

14. 错误　所有者权益类账户由于是贷方记增加，借方记减少，故期末余额＝期初余额＋本期贷方发生额－本期借方发生额。

15. 错误　账户对应关系是指在借贷记账法下，两个或两个以上相关账户之间形成的应借、应贷的相互关系。

16. 错误　复合会计分录包括一借多贷、多借一贷、多借多贷的分录。

17. 错误　复合会计分录必须是同一经济业务的处理合在一起，不同类型的经济业务不可以合并编制复合会计分录。

18. 错误　在会计处理时，如果一笔经济业务客观存在复杂关系时，也可以编制多借多贷的会计分录。

19. 错误　发生额试算平衡是根据本期所有账户的借方发生额合计等于贷方发生额合计的关系，检验本期发生额记录是否正确的方法。

20. 错误　全部资产类账户的借方发生额合计不一定等于其贷方发生额合计，只有全部账户的借方发生额合计等于全部账户的贷方发生额合计。

21. 正确　试算平衡表中不仅仅包括本期发生额平衡，还包括余额平衡。

22. 错误　如果存在记账方向错误、漏记某项经济业务、重记某项经济业务、借贷双方账户记反了，期初余额、本期发生额和期末余额仍能平衡。这是借贷记账法试算平衡的局限性。

（四）业务题

（1）经济业务的发生，引起资产类和所有者权益类项目发生变动，涉及"实收资本"和"银行存款"两个会计科目。投资增加为所有者权益增加，应记入"实收资本"账户的贷方，银行存款增加为资产增加，应记入"银行存款"账户的借方，金额均为 200 000 元。编制的会计分录为：

　　借：银行存款　　　　　　　　　　　　　　　　　　　　200 000
　　　　贷：实收资本　　　　　　　　　　　　　　　　　　　　　　200 000

（2）经济业务的发生，引起资产类项目一增一减，涉及"固定资产"和"银行存款"两个会计科目。固定资产增加为资产增加，应记入"固定资产"账户的借方，银行存款减少为资产减少，应记入"银行存款"账户的贷方，金额均为 40 000 元。编制的会计分录为：

　　借：固定资产　　　　　　　　　　　　　　　　　　　　40 000
　　　　贷：银行存款　　　　　　　　　　　　　　　　　　　　　　40 000

（3）经济业务的发生，引起资产类和负债类项目发生变动，涉及"原材料"和"应付账款"两个会计科目。原材料增加为资产增加，应记入"原材料"账户的借方，应付账款增加为负债增加，应记入"应付账款"账户的贷方，金额均为 15 000 元。编制的会计分录为：

　　借：原材料　　　　　　　　　　　　　　　　　　　　　15 000
　　　　贷：应付账款　　　　　　　　　　　　　　　　　　　　　　15 000

（4）经济业务的发生，引起资产类项目一增一减，涉及"库存现金"和"银行存款"两个会计科目。现金增加为资产增加，应记入"库存现金"账户的借方，银行存款减少为资产减少，应记入"银行存款"账户的贷方，金额均为 2 000 元。编制的会计分录为：

　　借：库存现金　　　　　　　　　　　　　　　　　　　　2 000
　　　　贷：银行存款　　　　　　　　　　　　　　　　　　　　　　2 000

（5）经济业务的发生，引起负债类项目一增一减，涉及"短期借款"和"应付账款"两个会计科目。借款增加为负债增加，应记入"短期借款"账户的贷方，应付账款减少为负债减少，应记入"应付账款"账户的借方，金额均为 20 000 元。编制的会计分录为：

　　借：应付账款　　　　　　　　　　　　　　　　　　　　20 000
　　　　贷：短期借款　　　　　　　　　　　　　　　　　　　　　　20 000

（6）经济业务的发生，引起资产类和收入类项目发生变动，涉及"银行存款"和"主营业务收入"两个会计科目。银行存款增加为资产增加，应记入"银行存款"账户的借方，主营业务收入增加为收入增加，应记入"主营业务收入"账户的贷方，金额均为 35 000 元。编制的会计分录为：

　　借：银行存款　　　　　　　　　　　　　　　　　　　　35 000

　　　　贷：主营业务收入　　　　　　　　　　　　　　　　　　　　　　　　　35 000

（7）经济业务的发生，引起成本类项目和资产类项目一增一减，涉及"生产成本"和"原材料"两个会计科目。生产成本增加为成本增加，应记入"生产成本"账户的借方，原材料减少为资产减少，应记入"原材料"账户的贷方，金额均为12 000元。编制的会计分录为：

　　　借：生产成本　　　　　　　　　　　　　　　　　　　　　　　　　　12 000
　　　　贷：原材料　　　　　　　　　　　　　　　　　　　　　　　　　　　　12 000

（8）经济业务的发生，引起费用类和资产类项目发生变动，涉及"管理费用"和"银行存款"两个会计科目。管理费用增加为费用增加，应记入"管理费用"账户的借方，银行存款减少为资产减少，应记入"银行存款"账户的贷方，金额均为7 000元。编制的会计分录为：

　　　借：管理费用　　　　　　　　　　　　　　　　　　　　　　　　　　　7 000
　　　　贷：银行存款　　　　　　　　　　　　　　　　　　　　　　　　　　　7 000

根据账户的登记结果编制总分类账户发生额及余额试算表，如下表所示。

总分类账户发生额及余额试算表　　　　　　　　　　　　　　　　　单位：元

账户名称	期初余额		本期发生额		期末余额	
	借方	贷方	借方	贷方	借方	贷方
库存现金	3 000		2 000		5 000	
银行存款	200 000		235 000	49 000	386 000	
原材料	4 000		15 000	12 000	7 000	
固定资产	160 000		40 000		200 000	
生产成本	10 000		12 000		22 000	
短期借款		25 000		20 000		45 000
应付账款		32 000	20 000	15 000		27 000
实收资本		320 000		200 000		520 000
主营业务收入				35 000		35 000
管理费用			7 000		7 000	
合计	377 000	377 000	331 000	331 000	627 000	627 000

（五）案例题

1. 试算平衡表不能够检验所有的错账。试算平衡只能说明总分类账的登记基本正确，不能说明绝对正确。有些错误的发生不会导致试算平衡表中各账户借方余额合计数与贷方余额合计数的失衡，比如，漏记、少记某项经济业务；重记某项经济业务；借贷错误巧合，正好抵消等。这些错误并不影响试算平衡，试算平衡表难以发现。

2. 本案例中的事例表明，"总分类账户发生额及余额试算平衡表"只是用来检查一定会计期间全部账户的登记是否正确的一种基本方法，只有在认真稽核试算期间的经济业务全部登记入账的基础上才能利用该表进行试算平衡。编制试算平衡表可以起到以下两方面的作用：一是用来验证记账工作的正确性，对于企业日常的记录，经过定期的试算验证，便于及时发现错误，及时更正，保证会计信息的质量；二是通过编制试算平衡表，可以了解企业所有交易活动的情形及财务状况的大概情况，为后续财务报表编制工作做好准备。

六、教材参考答案

习 题 一

1. 资产增加 6 000 元，负债增加 6 000 元，资产和负债等额增加，等式"资产＝负债＋所有者权益"保持平衡。

2. 一项资产增加 4 000 元，另一项资产减少 4 000 元，资产内部项目一增一减，等式"资产＝负债＋所有者权益"保持平衡。

3. 资产增加 70 000 元，所有者权益增加 70 000 元，资产和所有者权益等额增加，等式"资产＝负债＋所有者权益"保持平衡。

4. 资产增加 40 000 元，负债增加 40 000 元，资产和负债等额增加，等式"资产＝负债＋所有者权益"保持平衡。

5. 一项资产增加 20 000 元，另一项资产减少 20 000 元，资产内部项目一增一减，等式"资产＝负债＋所有者权益"保持平衡。

6. 一项资产减少 1 000 元，另一项资产增加 1 000 元，资产内部项目一增一减，等式"资产＝负债＋所有者权益"保持平衡。

7. 资产减少 30 000 元，负债减少 30 000 元，资产和负债等额减少，等式"资产＝负债＋所有者权益"保持平衡。

8. 资产增加 40 000 元，所有者权益增加 40 000 元，资产和所有者权益等额增加，等式"资产＝负债＋所有者权益"保持平衡。

9. 一项负债增加 6 000 元，另一项负债减少 6 000 元，负债内部项目一增一减，等式"资产＝负债＋所有者权益"保持平衡。

10. 资产减少 30 000 元，负债减少 30 000 元，资产和负债等额减少，等式"资产＝负债＋所有者权益"保持平衡。

11. 资产减少 6 000 元，负债减少 6 000 元，资产和负债等额减少，等式"资产＝负债＋所有者权益"保持平衡。

12. 一项资产减少 6 000 元，另一项资产增加 6 000 元，资产内部项目一增一减，等式"资产＝负债＋所有者权益"保持平衡。

13. 一项所有者权益减少 10 000 元，另一项所有者权益增加 10 000 元，所有者权益内部项目一增一减，等式"资产＝负债＋所有者权益"保持平衡。

由此可得，7 月末资产总额＝800 000＋6 000＋4 000－4 000＋70 000＋40 000＋20 000－20 000－1 000＋1 000－30 000＋40 000－30 000－6 000－6 000＋6 000＝890 000（元）

7 月末负债总额＝210 000＋6 000＋40 000－30 000＋6 000－6 000－30 000－6 000＝190 000（元）

7 月末所有者权益总额＝590 000＋70 000＋40 000－10 000＋10 000＝700 000（元）

7月末会计等式"资产（890 000元）＝负债（190 000元）＋所有者权益（700 000元）"仍然保持平衡。

习 题 二

编制相关的会计分录。

(1) 借：原材料　　　　　　　　　　　　　　　　20 000
　　　贷：银行存款　　　　　　　　　　　　　　　　　20 000
(2) 借：短期借款　　　　　　　　　　　　　　　　50 000
　　　贷：银行存款　　　　　　　　　　　　　　　　　50 000
(3) 借：资本公积　　　　　　　　　　　　　　　　500 000
　　　贷：实收资本　　　　　　　　　　　　　　　　　500 000
(4) 借：库存现金　　　　　　　　　　　　　　　　10 000
　　　贷：银行存款　　　　　　　　　　　　　　　　　10 000
(5) 借：应付账款——××公司　　　　　　　　　　300 000
　　　贷：实收资本　　　　　　　　　　　　　　　　　300 000
(6) 借：银行存款　　　　　　　　　　　　　　　　600 000
　　　贷：短期借款　　　　　　　　　　　　　　　　　600 000
(7) 借：固定资产　　　　　　　　　　　　　　　　2 000 000
　　　贷：实收资本　　　　　　　　　　　　　　　　　2 000 000
(8) 借：应付股利　　　　　　　　　　　　　　　　100 000
　　　贷：银行存款　　　　　　　　　　　　　　　　　100 000
(9) 借：实收资本　　　　　　　　　　　　　　　　500 000
　　　贷：银行存款　　　　　　　　　　　　　　　　　500 000

登记各账户的期初余额、本期发生额并计算其期末余额。

借方	库存现金	贷方		借方	银行存款	贷方	
期初余额	5 000			期初余额	100 000		
业务4	10 000			业务6	600 000		
						业务1	20 000
						业务2	50 000
						业务4	10 000
						业务8	100 000
						业务9	500 000
本期发生额	10 000	本期发生额	0	本期发生额	600 000	本期发生额	680 000
期末余额	15 000			期末余额	20 000		

借方	应收账款	贷方		借方	原材料	贷方	
期初余额	595 000			期初余额	500 000		
				业务1	20 000		
本期发生额	0	本期发生额	0	本期发生额	20 000	本期发生额	0
期末余额	595 000			期末余额	520 000		

借方	库存商品	贷方		借方	固定资产	贷方	
期初余额	800 000			期初余额	2 000 000		
				业务7	2 000 000		
本期发生额	0	本期发生额	0	本期发生额	2 000 000	本期发生额	0
期末余额	800 000			期末余额	4 000 000		

借方	短期借款	贷方		借方	应付账款	贷方
		期初余额 500 000				期初余额 300 000
业务2 50 000		业务6 600 000		业务5 300 000		
本期发生额 50 000		本期发生额 600 000		本期发生额 300 000		本期发生额 0
		期末余额 1 050 000				期末金额 0

借方	应付股利	贷方		借方	实收资本	贷方
		期初余额 100 000				期初余额 2 000 000
业务8 100 000				业务9 500 000		业务3 500 000
						业务5 300 000
						业务7 2 000 000
本期发生额 100 000		本期发生额 0		本期发生额 500 000		本期发生额 2 800 000
		期末余额 0				期末余额 4 300 000

借方	资本公积	贷方		借方	盈余公积	贷方
		期初余额 1 000 000				期初余额 100 000
业务3 500 000						
本期发生额 500 000		本期发生额 0		本期发生额 0		本期发生额 0
		期末余额 500 000				期末余额 100 000

发生额及余额试算平衡表

20×8年1月31日　　　　　　　　　　　　　　　　　单位：元

账户名称	期初余额		本期发生额		期末余额	
	借方	贷方	借方	贷方	借方	贷方
库存现金	5 000		10 000	0	15 000	
银行存款	100 000		600 000	680 000	20 000	
应收账款	595 000		0	0	595 000	
原材料	500 000		20 000	0	520 000	
库存商品	800 000		0	0	800 000	
固定资产	2 000 000		2 000 000	0	4 000 000	
短期借款		500 000	50 000	600 000		1 050 000
应付账款		300 000	300 000	0		0
应付股利		100 000	100 000	0		0
实收资本		2 000 000	500 000	2 800 000		4 300 000
资本公积		1 000 000	500 000	0		500 000
盈余公积		100 000	0	0		100 000
合计	4 000 000	4 000 000	4 080 000	4 080 000	5 950 000	5 950 000

案 例 分 析

(1) 资产类账户：银行存款、应收账款、原材料、固定资产。

　　负债类账户：应付账款、其他应付款。

　　所有者权益类账户：实收资本。

（2）编制相关的会计分录

借：银行存款	620 000
贷：实收资本——张鹏	420 000
——李程	200 000
借：银行存款	230 000
贷：其他应付款——王伟	230 000
借：固定资产——门市房	270 000
贷：银行存款	270 000
借：固定资产——货运车	120 000
贷：银行存款	120 000
借：固定资产——机械设备	120 000
贷：应付账款	120 000
借：原材料	10 000
贷：银行存款	10 000
借：应收账款	40 000
贷：固定资产——货运车	40 000

说明：根据现行会计制度，出售固定资产，需要通过"固定资产清理"账户，为初学者便于理解，本案例核算时进行了必要的简化处理。

（3）月末试算平衡表

账户名称	借方余额	贷方余额
银行存款	450 000	
应收账款	40 000	
原材料	10 000	
固定资产——机械设备	120 000	
固定资产——货运车	80 000	
固定资产——门市房	270 000	
应付账款		120 000
其他应付款——王伟		230 000
实收资本——张鹏		420 000
实收资本——李程		200 000
合计	970 000	970 000

第三章
企业主要经济业务的核算

一、本章知识结构图

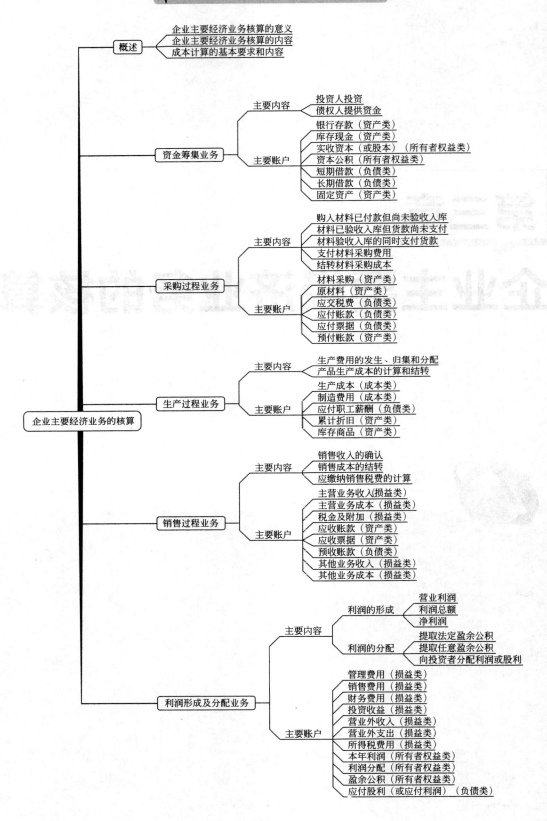

② 二、疑难解答

1. 在采购材料时能否用"原材料"账户取代"材料采购"账户？

答：材料实际成本包括买价；采购过程中发生的运输费、包装费、装卸费、保险费、仓储费；运输途中发生的合理损耗；材料入库之前发生的整理挑选费用；按规定应计入材料采购成本中的各种税金（除可抵扣的增值税外）等。

如果企业采购业务较为简单，材料采购时可以在材料验收入库时直接使用"原材料"账户核算。但是，在一般情况下，购入材料的全部采购成本，在材料入库时，往往还难以确定，因为材料价款的结算和采购费用的支付经常不会同时发生，或者一次购入两种以上材料时运杂费等费用还需要在各种材料之间分配，所以，为了随时反映材料的采购业务和采购费用的发生情况，最好设置"材料采购"账户。"材料采购"账户的借方用于归集材料的采购成本；待将采购成本归集完毕，材料入库后，从贷方转入"原材料"账户；其借方余额表示已付款尚未入库的材料成本。

2. 企业发生的运输费如何进行会计处理？

答：对于销售方而言，根据合同规定，如果运输费应由销售方承担，运输费计入销售费用，如果运输费应由购货方承担，销售方代垫的运输费计入应收账款。

对于购货方而言，一般情况下，运输费计入存货成本或固定资产成本。如果是市内零星支出的运输费，应计入管理费用。

3. 如何理解"生产成本"账户和"制造费用"账户的设置？

答："生产成本"账户和"制造费用"账户是企业在生产过程中为了核算完工产品的实际生产成本、控制企业生产过程而设置的账户。一般来说，企业生产车间所发生的整个生产费用可以划分为直接生产费用和间接生产费用。所谓直接生产费用是指企业生产车间发生的、与企业所生产的某一特定产品有直接的对应关系，该直接生产费用在发生的时候就直接记入"生产成本"账户；所谓间接生产费用是指企业生产车间发生的、与企业所生产的产品没有明确的对应关系的费用，该间接生产费用在发生的时候就直接记入"制造费用"账户。

由于我国产品成本核算方法采用的是制造费用法，而制造费用法要求企业生产车间所发生的所有生产费用一般都应计入完工产品的成本中去。因此，在企业生产的产品完工计算成本时，还需要将"制造费用"账户的间接生产费用采用合理的方法分配给所生产的不同产品，即将"制造费用"账户结转到"生产成本"账户。因此"生产成本"账户是一个重要的成本计算账户。

从两个账户在产品成本计算所发生的作用来看，"生产成本"账户是核心账户，生产车间所发生的所有生产费用都最终反映在生产成本账上，只不过间接生产费用在发生时先记在制造费用账上，后来才转到生产成本账上，"制造费用"账户在这里起了一个过渡性的作用。

由于汇集在"生产成本"账户和"制造费用"账户上的资金量是企业未完工的在产品的实际成本，从这个意义上讲，生产成本和制造费用都属于企业存货项目的组成部分，所以"生产成本"账户和"制造费用"账户从本质上讲都归属于资产类账户。

4. 企业向个人或机构借款是否可以通过"短期借款"账户核算？

答：企业向个人或机构拆借资金，无论有无合同，会计做账时不能通过"短期借款"账户核算。短期借款一般只核算企业向银行等金融机构一年期以下的借款。企业向个人或机构拆借资金应通过"其他应付款"账户核算,支付的借款利息,在取得税务代开的"资金使用费"发票后可以所得税前扣除,扣除额不得超过同期银行贷款利息部分。

5. 什么是债权债务结算账户？其账户结构有何特点？

答：债权债务结算账户是用于核算和监督企业与某一单位或个人之间发生的债权债务往来结算业务的账户,设置这一类账户的目的主要是为了加强对于债权债务的管理。债权债务结算账户的借方登记债权的增加数和债务的减少数；贷方登记债权的减少数和债务的增加数；余额可能在借方,也可能在贷方。

债权债务结算账户具有以下特点：①余额可能在借方,也可能在贷方；②借方余额反映的不是债权,贷方余额反映的也不是债务,而是借贷方相抵后的差额；③从明细分类账的角度看,借方余额表示期末债权的实有数,贷方余额表示期末债务数；④从总分类账的角度看,借方余额表示期末债权大于债务的差额,贷方余额表示期末债务大于债权的差额。

在实际工作中,与企业经常发生结算业务的往来单位,有时是企业的债权人,有时是企业的债务人。为了集中反映企业与某一单位或个人所发生的债权债务的往来结算情况,可以在一个账户中核算应收和应付款项的增减变动和余额。比如当企业不单独设置"预收账款"账户时,可以用"应收账款"账户同时反映销售产品或提供劳务的应收款项和预收款项,"应收账款"账户便是债权债务结算账户。债权债务结算账户需要根据总分类账户所属明细分类账户的余额方向分析判断其账户的性质。

6. 预收业务是否可以通过"应收账款"账户核算？

答："预收账款"账户核算企业按照合同规定向购货单位预收的款项,即核算先收款,后发货的销售业务。设置"预收账款"账户时应该注意三点。

(1) 核算内容必须符合预收账款性质；本单位能够履行合同；预收账款业务较多。

(2) 如有确凿证据表明企业的预收账款不符合规定,或本单位因破产、撤销等原因不能如期履行合同的,应将计入"预收账款"账户的金额转入"其他应付款"账户的贷方。

(3) 如果企业预收账款业务不多时,可以不设"预收账款"账户,将预收的款项直接记入"应收账款"账户的贷方。

企业向购货单位预收款项时,编制会计分录如下。

借：银行存款
　　贷：预收账款

销售实现时,按实现的收入和应交的增值税销项税额,编制会计分录如下。

借：预收账款
　　贷：主营业务收入
　　　　应交税费——应交增值税（销项税额）

购货单位补付款项时,编制会计分录如下。

借：银行存款
　　贷：预收账款

退回多付的款项,做相反的会计分录。

借：预收账款
　　贷：银行存款

7. 对于固定资产由于磨损等原因造成的价值减少，能否通过贷记"固定资产"账户核算？

答：不能通过贷记"固定资产"账户核算固定资产的价值减少。因为"固定资产"账户反映固定资产原值的增减变动及其结存情况，该账户是按照固定资产的原值进行计价核算的，并不记录固定资产因使用所磨损的、应转移到产品成本和企业的期间费用中去的那部分价值。

在会计核算中，可以设置"累计折旧"账户专门核算固定资产因使用所应转移到产品成本和期间费用中去的那部分价值。"累计折旧"账户是"固定资产"账户的备抵调整账户，即固定资产的净值可以通过"固定资产"账户的借方余额减去"累计折旧"账户的贷方余额计算得出。

8. 如何理解增值税？

答：增值税是对商品生产、流通、劳务服务中多个环节的新增价值或商品的附加值征收的一种流转税。实行价外税，也就是由消费者负担，有增值才征税，没增值不征税，但在实际中，商品新增价值或附加值在生产和流通过程中是很难准确计算的。因此，中国采用国际上的普遍采用的税款抵扣的办法，即根据销售商品或劳务的销售额，按规定的税率计算出销项税额，然后扣除取得该商品或劳务时所支付的增值税款，也就是进项税额，其差额就是增值部分应交的税额，这种计算方法体现了按增值因素计税的原则。应纳税额的计算公式为：应纳税额＝当期销项税额－当期进项税额。

可以用徐志摩的《再别康桥》理解增值税。悄悄的我走了（开票交给别人，应交税费－应交增值税－销项税额），正如我悄悄的来（收票留给自己，应交税费－应交增值税－进项税额）；我挥一挥衣袖（抵扣，应交增值税＝销项税额－进项税额），不带走一片云彩（不影响利润）。

9. 单位职工发工资为何要通过"应付职工薪酬"账户核算？

答：一般企业工资先计提，后发放，计提了就成了负债，为区别于其他负债，因此应单独设置"应付职工薪酬"账户。

如果直接发放工资，是否可以编制如下会计分录？

借：管理费用（销售费用、制造费用、生产成本）
　　贷：库存现金

理论上可以这样做，实际上企业很少这样做，原因是简化后不方便统计薪酬。

实务中，工资核算的账务处理如下。

（1）根据职工提供服务的受益对象，计提职工薪酬

借：生产成本
　　制造费用
　　管理费用
　　销售费用
　　贷：应付职工薪酬——工资、奖金、津贴和补贴

（2）向银行提取现金

借：库存现金
　　贷：银行存款

（3）用现金发放工资

借：应付职工薪酬——工资、奖金、津贴和补贴

         贷：库存现金
    注：如果通过银行发放工资，企业应编制如下会计分录。
         借：应付职工薪酬——工资、奖金、津贴和补贴
         贷：银行存款
    （4）代扣款项
         借：应付职工薪酬——工资、奖金、津贴和补贴
         贷：其他应收款——职工房租
             应交税费——应交个人所得税

10. 对于利润分配的内容为何不在"本年利润"账户核算，而是专设"利润分配"账户进行核算？

答：企业对实现的净利润进行利润分配，意味着企业实现的净利润这项所有者权益的减少，本应在"本年利润"账户的借方登记，表示直接冲减本年已实现的净利润额。但是如果这样处理，"本年利润"账户的期末贷方余额就只能表示实现的利润额减去已分配的利润额之后的差额即未分配利润，而不能提供本年累计实现的利润额这项指标。因此，为了使"本年利润"账户能够真实反映企业一定时期内实现的净利润，同时又能通过其他账户提供企业未分配利润，在会计核算中，专门设置了"利润分配"账户，用以提供企业已分配的利润额。

11. 企业的未分配利润是如何形成的？如何核算利润分配？

答：未分配利润是企业留待以后年度进行分配的结存利润，是企业所有者权益的组成部分。未分配利润是企业实现的净利润经过弥补亏损、提取盈余公积和向投资者分配利润后留存在企业的、历年结存的利润。

"利润分配"账户用以核算企业实现利润的分配情况或亏损的弥补情况。企业分配利润、提取公积金时，记入"利润分配"账户的借方；弥补亏损时，记入"利润分配"账户的贷方。年度终了，将"本年利润"账户的余额结转入"利润分配"账户后，如仍为贷方余额，表示未分配利润；如果为借方余额，表示未弥补亏损。

12. 如何理解账户记录结转的含义及其做法？

答：账户记录的结转有两层含义：一是指总结计算出某一个账户所记录的资金数额；二是指将所计算出来的账面记录数额从本账户转记到另一个账户中。

实际工作中，结转主要在以下不同地方使用。

（1）结转材料采购的实际成本。主要是指计算出入库材料的实际成本，并将其金额从"材料采购"账户转到"原材料"账户中。

（2）结转本期的制造费用。主要是指计算出本期所发生的制造费用总额，按一定比例在所生产的产品之间进行分配后，将所分配的制造费用数额从"制造费用"账户转记到"生产成本"账户中。

（3）结转已完工产品生产成本。主要是指在计算出本期完工产品的实际生产成本后，将其金额从"生产成本"账户转记到"库存商品"账户中。

（4）结转已售出产品（或材料）的实际生产成本，是指在计算出本期已经出售的产品（或耗用的材料）的实际生产成本后，将其金额从"库存商品"（或"原材料"）账户转记到"主营业务成本"（或"其他业务成本"）账户中。

（5）将全部收入类账户结转至"本年利润"账户。将企业在某一会计期间的所有收入类账户（如"主营业务收入""其他业务收入""营业外收入"等）的本期发生额从这些账户借

方转出，记入"本年利润"账户的贷方，从而使得这些账户的期末余额为零。

（6）将全部费用类账户结转至"本年利润"账户。将企业在某一会计期间的所有费用类账户（如"主营业务成本""其他业务成本""营业外支出""税金及附加""管理费用""财务费用""销售费用""所得税费用"等）的本期发生额从这些账户贷方转出，记入"本年利润"账户的借方，从而使得这些账户的期末余额为零。

（7）将本期所实现的全部利润结转至"利润分配（未分配利润）"账户。企业在会计年度末将全年已实现的、记录在"本年利润"账户中的利润数额结转至"利润分配（未分配利润）"账户，"本年利润"账户的年末余额为零。

（8）年末将利润分配其他明细账户如应付现金股利、盈余公积补亏、提取法定盈余公积等都要转入"利润分配（未分配利润）"账户，结转后，除未分配利润明细账户外，"利润分配"账户下的其他明细账户应当无余额。

与一般经济业务记录相比，账项结转的不同之处主要体现在以下两个方面。

（1）就其账务处理所依据的原始凭证来说，结转事项所依据的原始凭证一定是企业自制的原始凭证（有时也不需要原始凭证），该原始凭证由企业自行设计、会计人员自行填制，而不依赖外部原始凭证。

（2）就其所涉及的经济业务而言，结转一般是指资金记录在不同账户之间的转移，不会影响企业实际可用资金的变化。

13. 年底结账前，有关利润分配科目需要做哪些账务处理？

（1）结转本年利润

本年利润的结转分为两种情况：

① 若是12月净利润为正数

借：本年利润100万元

　　贷：利润分配——未分配利润

② 若是12月净利润为负数

借：利润分配——未分配利润

　　贷：本年利润

（2）计提盈余公积

若是公司当年盈利，年底根据全年净利润计提10%的法定盈余公积。

借：利润分配——提取法定盈余公积

　　贷：盈余公积——法定盈余公积

（3）提取应付股利

若是公司当年盈利，根据股东会决议需要向股东分红。

借：利润分配——提取应付股利

　　贷：应付股利

（4）结转利润分配

年底应将"利润分配"科目下的其他有关明细科目的余额，转入"未分配利润"明细科目。

借：利润分配——未分配利润

　　贷：利润分配——提取法定盈余公积

　　　　利润分配——提取应付股利

注意：

① 结转后，"未分配利润"明细科目的贷方余额，就是累积未分配的利润数额；如为借方余额，则表示累积未弥补的亏损数额。

② 结转后，本科目除"未分配利润"明细科目外，其他明细科目应无余额。

三、练习题

（一）单项选择题

1. 投资者的出资额大于其在企业注册资本中所拥有份额的数额，记入（　　）账户进行核算。
   A. 资本公积　　　　B. 营业外收入　　　　C. 实收资本　　　　D. 盈余公积

2. 某企业月初有短期借款余额20万元，本月向银行借入短期借款10万元，以银行存款偿还短期借款15万元，则月末"短期借款"账户的余额为（　　）。
   A. 借方25万元　　　B. 贷方15万元　　　C. 贷方25万元　　　D. 借方15万元

3. 某公司20×7年7月1日向银行借入资金60万元，期限6个月，年利率为6%，到期还本，按月计提利息，按季付息。该企业7月31日应计提的利息为（　　）万元。
   A. 0.3　　　　　　B. 0.6　　　　　　C. 0.9　　　　　　D. 3.6

4. 材料采购过程中，归集实际采购成本应设置的账户是（　　）。
   A. 原材料　　　　　B. 材料采购　　　　C. 应付账款　　　　D. 预付账款

5. 甲企业为增值税一般纳税人。本期外购原材料一批，购买价格为10 000元，增值税为1 700元，入库前发生的挑选整理费用为500元，入库后发生的挑选整理费90元。该批原材料的入账价值为（　　）元。
   A. 10 000　　　　　B. 11 700　　　　　C. 10 500　　　　　D. 12 590

6. 为了反映企业库存原材料成本的增减变化及其结存情况，应设置（　　）账户。
   A. 原材料　　　　　B. 材料采购　　　　C. 存货　　　　　　D. 库存材料

7. 下列各项中，属于"原材料"账户借方登记的是（　　）。
   A. 验收入库的原材料的实际成本　　　　B. 完工入库产品的实际成本
   C. 发出原材料的实际成本　　　　　　　D. 预付的款项

8. 某企业材料总分类账户的本期借方发生额为25 000元，本期贷方发生额为24 000元，其有关明细分类账户的发生额分别为：甲材料本期借方发生额为8 000元，贷方发生额为6 000元；乙材料借方发生额为13 000元，贷方发生额16 000元；则丙材料的本期借贷方发生额分别是（　　）。
   A. 借方发生额为12 000元，贷方发生额为2 000元
   B. 借方发生额为4 000元，贷方发生额为2 000元
   C. 借方发生额为4 000元，贷方发生额为10 000元
   D. 借方发生额为6 000元，贷方发生额为8 000元

9. 企业在材料收入的核算中，需在月末暂估入账并于下月初红字冲回的是（　　）。
   A. 月末购货发票账单未到，但已入库的材料
   B. 月末购货发票账单已到，货款已付但未入库的材料
   C. 月末购货发票账单已到，货款未付且已入库的材料
   D. 月末购货发票账单未到，货款已付且已入库的材料

10. 企业购买一台无需安装的设备，买价 100 万元，增值税 17 万元，运杂费 3 万元，款项以银行存款支付，则固定资产的入账价值为（   ）万元。
   A. 100   B. 103   C. 117   D. 120

11. 如果企业不设"预付账款"账户时，对于发生的少量预付账款业务应核算在（   ）账户。
   A. 应收账款   B. 预收账款   C. 应付账款   D. 其他应付款

12. "生产成本"账户贷方登记发生额时，对应的借方账户是（   ）。
   A. 主营业务成本   B. 库存商品   C. 原材料   D. 本年利润

13. 下列各项中，应当计入工业企业产品成本的是（   ）。
   A. 销售费用   B. 管理费用   C. 财务费用   D. 制造费用

14. 某企业"生产成本"账户的期初余额为 10 万元，本期为生产产品发生直接材料费用 80 万元，直接人工费用 15 万元，制造费用 20 万元，企业行政管理费用 10 万元，本期结转完工产品成本为 100 万元。假定该企业只生产一种产品，期末"生产成本"账户的余额为（   ）万元。
   A. 5   B. 15   C. 25   D. 35

15. "应付职工薪酬"账户期末贷方余额反映的是（   ）。
   A. 本月实际支付的职工薪酬   B. 本月尚未支付的职工薪酬
   C. 本月结转的代扣款项   D. 本月多支付的职工薪酬

16. 关于"制造费用"账户，下列说法不正确的有（   ）。
   A. 该账户的借方归集生产过程中发生的全部间接费用
   B. 分配给某个产品的制造费用从贷方转出
   C. 企业生产过程中发生的直接材料费用应计入制造费用中核算
   D. 制造费用期末应结转记入"生产成本"账户

17. 车间管理人员的工资分配时应记入（   ）账户。
   A. 管理费用   B. 制造费用   C. 生产成本   D. 库存商品

18. 某生产车间生产 A 和 B 两种产品，该车间共发生制造费用 60 000 元，生产 A 产品生产工人工时为 3 000 小时，生产 B 产品生产工人工时为 2 000 小时。若按生产工人工时比例分配制造费用，A 和 B 两种产品应负担的制造费用分别为（   ）元。
   A. 36 000 和 24 000   B. 24 000 和 36 000
   C. 30 000 和 30 000   D. 40 000 和 20 000

19. 下列应确认为主营业务成本的有（   ）。
   A. 商品销售成本   B. 材料销售成本
   C. 商品销售费用   D. 包装物销售成本

20. 月末，根据库存商品的出库单，汇总结转已销产品成本时，应借记的账户是（   ）。
   A. 库存商品   B. 主营业务成本   C. 本年利润   D. 生产成本

21. 20×7 年 5 月，甲公司销售商品实际应交增值税 38 万元、应交消费税 20 万元，适用的城市维护建设税税率为 7%，教育费附加为 3%，假定不考虑其他因素，甲公司当月"税金及附加"账户的金额为（   ）万元。
   A. 40.0   B. 23.8   C. 25.8   D. 63.8

22. 应收票据是指企业销售商品、提供劳务等收到的（   ）。
   A. 银行汇票   B. 商业汇票   C. 银行本票   D. 支票

23. 下列项目中，不通过"应收账款"账户核算的是（   ）。
    A. 职工预借差旅费   B. 销售库存商品应收的款项
    C. 提供劳务应收的款项   D. 销售原材料应收的款项
24. 如果企业不设置"预收账款"账户，应将预收的货款记入（   ）。
    A. 应收账款的借方   B. 应收账款的贷方
    C. 应付账款的借方   D. 应付账款的贷方
25. 下列各项中，应计入管理费用的是（   ）。
    A. 筹建期间的开办费   B. 预计产品质量保证损失
    C. 生产车间管理人员工资   D. 专设销售机构的固定资产修理费
26. 在产品销售业务的核算中，期末结转后，下列账户应有余额的有（   ）。
    A. 主营业务收入   B. 主营业务成本   C. 销售费用   D. 应交税费
27. 小张出差回来报销差旅费2 700元，原借3 000元，交回多余现金300元。则报销时的会计分录为（   ）。
    A. 借：库存现金   300
           管理费用   2 700
             贷：银行存款   3 000
    B. 借：管理费用   2 700
           库存现金   300
             贷：其他应收款   3 000
    C. 借：管理费用   3 000
             贷：其他应收款   3 000
    D. 借：管理费用   3 000
             贷：应收账款   3 000
28. 企业接受的现金捐赠，应计入（   ）。
    A. 营业外收入   B. 盈余公积   C. 资本公积   D. 未分配利润
29. 下列各项关于利润的公式中，错误的是（   ）。
    A. 营业利润＝营业收入－营业成本－税金及附加－销售费用－管理费用－财务费用－资产减值损失＋公允价值变动收益（－公允价值变动损失）＋投资收益（－投资损失）＋资产处置收益（－资产处置损失）＋其他收益
    B. 营业收入＝主营业务收入＋其他业务收入
    C. 利润总额＝营业利润＋营业外收入－营业外支出
    D. 净利润＝营业收入－所得税费用
30. 企业计算应交所得税时，正确的会计分录是（   ）。
    A. 借：本年利润
             贷：所得税费用
    B. 借：管理费用
             贷：所得税费用
    C. 借：所得税费用
             贷：银行存款
    D. 借：所得税费用
             贷：应交税费——应交所得税
31. 某企业本期营业收入1 000万元，营业成本800万元，管理费用20万元，销售费用 35 万元，资产减值损失 40 万元，投资收益 45 万元，营业外收入 15 万元，营业外支出 10 万元，所得税费用 32 万元。假定不考虑其他因素，该企业本期营业利润为（   ）万元。

A. 123　　　　　B. 200　　　　　C. 150　　　　　D. 155

32. 期末时，应将其余额转入"本年利润"账户的是（   ）账户。

A. 生产成本　　　B. 主营业务成本　　C. 库存商品　　　D. 制造费用

33. 某企业当月主营业务收入 110 000 元，主营业务成本 60 000 元，销售费用 10 000 元，管理费用 20 000 元，应交增值税税额 8 000 元。本月利润总额为（   ）。

A. 20 000 元　　　B. 22 000 元　　　C. 30 000 元　　　D. 32 000 元

34. 利润分配的程序是（   ）。

A. 向投资者分配利润、提取法定盈余公积、提取任意盈余公积
B. 提取法定盈余公积、提取任意盈余公积、向投资者分配利润
C. 提取任意盈余公积、提取法定盈余公积、向投资者分配利润
D. 提取法定盈余公积、向投资者分配利润、提取任意盈余公积

35. 某企业年初未分配利润为 100 万元，本年净利润为 1000 万元，按 10% 计提法定盈余公积，按 5% 计提任意盈余公积，宣告发放现金股利为 80 万元，该企业期末未分配利润为（   ）万元。

A. 855　　　　　B. 867　　　　　C. 870　　　　　D. 874

36. 提取法定盈余公积时，应编制的会计分录为（   ）。

A. 借：利润分配——提取法定盈余公积
　　　贷：盈余公积
B. 借：本年利润
　　　贷：盈余公积
C. 借：盈余公积
　　　贷：利润分配——提取法定盈余公积
D. 借：未分配利润
　　　贷：盈余公积

37. 年末时，将"本年利润"账户的贷方余额转入"利润分配"账户的贷方，该结转数是企业（   ）。

A. 实现的利润总额　　　　　　　B. 实现的营业利润
C. 实现的税后净利　　　　　　　D. 实现的主营业务利润

(二) 多项选择题

1. 用银行存款偿还短期借款，会计分录应为（   ）。

A. 借记"银行存款"　　　　　　B. 贷记"短期借款"
C. 借记"短期借款"　　　　　　D. 贷记"银行存款"

2. 假设企业每月末计提利息，企业每季度末收到银行寄来的短期借款利息付款通知单时，应借记（   ）账户。

A. 库存现金　　　B. 银行存款　　　C. 财务费用　　　D. 应付利息

3. 下列项目中，应计入材料采购成本的有（   ）。

A. 入库前挑选整理费　　　　　　B. 进口关税
C. 运输途中的合理损耗　　　　　D. 一般纳税人购入材料支付的增值税

4. 购入材料一批，价格 30 000 元，进项税额 5 100 元，运杂费 1 200 元，货款暂欠。这项业务涉及的账户有（   ）。
   A. 材料采购
   B. 管理费用
   C. 应付账款
   D. 应交税费——应交增值税（进项税额）
5. 关于"固定资产"账户，下列说法中正确的有（   ）。
   A. 该账户为资产类账户
   B. 该账户借方登记固定资产原始价值的增加额
   C. 该账户贷方登记固定资产计提的折旧
   D. 该账户余额在借方，表示期末企业现有固定资产的净值
6. 下列各项中，不通过"应交税费"账户核算的有（   ）。
   A. 印花税　　　　B. 耕地占用税　　　　C. 增值税　　　　D. 消费税
7. 下列经济事项中，应通过"应付账款"账户进行核算的是（   ）。
   A. 应付的各种赔偿款　　　　　　　　B. 应付存入保证金
   C. 应付所购材料款　　　　　　　　　D. 接受劳务应付款项
8. 下列项目中，属于"其他应付款"账户核算范围的有（   ）。
   A. 应付职工的工资　　　　　　　　　B. 应付经营租入固定资产租金
   C. 应付存入保证金　　　　　　　　　D. 应付、暂收所属单位、个人的款项
9. 关于"预付账款"账户，下列说法正确的有（   ）。
   A. "预付账款"属于资产性质的账户
   B. 预付货款不多的企业，可以不单独设置"预付账款"账户，将预付的货款记入"应付账款"账户的借方
   C. "预付账款"账户贷方余额反映的是应付供货单位的款项
   D. "预付账款"账户核算企业因销售业务产生的往来款项
10. 领用材料的核算中可能涉及的科目有（   ）。
    A. 制造费用　　　B. 管理费用　　　C. 生产成本　　　D. 在建工程
11. 下列关于"生产成本"账户的表述中，不正确的有（   ）。
    A. "生产成本"账户期末肯定无余额
    B. "生产成本"账户期末若有余额，肯定在借方
    C. "生产成本"账户期末余额代表已完工产品的成本
    D. "生产成本"账户期末余额代表本期发生的生产费用总额
12. 下列各项中，应计入企业产品成本的有（   ）。
    A. 生产工人的工资　　　　　　　　　B. 车间管理人员的工资
    C. 企业行政管理人员的工资　　　　　D. 在建工程人员的工资
13. 下列各项中，应确认为应付职工薪酬的有（   ）。
    A. 非货币性福利　　　　　　　　　　B. 社会保险费和辞退福利
    C. 职工工资、福利费　　　　　　　　D. 工会经费和职工教育经费
14. 某公司分配本月份应付职工工资 2 000 000 元，其中生产工人工资 1 800 000 元，车间管理人员工资 120 000 元，厂部行政管理人员工资 50 000 元，生产工人福利费 30 000 元。下列说法正确的是（   ）。
    A. 借记"生产成本" 1 830 000 元　　　B. 借记"管理费用" 50 000 元

C. 借记"制造费用"120 000元　　　　　　D. 贷记"应付职工薪酬"2 000 000元

15. 下列各项中，应作为职工薪酬计入相关资产成本的有（　　）。
   A. 设备采购人员差旅费　　　　　　　　B. 公司总部管理人员的工资
   C. 生产职工的伙食补贴　　　　　　　　D. 材料入库前挑选整理人员的工资

16. "累计折旧"是资产类账户，其借贷方分别反映以下内容（　　）。
   A. 贷方登记固定资产折旧的增加额
   B. 贷方登记固定资产的增加额
   C. 借方登记已提固定资产折旧的减少额
   D. 借方登记已提固定资产折旧的增加额

17. 计提固定资产折旧时，借方可能记入的账户是（　　）。
   A. 制造费用　　　B. 管理费用　　　C. 销售费用　　　D. 财务费用

18. 某企业生产产品领用材料8 000元，车间一般消耗领用2 000元，应记入下列（　　）账户的借方。
   A. 原材料　　　　B. 库存商品　　　C. 生产成本　　　D. 制造费用

19. 下列各项中，应当计入制造费用的有（　　）。
   A. 生产车间设备租赁费　　　　　　　　B. 生产车间水电费
   C. 生产车间财产保险费　　　　　　　　D. 生产车间工人工资

20. 应计入产品成本的费用有（　　）。
   A. 生产设备日常维修费用　　　　　　　B. 生产设备计提的折旧费用
   C. 生产工人工资及福利费　　　　　　　D. 车间照明费

21. 某企业销售一批产品，增值税专用发票注明售价100 000元，增值税17 000元，款项尚未收到，但已符合收入的确认条件。该产品成本为70 000元，则正确的说法是（　　）。
   A. "应收账款"账户增加117 000元
   B. "主营业务收入"账户减少100 000元
   C. "主营业务成本"账户增加70 000元
   D. "库存商品"账户减少70 000元

22. 某企业出售多余材料获得现金收入1 000元，此笔业务涉及的会计科目有（　　）。
   A. 库存现金　　　B. 其他业务收入　　C. 营业外收入　　D. 其他应收款

23. 下列各项中，工业企业应计入其他业务成本的有（　　）。
   A. 销售材料的成本　　　　　　　　　　B. 出售单独计价包装物的成本
   C. 出租包装物的成本　　　　　　　　　D. 经营租赁出租设备计提的折旧

24. 下列各项费用，能通过"销售费用"账户核算的有（　　）。
   A. 业务招待费　　　　　　　　　　　　B. 专设销售机构的职工薪酬
   C. 预计产品质量保证损失　　　　　　　D. 商品维修费

25. 下列税费中，可以记入"税金及附加"账户的有（　　）。
   A. 增值税　　　　B. 城市维护建设税　C. 消费税　　　　D. 印花税

26. 下列关于应收账款的说法，正确的有（　　）。
   A. 应收账款核算销售商品、提供劳务等应收未收的款项
   B. 应收账款可以按照购货单位设置明细科目
   C. 应收账款的贷方余额表示尚未收回的款项
   D. 应收账款的余额一般在借方

27. 下列各项中，属于"其他应收款"账户核算的有（　　）。
    A. 存出保证金　　　　　　　　　　B. 企业应收的各种赔款
    C. 应向职工收取的各种垫付款项　　D. 备用金
28. 下列各项业务中，应记入"管理费用"账户的有（　　）。
    A. 行政管理部门的物料消耗　　　　B. 业务招待费
    C. 生产车间管理人员的职工薪酬　　D. 预计产品质量保证损失
29. 下列各项中，应计入财务费用的有（　　）。
    A. 利息收入　　　　　　　　　　　B. 银行承兑汇票的手续费
    C. 咨询费　　　　　　　　　　　　D. 企业购买商品时发生的现金折扣
30. 下列项目中属于期间费用的有（　　）。
    A. 管理费用　　B. 销售费用　　C. 制造费用　　D. 财务费用
31. 期末结转损益时，"本年利润"账户贷方所对应的账户可能为（　　）。
    A. 主营业务收入　B. 主营业务成本　C. 营业外收入　D. 营业外支出
32. 下列各项中，影响企业营业利润的有（　　）。
    A. 出售原材料损失　　　　　　　　B. 计提无形资产减值准备
    C. 公益性捐赠支出　　　　　　　　D. 董事会经费
33. 下列各项中，年度终了需要转入"利润分配——未分配利润"科目的有（　　）。
    A. 本年利润　　　　　　　　　　　B. 利润分配——应付现金股利
    C. 利润分配——盈余公积补亏　　　D. 利润分配——提取法定盈余公积
34. 利润分配的明细科目包括（　　）。
    A. 提取任意盈余公积　　　　　　　B. 盈余公积补亏
    C. 未分配利润　　　　　　　　　　D. 应付现金股利

（三）判断题

1. 企业在购入材料过程中发生的采购人员的差旅费应该计入材料的采购成本。（　　）
2. 购货时发生的短缺如果属于运输部门的责任造成的，则应记入"其他应收款"账户核算。（　　）
3. 购入材料时支付的增值税进项税额和进口关税均应计入采购成本。（　　）
4. 根据产品完工入库业务编制的会计分录为：借记"库存商品"账户，贷记"原材料"账户。（　　）
5. 企业应付给因解除与职工的劳务关系给予的补偿不应通过"应付职工薪酬"账户核算。（　　）
6. 应计入产品成本，但不能分清应由何种产品负担的费用，应直接计入当期损益。（　　）
7. "固定资产"账户的期末借方余额表示现有固定资产的净值。（　　）
8. 少计提固定资产折旧会造成当期固定资产的净值减少。（　　）
9. 会计人员将应记入"制造费用"账户的费用记入了"管理费用"账户，这一定会造成生产成本的减少。（　　）
10. 计提固定资产折旧意味着固定资产的价值减少，故应记入"固定资产"账户的贷方。（　　）
11. 车间管理人员的工资不属于直接工资，因而不能计入产品成本，应计入期间费用。（　　）

12. 某企业"生产成本"账户的期初余额为 48 500 元，本月借方发生额为 60 000 元，期末在产品成本为 3 200 元，则本期完工产品成本为 105 300 元。（　　）

13. 应收账款入账价值包括销售货物或提供劳务的价款以及代购货方垫付的包装费、运杂费等，但不包括增值税。（　　）

14. 企业日常经营活动中发生的消费税、增值税、城市维护建设税、教育费附加和资源税等均应记入"税金及附加"账户。（　　）

15. 企业接受非现金资产捐赠，应该计入资本公积中。（　　）

16. 企业发生的营业外收入，应当增加企业当期的营业利润。（　　）

17. 企业支付本期厂部的房屋租赁费时应借记"管理费用"，贷记"银行存款"。（　　）

18. 制造费用和管理费用都是本期发生的生产费用，因此，均应计入当期损益。（　　）

19. 企业出售不需用原材料取得的收入记入"主营业务收入"账户中，结转的成本记入"主营业务成本"账户中。（　　）

20. 支付所得税属于企业利润分配的一项内容。（　　）

21. 企业上交所得税时应借记"所得税费用"账户，贷记"银行存款"账户。（　　）

22. "所得税费用"账户的余额期末时应转入"利润分配"账户。（　　）

23. 企业董事会或类似机构通过的利润分配方案中拟分配的现金股利或利润，应确认为应付股利。（　　）

24. 企业以前年度亏损未弥补完，不能提取法定盈余公积。（　　）

25. 管理费用是企业行政管理部门为组织和管理生产经营活动而发生的各项费用，包括厂部管理人员的工资和福利费、办公费、折旧费、广告宣传费、借款利息等。（　　）

26. 年度终了，只有在企业亏损的情况下，才应将"本年利润"账户的本年累计余额转入"利润分配——未分配利润"账户。（　　）

27. 年度终了，企业"利润分配"账户中的"未分配利润"明细账户如为贷方余额，则说明企业有尚未弥补的亏损。（　　）

（四）业务题

1. 目的

练习企业经营过程综合业务的会计处理。

2. 资料

某公司 20×7 年 12 月发生下列经济业务。

（1）投资者追加投资 1 000 000 元，存入银行。

（2）从银行取得期限为 6 个月、年利率为 6% 的借款 500 000 元存入银行。

（3）收回其他单位欠款 52 800 元存入银行。

（4）职工张某预借差旅费 3 500 元。

（5）购入甲材料 20 000 千克，单价 24 元；乙材料 12 000 千克，单价 20 元。发票注明的增值税税额为 122 400 元，价税款未付。

（6）用银行存款 3 200 元支付甲、乙材料外地运费（假定运费不考虑增值税），按重量分配，材料验收入库，结转成本。

（7）仓库发出材料，其发出材料汇总表如下。

发出材料汇总表

用途	甲材料		乙材料		材料耗用合计/元
	数量/千克	金额/元	数量/千克	金额/元	
制造产品领用					
A产品耗用	8 000	200 000	6 000	120 000	320 000
B产品耗用	10 000	250 000	4 000	80 000	330 000
小计	18 000	450 000	10 000	200 000	650 000
车间一般耗用	5 000	125 000	2 000	40 000	165 000
合计	23 000	575 000	12 000	240 000	815 000

（8）从银行提取现金 300 000 元，以备发放工资。

（9）以现金 300 000 元支付职工工资。

（10）用银行存款支付本月水电费，其中车间 1 600 元，厂部 800 元。

（11）职工张某报销差旅费 1 080 元，余款退回现金。

（12）以现金支付行政管理部门的零星支出 900 元。

（13）预提应由本月负担的本月初借款 500 000 元的利息。

（14）计算本月应付职工工资，其中：

A 产品生产工人工资　　　　　120 000 元

B 产品生产工人工资　　　　　110 000 元

车间管理人员工资　　　　　　60 000 元

厂部管理人员工资　　　　　　20 000 元

（15）计提本月固定资产折旧，其中：车间设备折旧额 3 400 元，厂部设备折旧额 2 100 元。

（16）用银行存款支付销售产品的广告费 5 000 元。

（17）用银行存款 8 000 元支付罚款支出。

（18）预收货款 60 000 元，存入银行。

（19）由于购货方违约，没收其存入保证金 4 200 元。

（20）将本月发生的制造费用，按生产工人工资比例分配计入 A、B 产品成本。

（21）本月生产的 A 产品 50 台全部完工，验收入库，结转成本（假设没有期初、期末在产品）。

（22）企业销售 A 产品 40 台，单价 12 600 元，价款计 504 000 元，增值税额 85 680 元，款项未收到。

（23）本月应交消费税 2 800 元。

（24）用银行存款支付销售产品的包装费及运杂费 1 500 元。

（25）结转本月已销售 A 产品成本。

（26）将本月发生的各项收入和支出转入"本年利润"账户。

（27）按 25% 的税率计算所得税并予以结转。

（28）按净利润的 10% 计提法定盈余公积金。

3. 要求

编制本月经济业务的相关会计分录。

四、案例题

顺达公司是一般纳税人企业，生产 A 产品，其产品主要在国内销售。该企业的所得税按月计算，适用的所得税税率为 25%。20×7 年 8 月初，该企业的税务专管员到公司检查 7 月份的纳税情况，会计人员提供了下述有关资料。

(1) 反映存货有关项目的期初、期末余额分别为：

	7月1日	7月31日
原材料	137 600 元	12 400 元
在产品	6 450 元	7 680 元
产成品	82 180 元	94 450 元

(2) 本月发生的各项收入与支出如下。

生产工人的工资	73 600 元
车间管理人员的工资	11 000 元
行政管理人员的工资	14 320 元
车间一般消耗材料	14 800 元
折旧费用——机器设备	27 500 元
——生产部门房屋	16 500 元
——行政办公用房	8 500 元
本期购入材料	356 200 元
本期销售收入	708 520 元
保险费用	520 元
利息费用	2 400 元
销售费用	6 450 元
邮电费用	100 元
销售税金	29 130 元
差旅费	600 元
所得税费用	10 887.5 元

要求：

税务专管员认为公司的所得税计算有错误，请帮助会计人员找出错误所在，正确的所得税额应该是多少？

五、练习题与案例题答案及解析

（一）单项选择题

1. A 投资者的出资额大于其在企业注册资本中所拥有份额的数额，作为资本溢价，记入"资本公积"账户进行核算。

2. B "短期借款"账户属于负债类账户，短期借款期末贷方余额＝期初贷方余额＋本期贷方发生额－本期借方发生额＝20＋10－15＝15（万元）。

3. A 由于借款是按月计提，所以 7 月 31 日计提的利息就是 1 个月的利息。
应计提的利息＝60×6%×（1/12）＝0.3（万元）。

4. B 材料采购是用来归集企业购入材料实际采购成本的账户。

5. C 存货的采购成本包括购买价款、相关税费、运输费、装卸费、保险费以及其他可归属于存货采购成本的费用；可以抵扣的增值税不计入存货的成本；入库前的挑选整理费属于其他可归属于存货采购成本的费用，应该计入存货的成本；入库后发生的挑选费计入管理费用，不计入存货的成本。所以该批原材料的入账价值为 10 000＋500＝10 500（元）。

6. A "原材料"账户用来核算企业库存的各种材料收入、发出和结存情况。

7. A 属于"原材料"账户借方登记的是验收入库的原材料的实际成本。

8. B 丙材料本期借方发生额：25 000－8 000－13 000＝4 000（元）；丙材料本期贷方发生额：24 000－6 000－16 000＝2 000（元）。

9. A 由于购货发票账单尚未到达，则材料的价款不能确定，而材料已经验收入库，因此在月末应暂估入账，并于下月初用红字冲回。

10. B 根据新增值税实施条例，生产经营用固定资产的增值税从 2009 年 1 月 1 日起可以抵扣。固定资产的入账价值不含增值税，所以，固定资产的入账价值＝100＋3＝103（万元）。

11. C 一般情况下，为了减少企业设置的账户，可以不设"预付账款"账户，如果发生少量预付账款业务，则在"应付账款"账户核算。

12. B 因为生产成本的贷方发生额表示产品完工入库，结转的成本应转入"库存商品"账户。

13. D 制造费用应在期末结转到生产成本中，计入企业产品成本。而销售费用、财务费用和管理费用属于期间费用，不能计入产品成本中。

14. C 行政管理费用计入期间费用，发生的其他与生产产品有关的费用计入产品成本。生产成本期末余额＝10＋80＋15＋20－100＝25（万元）。

15. B "应付职工薪酬"账户贷方登记本月发生的应分配职工薪酬总额，借方登记实际支付的职工薪酬数（包括实际薪酬的结转代扣款项）。期末余额在贷方表示应付未付的职工薪酬数，在借方表示多支付的职工薪酬数。

16. C 企业生产过程中发生的直接材料费用应计入生产成本中核算，不能计入制造费用。

17. B 车间管理人员的工资属于间接费用，应先记入"制造费用"账户，最后由"制造费用"账户转入"生产成本"账户。

18. A 制造费用分配率＝60 000/(3 000＋2 000)＝12（元/工时）
A 产品应负担的制造费用＝3 000×12＝36 000（元）
B 产品应负担的制造费用＝2 000×12＝24 000（元）

19. A 主营业务成本是用于核算企业销售产品、提供劳务等日常活动所确认的主营业务成本及其结转情况的。上述选项只有商品销售成本属于主营业务成本。

20. B 月末结转已销产品成本时意味着产品销售成本增加，故应借记"主营业务成本"账户，贷记"库存商品"账户。

21. C 记入"税金及附加"账户的金额＝20＋(38＋20)×(7%＋3%)＝25.8（万元）。

22. B 应收票据是指企业销售商品、提供劳务等收到的商业汇票。

23. A 职工预借差旅费通过"其他应收款"账户核算。

24. B 企业不设"预收账款"账户，将预收的款项应直接记入"应收账款"账户的贷方。

25. A 选项 B 预计产品质量保证损失计入销售费用，选项 C 生产车间管理人员的工资计入制造费用，选项 D 专设销售机构的固定资产修理费计入销售费用。

26. D　选项 ABC 都是损益类账户，损益类账户期末结转后一般无余额。选项 D 应交税费属于负债类科目，期末一般有贷方余额。

27. B　实际开支的差旅费报销时转入管理费用，交回的现金应冲销其他应收款。

28. A　一般接受现金捐赠应计入营业外收入。

29. D　净利润是利润总额扣除所得税费用后的净额。

30. D　"所得税费用"属于费用类账户，所得税的增加记入借方。应交所得税通过"应交税费——应交所得税"核算，增加记入贷方。

31. C　企业本期营业利润＝1000－800－20－35－40＋45＝150（万元）。注意：营业外收入和营业外支出不影响营业利润。

32. B　期末时各损益类账户的余额应转入"本年利润"账户，"主营业务成本"为损益类账户，故为 B。

33. A　本月利润总额为＝110 000－60 000－10 000－20 000＝20 000（元）。注意：增值税是一种价外税，不能计入本企业的费用。

34. B　利润分配的程序是提取法定盈余公积、提取任意盈余公积、向投资者分配利润。

35. C　100＋1000－1000×10％－1000×5％－80＝870（万元）。注意：在计算年末未分配利润时，盈余公积与现金股利都要从当期净利润中扣除。

36. A　提取法定盈余公积一方面意味着盈余公积增加，应记入"盈余公积"的贷方；另一方面属于利润分配，应记入"利润分配"的借方。

37. C　"本年利润"账户的余额平时不予结转，在年末，把税后利润结算出来后，转入"利润分配"账户的贷方，这里指的是盈利企业，如果企业亏损，则与此不同。

（二）多项选择题

1. CD　用银行存款偿还短期借款，银行存款减少，同时，短期借款减少，故应借记"短期借款"，贷记"银行存款"。

2. CD　企业每月末计提短期借款利息时，借记"财务费用"，贷记"应付利息"；每季度末通过银行存款支付短期借款利息时，借记"财务费用"、"应付利息"等账户，贷记"银行存款"账户。

3. ABC　入库前挑选整理费、进口关税和运输途中的合理损耗应计入存货成本；一般纳税人购入材料支付的增值税应作为进项税额抵扣，不计入存货成本。

4. ACD　这笔经济业务应编制的会计分录如下。
借：材料采购　　　　　　　　　　　　　　　　　　　　　　31 200
　　应交税费——应交增值税（进项税额）　　　　　　　　　 5 100
　　贷：应付账款　　　　　　　　　　　　　　　　　　　　　　36 300
故涉及的账户是 A、C、D。需要注意的是购入材料发生的运杂费，应计入材料成本。

5. AB　"固定资产"账户是资产类账户，用以核算企业固定资产取得成本（原价）的增减变动及其结余情况。该账户借方登记企业增加的固定资产原价，贷方登记企业减少的固定资产原价，期末余额在借方，表示企业期末固定资产账面原价，所以 C、D 项表述不正确。

6. AB　企业应通过"应交税费"账户总括反映各种税费的缴纳情况，并按照应交税费的种类进行明细核算。企业缴纳的印花税、耕地占用税等不需要预计应缴纳的税金，在实际发生时直接贷记"银行存款"，不通过"应交税费"账户核算。

7. CD　应付账款是指企业因购买材料、商品和接受劳务等应支付给供应者的款项。企业应付的各种赔偿款、应付租金、应付存入保证金等应在"其他应付款"等账户中核算，不在"应付账款"账户中核算。

8. BCD　选项A计入应付职工薪酬。

9. ABC　"预付账款"账户核算企业因购货业务产生的往来款项。

10. ABCD　领用材料的核算中可能涉及的科目有制造费用、管理费用、生产成本、在建工程等。

11. ACD　"生产成本"账户是成本类账户，用来归集反映产品生产过程中所发生的一切费用，计算确定产品制造成本。该账户的借方登记产品生产过程中所发生的各项直接生产成本，包括直接材料、直接人工以及月末分配转入产品成本的制造费用；贷方登记完工入库产品的制造成本；期末如有余额，余额在借方，表示期末在产品的实际成本。

12. AB　生产工人的工资，计入产品成本；车间管理人员的工资，先计入制造费用，然后按一定的方法分配计入相关产品成本中；行政管理部门人员的工资、在建工程人员的工资不计入产品成本。

13. ABCD　应付职工薪酬包括职工工资、奖金、津贴和补贴，职工福利费，社会保险费，住房公积金，工会经费和职工教育经费，非货币性福利，因解除与职工的劳动关系给予的补偿，其他与获得职工提供的服务相关的支出。

14. ABCD　某公司分配本月份应付职工工资2 000 000元应该贷记"应付职工薪酬"，生产工人工资1 800 000元和生产工人福利费30 000元应该借记"生产成本"，车间管理人员工资120 000元应该借记"制造费用"，厂部行政管理人员工资50 000元应该借记"管理费用"。

15. CD　设备采购人员差旅费、总部管理人员工资应当计入管理费用；生产职工的伙食补贴应当计入生产成本；材料入库前挑选整理人员的费用应计入材料成本。

16. AC　"累计折旧"是"固定资产"的抵减账户，账户的贷方登记固定资产折旧的增加额（固定资产因计提折旧而减少的金额），借方登记已提固定资产折旧的减少额，账户期末为贷方余额，反映企业固定资产的累计折旧。

17. ABC　因为固定资产折旧是根据使用部门计提的，计提固定资产折旧应该按照受益对象的不同分别记入"管理费用"、"制造费用"、"销售费用"等账户，而"财务费用"账户是核算为筹集资金而发生的费用，故不选D。

18. CD　生产产品领用材料，应记入"生产成本"账户借方；车间领用一般消耗应记入"制造费用"账户借方。

19. ABC　生产车间工人工资一律计入生产成本。

20. BCD　选项A生产设备日常维修费用计入管理费用。

21. ACD　本题应做如下会计处理。

（1）确认收入时

借：应收账款　　　　　　　　　　　　　　　　　　　　　　　117 000

　　贷：主营业务收入　　　　　　　　　　　　　　　　　　　100 000

　　　　应交税费——应交增值税（销项税额）　　　　　　　　 17 000

（2）同时结转销售成本

借：主营业务成本　　　　　　　　　　　　　　　　　　　　　 70 000

　　贷：库存商品　　　　　　　　　　　　　　　　　　　　　 70 000

22. AB　现金收入计入库存现金，出售材料应计入其他业务收入，故选AB。

23. ABCD　其他业务成本核算企业确认的除主营业务活动以外的其他经营活动所发生的支出，包括销售材料的成本、出租固定资产的折旧额、出租无形资产的摊销额、出租包装物的成本或摊销额、出售单独计价包装物成本等。

24. BCD　"销售费用"账户用来核算企业在销售商品和材料、提供劳务过程中发生的各项费用,包括企业在销售过程中发生的包装费、保险费、展览费和广告费、商品维修费、预计产品质量保证损失费、运输费、装卸费等费用,以及为销售本企业商品而专设的销售机构(含销售网点、售后服务网点等)的职工薪酬、业务费、折旧费、固定资产修理费等经营费用。本题中业务招待费应通过"管理费用"核算。

25. BCD　选项A增值税应在"应交税费——应交增值税"账户中核算。

26. ABD　应收账款的借方余额表示尚未收回的款项,故C选项是错的。

27. ABCD　存出保证金、企业应收的各种赔款、应向职工收取的各种垫付款项、备用金都属于"其他应收款"账户核算的内容。

28. AB　生产车间管理人员的职工薪酬应记入"制造费用"账户,预计产品质量保证损失应该记入"销售费用"账户。

29. ABD　财务费用是指企业为筹集生产经营所需资金等而发生的筹资费用,包括利息支出(减利息收入)、汇兑损溢以及相关的手续费、企业发生或收到的现金折扣等。而咨询费应当计入管理费用。

30. ABD　制造费用不属于期间费用。

31. AC　"本年利润"账户贷方登记的是期末结转损益时从各个收入类账户转来的金额,故其对应的是收入类账户。

32. ABD　营业利润＝营业收入－营业成本－税金及附加－销售费用－管理费用－财务费用－资产减值损失＋公允价值变动收益(－公允价值变动损失)＋投资收益(－投资损失)＋资产处置收益(－资产处置损失)＋其他收益。选项A,出售原材料要确认其他业务收入和其他业务成本,如果是出售损失说明确认的其他业务成本大于其他业务收入的金额,所以会影响营业利润;选项B,计提无形资产减值准备要计入资产减值损失,所以会影响营业利润;选项C,公益性捐赠支出计入营业外支出,不影响营业利润的计算;选项D,董事会经费计入管理费用,所以会影响营业利润。

33. ABCD　期末"本年利润"科目的余额应转入"利润分配——未分配利润"科目;年末"利润分配"其他明细科目如应付现金股利、盈余公积补亏、提取法定盈余公积等都要转入"利润分配——未分配利润",结转后,除"未分配利润"明细科目外,"利润分配"科目下的其他明细科目应当无余额。

34. ABCD　利润分配明细科目包括提取法定盈余公积、提取任意盈余公积、应付现金股利、盈余公积补亏、转作股本的股利、未分配利润等。

(三) 判断题

1. 错误　企业在购入材料过程中发生的采购人员的差旅费以及市内零星运杂费等不计入材料的采购成本,而应作为管理费用列支。

2. 正确　运输部门的责任造成的购货短缺应责成运输部门赔偿,故应记入"其他应收款"账户核算。

3. 错误　购入材料时支付的增值税进项税额如果是一般纳税人,可以凭增值税专用发票抵扣,不计入采购成本。

4. 错误　根据产品完工入库业务编制的会计分录应该为:借记"库存商品"账户,贷记"生产成本"账户。

5. 错误　应付职工薪酬包括职工在职期间和离职后提供给职工的全部货币性薪酬及非

货币性福利，也包括解除劳务关系给予的补偿。

  6. 错误 应计入产品成本，但不能分清应由何种产品负担的费用应通过"制造费用"账户核算。

  7. 错误 "固定资产"账户的借方余款反映的是结存的固定资产的原始价值，而不是净值。

  8. 错误 少计提固定资产折旧会造成当期固定资产的净值增加。

  9. 正确 因为制造费用通过分配应计入生产成本，而管理费用不计入生产成本，直接从当期利润中扣减。

  10. 错误 计提固定资产折旧是表示固定资产价值的减少，但不能记入"固定资产"账户的贷方，而是记入专门账户"累计折旧"中。

  11. 错误 车间管理人员的工资不属于直接工资，发生时应计入制造费用，按照一定标准分配后，最终应计入产品成本，而不能计入期间费用。

  12. 正确 因为本期完工产品成本＝期初在产品成本＋本月发生的费用－期末在产品成本，故本期完工产品成本＝48 500＋60 000－3 200＝105 300（元）。

  13. 错误 应收账款入账价值包括销售货物或提供劳务的价款、增值税以及代购货方垫付的包装费、运杂费等。

  14. 错误 企业日常经营活动中发生的消费税、城市维护建设税、教育费附加和资源税等应通过"税金及附加"账户核算，但增值税不能通过"税金及附加"账户核算。

  15. 错误 企业接受非现金资产捐赠，属于企业非日常经营活动中形成的直接计入当期损益的利得，因此，应该计入营业外收入。

  16. 错误 营业外收入不影响营业利润。

  17. 正确 支付本期的费用时，直接在费用科目中列支即可。

  18. 错误 本期发生的制造费用可能含在存货中，不一定影响本期损益。

  19. 错误 企业出售不需用原材料取得的收入应确认为其他业务收入，相应的成本应转入其他业务成本。

  20. 错误 支付所得税是企业的一项费用支出，而非利润分配。

  21. 错误 企业上交所得税时应借记"应交税费——应交所得税"账户，贷记"银行存款"账户。

  22. 错误 因为"所得税费用"账户属于损益类账户，故期末时应将其余额转入"本年利润"账户的借方，而不是"利润分配"账户。

  23. 错误 企业股东大会通过的利润分配方案中拟分配的现金股利或利润，应确认为应付股利，董事会做出的利润分配方案中拟分配的现金股利或利润是不用做账务处理的。

  24. 正确 企业如果发生亏损，可以用以后年度实现的利润弥补，也可以用以前年度提取的盈余公积弥补。企业以前年度亏损未弥补完，不能提取法定盈余公积。

  25. 错误 广告宣传费计入销售费用，借款利息费计入财务费用。

  26. 错误 年度终了，无论盈亏均应将"本年利润"账户的本年累计余额转入"利润分配——未分配利润"账户。

  27. 错误 年度终了，企业"利润分配"账户中的"未分配利润"明细账户如有借方余额，说明企业有尚未弥补的亏损。如有贷方余额，则说明企业有累计尚未分配的利润。

（四）业务题

（1）借：银行存款   1 000 000
   贷：实收资本   1 000 000

（2）借：银行存款　　　　　　　　　　　　　　　　　　　　　　500 000
　　　　贷：短期借款　　　　　　　　　　　　　　　　　　　　　　500 000
（3）借：银行存款　　　　　　　　　　　　　　　　　　　　　　　52 800
　　　　贷：应收账款　　　　　　　　　　　　　　　　　　　　　　52 800
（4）借：其他应收款——张×　　　　　　　　　　　　　　　　　　3 500
　　　　贷：库存现金　　　　　　　　　　　　　　　　　　　　　　 3 500
（5）借：材料采购——甲材料　　　　　　　　　　　　　　　　　480 000
　　　　　　　　　——乙材料　　　　　　　　　　　　　　　　　240 000
　　　　应交税费——应交增值税（进项税额）　　　　　　　　　　122 400
　　　　贷：应付账款　　　　　　　　　　　　　　　　　　　　　842 400
（6）本月材料运费分配率＝3 200÷（20 000＋12 000）＝0.10（元/千克）
甲材料应分摊的运费＝20 000×0.10＝2 000（元）
乙材料应分摊的运费＝12 000×0.10＝1 200（元）
　　借：材料采购——甲材料　　　　　　　　　　　　　　　　　　2 000
　　　　　　　　　——乙材料　　　　　　　　　　　　　　　　　　1 200
　　　　贷：银行存款　　　　　　　　　　　　　　　　　　　　　　3 200
　　借：原材料——甲材料　　　　　　　　　　　　　　　　　　　482 000
　　　　　　　——乙材料　　　　　　　　　　　　　　　　　　　241 200
　　　　贷：材料采购——甲材料　　　　　　　　　　　　　　　　482 000
　　　　　　　　　　——乙材料　　　　　　　　　　　　　　　　241 200
（7）借：生产成本——A产品　　　　　　　　　　　　　　　　　 320 000
　　　　　　　　　——B产品　　　　　　　　　　　　　　　　　 330 000
　　　　制造费用　　　　　　　　　　　　　　　　　　　　　　　165 000
　　　　贷：原材料——甲材料　　　　　　　　　　　　　　　　　575 000
　　　　　　　　　——乙材料　　　　　　　　　　　　　　　　　240 000
（8）借：库存现金　　　　　　　　　　　　　　　　　　　　　　300 000
　　　　贷：银行存款　　　　　　　　　　　　　　　　　　　　　300 000
（9）借：应付职工薪酬——工资、奖金、津贴和补贴　　　　　　　300 000
　　　　贷：库存现金　　　　　　　　　　　　　　　　　　　　　300 000
（10）借：制造费用　　　　　　　　　　　　　　　　　　　　　　1 600
　　　　 管理费用　　　　　　　　　　　　　　　　　　　　　　　 800
　　　　 贷：银行存款　　　　　　　　　　　　　　　　　　　　　2 400
（11）借：库存现金　　　　　　　　　　　　　　　　　　　　　　2 420
　　　　 管理费用　　　　　　　　　　　　　　　　　　　　　　 1 080
　　　　 贷：其他应收款——张×　　　　　　　　　　　　　　　　3 500
（12）借：管理费用　　　　　　　　　　　　　　　　　　　　　　　900
　　　　 贷：库存现金　　　　　　　　　　　　　　　　　　　　　　900
（13）本月应计提的借款利息费＝500 000×6％×（1/12）＝2 500（元）
　　借：财务费用　　　　　　　　　　　　　　　　　　　　　　　2 500
　　　　贷：应付利息　　　　　　　　　　　　　　　　　　　　　　2 500
（14）借：生产成本——A产品　　　　　　　　　　　　　　　　 120 000
　　　　　　　　　　——B产品　　　　　　　　　　　　　　　　 110 000

		制造费用	60 000	
		管理费用	20 000	
		贷：应付职工薪酬——工资、奖金、津贴和补贴		310 000

(15) 借：制造费用　　　　　　　　　　　　　　3 400
　　　　　管理费用　　　　　　　　　　　　　　2 100
　　　　　　贷：累计折旧　　　　　　　　　　　　　　　5 500
(16) 借：销售费用　　　　　　　　　　　　　　5 000
　　　　　　贷：银行存款　　　　　　　　　　　　　　　5 000
(17) 借：营业外支出　　　　　　　　　　　　　8 000
　　　　　　贷：银行存款　　　　　　　　　　　　　　　8 000
(18) 借：银行存款　　　　　　　　　　　　　60 000
　　　　　　贷：预收账款　　　　　　　　　　　　　　　60 000
(19) 借：其他应付款　　　　　　　　　　　　4 200
　　　　　　贷：营业外收入　　　　　　　　　　　　　　4 200
(20) 本月份发生的制造费用总额＝165 000＋1 600＋60 000＋3 400＝230 000（元）
本月制造费用分配率＝230 000÷（120 000＋110 000）＝1.00
A产品应分摊的制造费用＝120 000×1.00＝120 000（元）
B产品应分摊的制造费用＝110 000×1.00＝110 000（元）
借：生产成本——A产品　　　　　　　　　120 000
　　　　　　　——B产品　　　　　　　　　110 000
　　　贷：制造费用　　　　　　　　　　　　　　　230 000
(21) A产品生产成本＝320 000＋120 000＋120 000＝560 000（元）
借：库存商品　　　　　　　　　　　　　　560 000
　　　贷：生产成本——A产品　　　　　　　　　　　560 000
(22) 借：应收账款　　　　　　　　　　　　　589 680
　　　贷：主营业务收入　　　　　　　　　　　　　504 000
　　　　　　应交税费——应交增值税（销项税费）　85 680
(23) 借：税金及附加——消费税　　　　　　　2 800
　　　贷：应交税费——应交消费税　　　　　　　　2 800
(24) 借：销售费用　　　　　　　　　　　　　1 500
　　　贷：银行存款　　　　　　　　　　　　　　　1 500
(25) A产品的单位成本＝560 000÷50＝11 200（元/台）
已销售40台A产品的总成本＝40×11 200＝448 000（元）
借：主营业务成本　　　　　　　　　　　　448 000
　　　贷：库存商品　　　　　　　　　　　　　　　448 000
(26) 主营业务收入＝504 000（元）
营业外收入＝4 200（元）
主营业务成本＝448 000（元）
税金及附加＝2 800（元）
管理费用＝800＋1 080＋900＋20 000＋2 100＝24 880（元）
销售费用＝5 000＋1 500＝6 500（元）
财务费用＝2 500（元）

营业外支出＝8 000（元）

借：主营业务收入	504 000
营业外收入	4 200
贷：本年利润	508 200
借：本年利润	492 680
贷：主营业务成本	448 000
税金及附加	2 800
管理费用	24 880
销售费用	6 500
财务费用	2 500
营业外支出	8 000

（27）本期利润总额＝508 200－492 680＝15 520（元）

本期应交所得税＝15 520×25％＝3 880（元）

借：所得税费用	3 880
贷：应交税费——应交所得税	3 880
借：本年利润	3 880
贷：所得税费用	3 880

（28）净利润＝15 520－3 880＝11 640（元）

应提取法定盈余公积金＝11 640×10％＝1 164（元）

借：利润分配——提取法定盈余公积	1 164
贷：盈余公积	1 164

（五）案例题

企业所得税的计算，首先应该确定应纳税所得额，在没有纳税调整事项时，即为利润总额。利润总额是由营业利润和营业外收支净额组成的，其中最重要的项目就是营业利润，而营业利润计算的准确与否，除了受收入确认的影响之外，还取决于销售成本的结转是否正确。销售成本＝期初结存的产成品＋本期完工的产成品－期末库存的产成品，本期完工的产成品＝期初的在产品＋本期发生的生产费用－期末的在产品。题中期初的在产品和期末的在产品成本资料都已给定，所以只需要对本期发生的生产费用予以正确的归集，而本期的生产费用包括直接材料、直接人工和制造费用，这些项目需要根据题中的资料进行正确的计算。由以上的分析可以看出，本题的关键就在于本期完工产品制造成本、本期销售产品成本的计算和结转是否正确。

首先，应计算本月完工产品成本。本月完工产品成本＝期初在产品成本＋本期发生的生产费用－期末在产品成本。式中期初、期末在产品成本题中已给定，只要把本月发生的生产费用计算出来即可，而本月发生的生产费用包括直接材料费、直接人工费和制造费用，分别计算如下：本期消耗的材料＝期初库存的材料成本＋本期购入的材料成本－期末库存材料成本＝137 600＋356 200－12 400＝481 400（元），本期消耗的材料包括生产产品消耗和车间一般性消耗的材料两部分，题中已知车间一般性消耗的材料为14 800元，故生产产品消耗的直接材料为481 400－14 800＝466 600（元）；直接人工费为73 600元；根据题中所给各个费用项目可知本月发生的制造费用＝11 000＋14 800＋27 500＋16 500＝69 800（元），故可知本期为生产产品而发生的生产费用总额＝466 600＋73 600＋69 800＝610 000（元）。由此可以计算出本月完工产品成本＝6 450＋610 000－7 680＝608 770（元）。

其次，计算本期销售产品成本。本期销售产品成本＝期初库存产成品成本＋本月完工入库产品成本－期末库存产品成本＝82 180＋608 770－94 450＝596 500（元）。

最后，根据题中所给项目，本月实现的销售收入为 708 520 元，本月发生的销售费用为 6 450 元，销售税金为 29 130 元，本月发生的管理费用为 14 320＋8 500＋520＋100＋600＝24 040（元），财务费用为 2 400 元，所以可以计算出营业利润＝销售收入－销售成本－销售税金－销售费用－管理费用－财务费用＝708 520－596 500－29 130－6 450－24 040－2 400＝50 000（元）。由于该企业没有营业外收支项目，所以营业利润即为利润总额。另外根据题中所给资料，没有其他纳税调整项目，因而利润总额就是应纳税所得额，计算出的所得税＝50 000×25％＝12 500（元）。而该企业会计计算出的所得税额为 10 887.5 元，显然是错误的。

会计人员在计算上出现了错误，可以采取下面倒推的方法来寻找错误：按照会计人员的计算，所得税额为 10 887.5 元，即应纳税所得额为 10 887.5÷25％＝43 550（元），与正常的利润总额相差 6 450 元，而这个数字恰好是该企业的销售费用，也就是说会计人员在计算利润总额时可能重减了销售费用，导致了利润总额虚减 6 450 元。

六、教材参考答案

习 题 一

1. 借：银行存款		900 000
贷：实收资本		900 000
2. 借：固定资产		300 000
应交税费——应交增值税（进项税额）		51 000
贷：实收资本——长安公司		351 000
3. 借：银行存款		24 000
贷：短期借款		24 000
4. 借：银行存款		300 000
贷：长期借款		300 000
5. 借：短期借款		5 000
长期借款		100 000
贷：银行存款		105 000
6. 借：无形资产		200 000
贷：实收资本——明达公司		200 000
7. 借：盈余公积		30 000
贷：实收资本		30 000

习 题 二

1. 借：固定资产——机器		50 800
应交税费——应交增值税（进项税额）		8 500
贷：银行存款		59 300

注：依据 2008 年修订的《中华人民共和国增值税暂行条例》，我国从 2009 年 1 月 1 日起对增值税的管理实行生产型向消费型的转变，即允许将机器设备等外购固定资产支付的增值税列入"应交税费——应交

增值税（进项税额）"，待以后从销项税额中抵扣。因此，固定资产的入账价值包括买价、运输费、包装费等，而企业购入固定资产专用发票上注明的增值税额不应计入固定资产的价值。

2. 借：材料采购——甲材料　　　　　　　　　　　　　　　　　　　45 000
　　　　　　　　——乙材料　　　　　　　　　　　　　　　　　　　30 000
　　　　应交税费——应交增值税（进项税额）　　　　　　　　　　　12 750
　　　贷：银行存款　　　　　　　　　　　　　　　　　　　　　　　87 750

3. 材料运杂费分配率＝7 000÷（1 500＋2 000）＝2.0（元/千克）
甲材料应分摊的运杂费＝1 500×2.0＝3 000（元）
乙材料应分摊的运杂费＝2 000×2.0＝4 000（元）
　　借：材料采购——甲材料　　　　　　　　　　　　　　　　　　　3 000
　　　　　　　　——乙材料　　　　　　　　　　　　　　　　　　　4 000
　　　贷：银行存款　　　　　　　　　　　　　　　　　　　　　　　7 000

4. 借：材料采购——丙材料　　　　　　　　　　　　　　　　　　　75 000
　　　　应交税费——应交增值税（进项税额）　　　　　　　　　　　12 750
　　　贷：应付账款　　　　　　　　　　　　　　　　　　　　　　　87 750

5. 借：材料采购——丙材料　　　　　　　　　　　　　　　　　　　3 000
　　　贷：库存现金　　　　　　　　　　　　　　　　　　　　　　　3 000

6. 挑选整理费分配率＝3 250÷（1 500＋2 000＋1 500）＝0.65（元/千克）
甲材料应分摊的挑选整理费＝1 500×0.65＝975（元）
乙材料应分摊的挑选整理费＝2 000×0.65＝1 300（元）
丙材料应分摊的挑选整理费＝1 500×0.65＝975（元）
　　借：材料采购——甲材料　　　　　　　　　　　　　　　　　　　975
　　　　　　　　——乙材料　　　　　　　　　　　　　　　　　　　1 300
　　　　　　　　——丙材料　　　　　　　　　　　　　　　　　　　975
　　　贷：库存现金　　　　　　　　　　　　　　　　　　　　　　　3 250

7. 借：原材料——甲材料　　　　　　　　　　　　　　　　　　　　48 975
　　　　　　——乙材料　　　　　　　　　　　　　　　　　　　　35 300
　　　　　　——丙材料　　　　　　　　　　　　　　　　　　　　78 975
　　　贷：材料采购——甲材料　　　　　　　　　　　　　　　　　　48 975
　　　　　　　　　——乙材料　　　　　　　　　　　　　　　　　　35 300
　　　　　　　　　——丙材料　　　　　　　　　　　　　　　　　　78 975

8. 借：预付账款　　　　　　　　　　　　　　　　　　　　　　　　25 000
　　　贷：银行存款　　　　　　　　　　　　　　　　　　　　　　　25 000

9. 借：应付账款——华星公司　　　　　　　　　　　　　　　　　　58 500
　　　贷：银行存款　　　　　　　　　　　　　　　　　　　　　　　58 500

习　题　三

1. 借：生产成本——甲产品　　　　　　　　　　　　　　　　　　　40 000
　　　　　　　——乙产品　　　　　　　　　　　　　　　　　　　16 000
　　　　制造费用　　　　　　　　　　　　　　　　　　　　　　　2 000
　　　贷：原材料——A 材料　　　　　　　　　　　　　　　　　　　40 000
　　　　　　　　——B 材料　　　　　　　　　　　　　　　　　　　16 000

　　　　　　　　——C材料　　　　　　　　　　　　　　　　　　　　　2 000
  2. 借：生产成本——甲产品　　　　　　　　　　　　　　　　　30 000
　　　　　　　　——乙产品　　　　　　　　　　　　　　　　　10 000
　　　　制造费用　　　　　　　　　　　　　　　　　　　　　　　4 000
　　　　管理费用　　　　　　　　　　　　　　　　　　　　　　　16 000
　　　　　贷：应付职工薪酬——工资、奖金、津贴和补贴　　　　　60 000
  3. 借：应付职工薪酬——工资、奖金、津贴和补贴　　　　　　　60 000
　　　　　贷：银行存款　　　　　　　　　　　　　　　　　　　　60 000
  4. 借：制造费用　　　　　　　　　　　　　　　　　　　　　　　3 700
　　　　管理费用　　　　　　　　　　　　　　　　　　　　　　　1 500
　　　　　贷：银行存款　　　　　　　　　　　　　　　　　　　　5 200
  5. 借：管理费用　　　　　　　　　　　　　　　　　　　　　　　2 000
　　　　应交税费－应交增值税（进项税额）　　　　　　　　　　　 340
　　　　　贷：银行存款　　　　　　　　　　　　　　　　　　　　2 340
  注：车间生产设备日常维修发生的修理费，在其发生时计入"管理费用"科目的借方，而不是"制造费用"科目。
  6. 借：制造费用　　　　　　　　　　　　　　　　　　　　　　　 440
　　　　　贷：库存现金　　　　　　　　　　　　　　　　　　　　 440
  7. 借：制造费用　　　　　　　　　　　　　　　　　　　　　　　12 100
　　　　管理费用　　　　　　　　　　　　　　　　　　　　　　　8 000
　　　　　贷：累计折旧　　　　　　　　　　　　　　　　　　　　20 100
  8. 本月份发生的制造费用总额＝2 000＋4 000＋3 700＋440＋12 100＝22 240（元）
  制造费用的分配率＝22 240÷（30 000＋10 000）＝0.556
  甲产品应分摊的制造费用＝30 000×0.556＝16 680（元）
  乙产品应分摊的制造费用＝10 000×0.556＝5 560（元）
  借：生产成本——甲产品　　　　　　　　　　　　　　　　　　　16 680
　　　　　　　——乙产品　　　　　　　　　　　　　　　　　　　5 560
　　　贷：制造费用　　　　　　　　　　　　　　　　　　　　　　22 240
  9. 甲产品完工产品成本＝40 000＋30 000＋16 680＝86 680（元）
  借：库存商品——甲产品　　　　　　　　　　　　　　　　　　　86 680
　　　贷：生产成本——甲产品　　　　　　　　　　　　　　　　　86 680

习　题　四

  1. 借：应收账款——天阳公司　　　　　　　　　　　　　　　　70 200
　　　　　贷：主营业务收入　　　　　　　　　　　　　　　　　　60 000
　　　　　　　应交税费——应交增值税（销项税额）　　　　　　　10 200
  2. 借：银行存款　　　　　　　　　　　　　　　　　　　　　　　93 600
　　　　　贷：主营业务收入　　　　　　　　　　　　　　　　　　80 000
　　　　　　　应交税费——应交增值税（销项税额）　　　　　　　13 600
  3. 借：银行存款　　　　　　　　　　　　　　　　　　　　　　　70 200
　　　　　贷：应收账款——天阳公司　　　　　　　　　　　　　　70 200
  4. 借：银行存款　　　　　　　　　　　　　　　　　　　　　　　4 000
　　　　　贷：预收账款——海化公司　　　　　　　　　　　　　　4 000

5. 借：预收账款——海化公司 11 700
　　贷：主营业务收入 10 000
　　　　应交税费——应交增值税（销项税额） 1 700
6. 已售甲产品的实际成本＝（300＋100＋50）×140＝63 000（元）
　已售乙产品的实际成本＝150×300＝45 000（元）
　借：主营业务成本——甲产品 63 000
　　　　　　　　　　——乙产品 45 000
　　贷：库存商品——甲产品 63 000
　　　　　　　　——乙产品 45 000
7. 借：税金及附加 4 285
　　贷：应交税费——应交城市维护建设税 3 000
　　　　　　　　——应交教育费附加 1 285
8. 借：应交税费——应交增值税（已交税额） 10 000
　　贷：银行存款 10 000

习 题 五

1. 借：银行存款 24 000
　　贷：营业外收入 24 000
2. 借：营业外支出 31 400
　　贷：银行存款 31 400
3. 借：银行存款 702 000
　　贷：主营业务收入 600 000
　　　　应交税费——应交增值税（销项税额） 102 000
4. 借：应收账款 561 600
　　贷：主营业务收入 480 000
　　　　应交税费——应交增值税（销项税额） 81 600
5. 借：其他应收款——王× 2 000
　　贷：库存现金 2 000
6. 借：销售费用 2 400
　　贷：银行存款 2 400
7. 借：财务费用 4 000
　　贷：应付利息 4 000
8. 借：管理费用 5 200
　　贷：银行存款 5 200
9. 借：财务费用 3 000
　　贷：银行存款 3 000
10. 借：管理费用 2 800
　　　贷：其他应收款——王× 2 000
　　　　　库存现金 800
11. 已售甲产品的实际成本＝400×1 000＝400 000（元）
　　已售乙产品的实际成本＝600×550＝330 000（元）
　借：主营业务成本——甲产品 400 000
　　　　　　　　　　——乙产品 330 000

贷：库存商品——甲产品		400 000
——乙产品		330 000

12. 借：税金及附加　　　　　　　　　　　　　　　2 780
　　　贷：应交税费——应交消费税　　　　　　　　　　　2 780

13. 营业利润＝(600 000＋480 000)－(400 000＋330 000)－2 780－(5 200＋2 800)－2 400－(4 000＋3 000)＝329 820（元）

　　利润总额＝329 820＋24 000－31 400＝322 420（元）

　　所得税费用＝322 420×25％＝80 605（元）

　　借：所得税费用　　　　　　　　　　　　　　　　80 605
　　　贷：应交税费——应交所得税　　　　　　　　　　　80 605

14. 借：主营业务收入　　　　　　　　　　　　　 1 080 000
　　　　营业外收入　　　　　　　　　　　　　　　24 000
　　　贷：本年利润　　　　　　　　　　　　　　　　1 104 000
　　借：本年利润　　　　　　　　　　　　　　　　862 185
　　　贷：主营业务成本　　　　　　　　　　　　　　730 000
　　　　　税金及附加　　　　　　　　　　　　　　　2 780
　　　　　管理费用　　　　　　　　　　　　　　　　8 000
　　　　　销售费用　　　　　　　　　　　　　　　　2 400
　　　　　财务费用　　　　　　　　　　　　　　　　7 000
　　　　　营业外支出　　　　　　　　　　　　　　　31 400
　　　　　所得税费用　　　　　　　　　　　　　　　80 605

15. 净利润＝800 000＋(1 104 000－862 185)＝1 041 815（元）
　　借：本年利润　　　　　　　　　　　　　　　 1 041 815
　　　贷：利润分配——未分配利润　　　　　　　　　1 041 815

16. 借：利润分配——提取法定盈余公积　　　　　　104 181.5
　　　贷：盈余公积　　　　　　　　　　　　　　　104 181.5

17. 借：利润分配——应付投资者利润　　　　　　　300 000
　　　贷：应付利润　　　　　　　　　　　　　　　　300 000

案 例 分 析

(1) 编制必要的会计分录

林永康拿出补偿款向超市投资。

借：银行存款　　　　　　　　　　　　　　　　　 150 000
　　贷：实收资本　　　　　　　　　　　　　　　　　 150 000

向亲戚借款。

借：银行存款　　　　　　　　　　　　　　　　　 250 000
　　贷：其他应付款　　　　　　　　　　　　　　　　 250 000

购买设备。

借：固定资产　　　　　　　　　　　　　　　　　 100 000
　　贷：银行存款　　　　　　　　　　　　　　　　　 100 000

实现销售收入。

借：银行存款　　　　　　　　　　　　　　　　　 845 000

应收账款		5 000
贷：主营业务收入		850 000

采购各类商品。

借：库存商品		950 000
贷：银行存款		900 000
应付账款		50 000

销售商品成本＝950 000－350 000＝600 000（元）

结转销售商品成本。

借：主营业务成本		600 000
贷：库存商品		600 000

支付房租、人工费、水电费及各种杂费＝50 000＋70 000＋8 000＋32 000＝160 000（元）

借：营业费用		160 000
贷：银行存款		160 000

计提固定资产折旧金额＝100 000÷10＝10 000（元）

借：营业费用		10 000
贷：累计折旧		10 000

（2）计算20×7年实现的利润

主营业务收入＝850 000元

主营业务成本＝600 000元

营业费用＝160 000＋10 000＝170 000（元）

利润总额＝850 000－600 000－170 000＝80 000（元）

借：主营业务收入		850 000
贷：本年利润		850 000
借：本年利润		770 000
贷：主营业务成本		600 000
营业费用		170 000

（3）计算20×7年年末银行账户余额

20×7年年末银行账户余额＝150 000＋250 000－100 000＋845 000－900 000－160 000＝85 000（元）

第四章 会计凭证

一、本章知识结构图

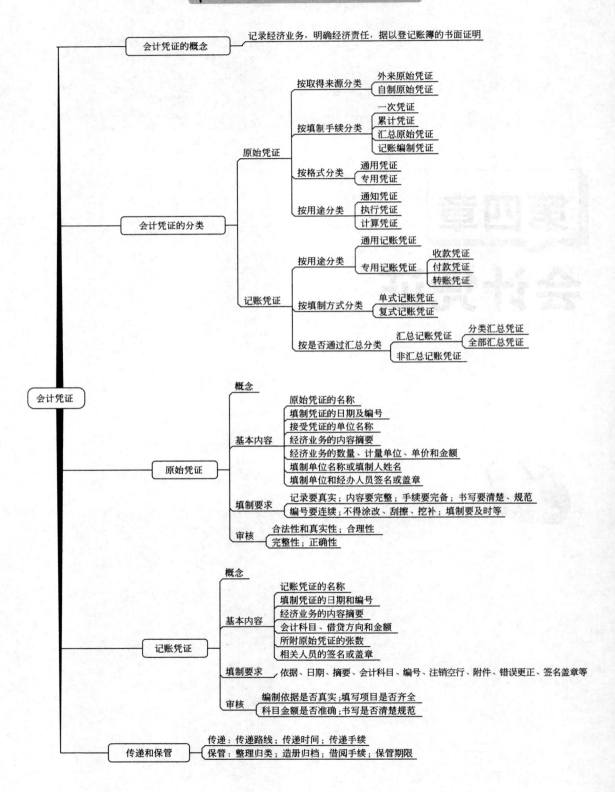

二、疑难解答

1. 为什么说原始凭证是最具法律效力的凭证？

答：原始凭证是在经济业务发生或完成时取得的，是记录、证明经济业务已经发生或完成的原始依据。尤其是外来原始凭证，是企业同外部单位发生经济往来关系时，从外部单位取得的，具有较高的可靠性。原始凭证上记载着大量的经济信息，它是证明经济业务发生的初始文件，与记账凭证相比较，原始凭证属于一手资料，所以原始凭证是最具法律效力的凭证。

2. 发票和收据有何区别？

答：发票和收据都是原始凭证，它们都可以证明收支了某些款项，但是，发票与收据两者有本质区别，不同经济内容的业务应收取或开具不同的发票或收据，不能混用。

根据我国发票管理办法的规定，发票是在购销商品、提供或接受服务，以及进行其他生产经营活动时收付款项而开具的凭证。它是财务收支的法定凭证，是会计核算的原始依据，也是审计机关、税务机关执法检查的重要依据。发票一般情况下是收款人开具给付款人的，但在收购单位和扣缴义务人支付个人款项时则由付款人向收款人开具发票。

收据一般是指除了上述发票管理办法规定的经营活动以外的非经营活动中收付款项时开具的凭证，如退还多余出差借款、各种保证金的收讫等。收款收据均是由收款人开具给付款人的，不存在发票规定中特殊的"逆向开具"。

收款收据分为内部收据和外部收据。企业为了内部成本核算的需要而自行印制或在账表商店购买的收款收据就是内部收据。企业的内部收据可以在内部成本核算过程中使用并以此入账，如退还多余出差借款、材料内部调拨、保证金收讫等，但内部收据不能对外使用，否则不能入账，其作用相当于"白条"。所以一些地方的法规规定这些内部收据应当在收据的抬头下面注明"仅限内部使用，对外使用无效"的字样。

外部收据又分财政部门监制、部队监制、税务部门监制的收据三种。财政部门监制的收据一般是非生产经营的行政事业性收费的收据，这种收据往往是联合当地物价部门制定的，具有合法性，可以入账，如法院的诉讼费收据。部队监制的收据是与部队发生非生产经营性款项往来时由部队开具的收据，该收据项下的款项是不涉及税务的，可以依法入账。税务部门监制的收据一般也把企业的内部收据纳入其中，企业内部收付款往来及企业与企业之间非经营性业务往来款项，均可使用，这些税务部门监制的收据依法在非生产经营款项收付使用，也是可以入账的。

3. 发现原始凭证有错误，应该如何进行更正？

答：原始凭证记载的各项内容均不得涂改，随意涂改后的原始凭证即为无效凭证，不能作为填制记账凭证的依据。如果原始凭证出现错误，则应按以下要求进行更正。

（1）对于原始凭证所记载的内容有错误的，应当由出具原始凭证的单位重开或更正，更正处应加盖出具原始凭证单位的印章。

（2）对于原始凭证金额有错误的不得更正，只能由出具原始凭证的单位重开。因为原始凭证上的金额是反映经济业务事项情况的最重要信息，如果允许随便更改，容易产生舞弊，不利于保证原始凭证的质量。

4. 外来的原始凭证遗失如何处理？

答：外来的原始凭证遗失，应当由原开出单位出具证明，证明经济业务的内容、原始凭证的号码、金额，证明必须加盖原开出凭证单位的公章。然后由接受凭证单位的会计机构负责人、会计主管人员和单位领导人办理批准手续，手续齐全后，才能代作原始凭证。但有些外来原始凭证遗失无法取得证明的，例如，飞机票、火车票等可以由当事人写出详细情况说明，然后由接受凭证单位的会计机构负责人、会计主管人员和单位领导人办理批准手续，手续齐全后，才能代作原始凭证。

5. 在实务中，记账凭证的编号有哪些方法？

答：在使用通用凭证的企业里，可按经济业务发生的先后顺序分月按自然数1、2、3……顺序编号；在采用收款凭证、付款凭证和转账凭证的企业里，可以采用"字号编号法"，即按照专用记账凭证的类别顺序分别进行编号，例如：收字第×号、付字第×号、转字第×号等。也可采用"双重编号法"，即按总字顺序编号与按类别顺序编号相结合，例如某收款凭证为"总字第×号，收字第×号"。

一笔经济业务需要填制两张或者两张以上记账凭证的，可以采用"分数编号法"。例如某项经济业务需要编制两张转账凭证，而该凭证的顺序号为15号，可编为转字第 $15\frac{1}{2}$ 号，转字第 $15\frac{2}{2}$ 号。前面的整数表示凭证顺序，后面分数的分母表示该号凭证共有两张，分子表示两张凭证中的第一张、第二张。不论采用哪种凭证编号方法，每月末最后一张记账凭证的编号旁边都应加注"全"字，以免凭证散失。

6. 是否所有记账凭证都必须附有原始凭证？

答：根据《会计基础工作规范》的规定，一般情况下，记账凭证必须附有原始凭证，但是反映结账和更正错误的记账凭证可以不附原始凭证。

7. 发现记账凭证存在错误，应该如何进行更正？

答：如果发现记账凭证错误，应分别具体情况进行更正。

（1）如果在填制记账凭证时发生错误，应当重新填制。

（2）已经登记入账的记账凭证，在当年内发现填写错误时，可以用红字填写一张与原内容相同的记账凭证，在摘要栏注明"注销某月某日某号凭证"字样，同时再用蓝字重新填制一张正确的记账凭证，注明"订正某月某日某号凭证"字样。如果会计科目没有错误，只是金额错误，也可以将正确数字与错误数字之间的差额，另编一张调整的记账凭证，调增金额用蓝字，调减金额用红字。

（3）发现以前年度记账凭证有错误的，应当用蓝字填制一张更正的记账凭证。

8. 出纳和会计有何区别？

答：出纳与会计是财会部门设置的两个岗位。出纳的工作职责主要是负责现金和银行存款的收、付业务，以及库存现金日记账和银行存款日记账登记工作；会计主要是负责对单位经济活动，以货币为基本计量单位，运用会计方法，进行连续、系统、全面的核算，完成记账至编制财务报表，办理税务的有关工作。出纳和会计都是财会部门的重要岗位，相互联系、相互依存。

9. 出纳人员是否可以兼记库存现金日记账和银行存款日记账？

答：《会计基础工作规范》第十二条规定"出纳人员不得兼管稽核、会计档案保管和收入、费用、债权债务账目的登记工作。"该规定有利于会计和出纳之间的内部牵制，但并没有禁止出纳人员兼记库存现金日记账和银行存款日记账。

在实际工作中，出纳兼记库存现金日记账和银行存款日记账有它的好处，一是出纳人员每天记录库存现金日记账后，结出当天的现金账存余额，与实存现金核对，有利于做到账款相符；二是出纳人员记录银行存款日记账，随时结出余额，做到心中有数，避免开空头支票，或因存款过多，不及时归还贷款而浪费资金，此外，还便于同银行对账。

出纳人员兼记库存现金日记账和银行存款日记账是否会出现问题呢？关键在于内部控制制度。出纳人员不能一人单独决定付款，必须经过主管会计的审核手续，付款凭证要有两人以上盖章，付款印章也应分由两人以上掌管。出纳人员在付款时也要对该笔支出进行复审，发挥监督作用。

10. 如何处理库存现金与银行存款间的划转业务？

答：库存现金与银行存款之间相互划转的业务，即将现金存入银行，或从银行提取现金业务，既是银行存款的增加业务，同时又是现金的减少业务；或既是现金的增加业务，同时又是银行存款的减少业务。如果同时编制收款凭证和付款凭证，并像一般收、付款凭证一样，将对应科目都登记入账，就会造成重复登账。所以，为了避免重复登账，这类业务一般是以编制付款凭证为准，比如将现金存入银行的业务，只填制现金付款凭证；从银行提取现金的业务，则只填制银行存款付款凭证。

11. 如何进行差旅费报销？

答：出差总会发生费用支出，如车票、住宿、交通费等。出差之前拿着钱，回来拿着一堆票。那么如何报销呢？差旅费报销一般经过以下程序。

（1）出差前，预支出差费用。填写借款单，预估出差费用明细，经过审核批准到财务部领款。

（2）出差回来报销时需要提供合法的票据。索取住宿票据时，应要求对方将票据内容填写完整，填写内容包括：单位名称（姓名）、日期、住宿天数、单价、金额、填票人。发票一定要有税务部门监制章和单位发票专用章。

（3）参加会议的，要求加附领导签批的会议通知单。

（4）填写差旅报销单。填写内容包括：出差人姓名、出差日期、出差天数、出差事由、起止地点、起止日期、车船票、住宿费及其他。

（5）提交本部门审核，审核无误，再提交财务审核，经办人再将审核无误的"差旅报销单"报经单位领导签批。

（6）所附单据要求有经办人、核算部门、财务部门审核签字、负责人签字。

（7）提交财务报账。

三、练习题

（一）单项选择题

1. 会计凭证按其（　　）不同，可以分为原始凭证和记账凭证。
   A. 反映的经济内容　　B. 取得来源　　C. 填制程序和用途　　D. 填制手续

2. 原始凭证按其取得来源不同，可分为（　　）。
   A. 自制原始凭证和外来原始凭证　　B. 一次凭证和累计凭证

C. 收款凭证和付款凭证　　　　　　　D. 汇总原始凭证和记账编制凭证
3. 下列属于累计凭证的是（　　）。
   A. 限额领料单　　　B. 领料单　　　C. 收入材料汇总表　　　D. 工资汇总表
4. 下列属于一次凭证和累计凭证的主要区别的是（　　）。
   A. 一次凭证是记载一笔经济业务，累计凭证是记载多笔经济业务
   B. 累计凭证是自制原始凭证，一次凭证是外来原始凭证
   C. 累计凭证填制的手续是多次完成的，一次凭证填制的手续是一次完成的
   D. 累计凭证是汇总凭证，一次凭证是单式凭证
5. 下列原始凭证属于通用凭证的是（　　）。
   A. 领料单　　　　　　　　　　　　B. 差旅费报销单
   C. 折旧计算表　　　　　　　　　　D. 银行转账结算凭证
6. 下列不能作为会计核算的原始凭证的是（　　）。
   A. 发货票　　　B. 合同书　　　C. 入库单　　　D. 领料单
7. 下列表示方法正确的是（　　）。
   A. ￥508.00　　　　　　　　　　　B. ￥86.00
   C. 人民币伍拾陆元捌角伍分整　　　D. 人民币　柒拾陆元整
8. 原始凭证有错误的，正确的处理方法是（　　）。
   A. 向单位负责人报告　　　　　　　B. 退回，不予接受
   C. 由出具单位重开或更正　　　　　D. 本单位代为更正
9. 根据同一原始凭证编制几张记账凭证的，应当（　　）。
   A. 编制原始凭证分割单
   B. 采用分数编号的方法
   C. 不必做任何说明
   D. 在未附原始凭证的记账凭证上注明其原始凭证附在哪张记账凭证中
10. 某公司购买一批日用品作为福利发给单位员工，要求开具办公用品发票，该发票是（　　）。
    A. 不真实的原始凭证　　　　　　　B. 不合理的原始凭证
    C. 不真实的记账凭证　　　　　　　D. 不合理的记账凭证
11. 会计机构和会计人员对不真实、不合法的原始凭证和违法收支、应当（　　）。
    A. 不予接受　　　　　　　　　　　B. 予以退回
    C. 予以纠正　　　　　　　　　　　D. 不予接受，并向单位负责人报告
12. 下列不属于原始凭证审核内容的是（　　）。
    A. 外来原始凭证是否有填制单位的公章和填制人员签章
    B. 原始凭证是否符合规定的审核程序
    C. 原始凭证是否符合有关计划和预算
    D. 会计科目使用是否正确
13. 将记账凭证分为收款凭证、付款凭证和转账凭证的依据是（　　）。
    A. 凭证用途的不同　　　　　　　　B. 凭证填制手续的不同
    C. 记载经济业务内容的不同　　　　D. 所包括的会计科目是否单一
14. 下列关于专用记账凭证的说法中错误的是（　　）。
    A. 专用记账凭证可以分为收款凭证、付款凭证和转账凭证
    B. 若该凭证已登记账簿，应在"记账"栏内标记如"√"，以防止经济业务重记或漏记

C. 借贷记账法下，收款凭证的左上角是借方科目
D. 付款凭证在凭证内反映的是贷方科目，应填列与"库存现金"或"银行存款"相对应的科目

15. 一项经济业务所涉及的每个会计科目单独填制一张记账凭证，每一张记账凭证中只登记一个会计科目，这种凭证叫做（　　）。
　　A. 单式记账凭证　　B. 专用记账凭证　　C. 通用记账凭证　　D. 一次凭证

16. 原始凭证和记账凭证的相同点是（　　）。
　　A. 反映的经济业务内容相同　　　　B. 编制时间相同
　　C. 所起作用相同　　　　　　　　　D. 所含凭证要素相同

17. 记账凭证中不可能有（　　）。
　　A. 接受单位的名称　　　　　　　　B. 经济业务的内容摘要
　　C. 凭证的日期和编号　　　　　　　D. 凭证的名称

18. 记账凭证的填制是由（　　）完成的。
　　A. 会计人员　　B. 出纳人员　　C. 经办人员　　D. 主管人员

19. 3月25日，职工张某拿标明日期为3月15日的发票到财务科报销，经审核后会计人员依据该发票编制记账凭证时，记账凭证的日期应为（　　）。
　　A. 3月25日　　B. 3月1日　　C. 3月15日　　D. 3月31日

20. 企业从银行提取现金的业务一般应编制（　　）。
　　A. 现金收款凭证　　　　　　　　　B. 现金付款凭证
　　C. 银行存款收款凭证　　　　　　　D. 银行存款付款凭证

21. 出纳人员在办理收款或付款后，应在（　　）上加盖"收讫"或"付讫"的戳记，以避免重收重付。
　　A. 记账凭证　　B. 原始凭证　　C. 收款凭证　　D. 付款凭证

22. 出纳人员付出货币资金的依据是审核无误的（　　）。
　　A. 收款凭证　　B. 付款凭证　　C. 转账凭证　　D. 原始凭证

23. 预提本月应负担的短期借款利息2 000元，该笔业务应编制（　　）。
　　A. 收款凭证　　B. 付款凭证　　C. 转账凭证　　D. 单式凭证

24. 职工因公借款，应填写正式借款单，报销结清时，会计应（　　）。
　　A. 记账，退回借款单　　　　　　　B. 记账、另开收据
　　C. 不记账，退回借款单　　　　　　D. 不记账，不开收据

25. 企业销售产品一批，售价30 000元，货款未收。该笔业务应编制的记账凭证是（　　）。
　　A. 收款凭证　　B. 付款凭证　　C. 转账凭证　　D. 以上均可

26. 付款凭证左上角的"贷方科目"可能登记的科目有（　　）。
　　A. 预付账款　　B. 银行存款　　C. 预收账款　　D. 其他应付款

27. 某企业根据一张发料凭证汇总表编制记账凭证，由于涉及项目较多，需填制两张记账凭证，则记账凭证编号为（　　）。
　　A. 付字第××1/2号和付字第××2/2号
　　B. 收字第××号
　　C. 转字第××1/2号和转字第××2/2号
　　D. 转字第××号

28. 记账凭证填制完毕加计合计数以后，如有空行应（　　）。
　　A. 空置不填　　B. 划线注销　　C. 盖章注销　　D. 签字注销

29. 收款凭证、付款凭证和转账凭证均属于（   ）。
   A. 单式记账凭证   B. 复式记账凭证   C. 一次凭证   D. 通用凭证
30. 某记账凭证的借方科目为"本年利润"，贷方科目为"管理费用"，则（   ）。
   A. 应附有费用发票   B. 应附有费用分配单
   C. 应附有费用支付单   D. 不需附原始凭证
31. 下列各项中，可以不附原始凭证的记账凭证是（   ）。
   A. 更正错误的记账凭证   B. 从银行提取现金的记账凭证
   C. 以现金发放工资的记账凭证   D. 职工临时性借款的记账凭证
32. 某企业购入物资一批，货款付清，物资入库。该项业务中，取得或填制的原始凭证有：增值税专用发票1张，银行结算凭证1张，收料单5张，收料凭证汇总表1张，则在记账凭证中注明的附件张数应为（   ）。
   A. 2张   B. 3张   C. 7张   D. 8张
33. 各种原始凭证，除由经办业务的有关部门审核以外，最后都要由（   ）进行审核。
   A. 财政部门   B. 董事会   C. 总经理   D. 会计部门
34. 会计凭证登账后的整理、装订、归档和存查称为（   ）。
   A. 会计凭证的传递   B. 会计凭证的保管   C. 会计凭证的编制   D. 会计凭证的归档
35. 会计凭证的保管期限一般应该为（   ）。
   A. 10年   B. 30年   C. 20年   D. 25年

（二）多项选择题

1. 以下有关会计凭证的表述中正确的有（   ）。
   A. 会计凭证可以明确经济责任   B. 会计凭证是登记账簿的依据
   C. 会计凭证是编制报表的依据   D. 会计凭证是记录经济业务的书面证明
2. 会计凭证的作用有（   ）。
   A. 反映经济业务的完成情况   B. 明确经济责任
   C. 提供记账依据   D. 监督经济活动
3. 下列关于原始凭证的说法正确的是（   ）。
   A. 按照取得来源的不同，分为外来原始凭证和自制原始凭证
   B. 按照格式的不同，分为通用凭证和专用凭证
   C. 按照填制手续及内容不同，分为一次凭证、累计凭证和汇总凭证
   D. 按照填制方法不同，分为外来原始凭证和自制原始凭证
4. 下列属于外来原始凭证的是（   ）。
   A. 本单位开具的销售发票   B. 供货单位开具的发票
   C. 职工出差取得的飞机票和火车票 D. 银行收付款通知单
5. 计算计时工资的原始记录有（   ）。
   A. 病假证明   B. 考勤记录   C. 工资卡   D. 产量记录
6. 下列选项中，属于一次凭证的有（   ）。
   A. 收据   B. 发货票   C. 工资结算单   D. 工资汇总表
7. 下列选项中，属于汇总原始凭证的有（   ）。
   A. 差旅费报销单   B. 收料凭证汇总表   C. 限额领料单   D. 工资汇总表
8. 下列选项中，属于专用凭证的是（   ）。
   A. 本单位开具的销售发票   B. 供货单位开具的发票

C. 工资费用分配表　　　　　　　　　D. 差旅费报销单

9. 原始凭证的基本内容包括（　　）。
   A. 凭证的日期及编号　　　　　　　　B. 经济业务的内容摘要
   C. 数量、单价和金额　　　　　　　　D. 会计科目

10. 在原始凭证上书写阿拉伯数字，正确的写法是（　　）。
    A. 金额数字一律填写到角、分
    B. 无角分的，角位和分位可写"00"或者符号"—"
    C. 有角无分的，分位应当写"0"
    D. 有角无分的，分位也可以用符号"—"代替

11. 下列选项中符合填制会计凭证的要求的是（　　）。
    A. 汉字大小写金额必须相符且填写规范
    B. 阿拉伯数字连笔书写
    C. 阿拉伯数字前面的人民币符号写为"￥"
    D. 大写金额有分的，分字后面不写"整"或"正"字

12. 对原始凭证发生的错误，正确的更正方法是（　　）。
    A. 由出具单位重开或更正
    B. 由本单位的会计人员代为更正
    C. 金额发生错误的，可由出具单位在原始凭证上更正
    D. 金额发生错误的，应当由出具单位重开

13. 原始凭证的审核内容包括（　　）。
    A. 有关数量、单价、金额是否正确无误　　B. 是否符合有关的计划和预算
    C. 是否存在应填而未填的项目　　　　　　D. 是否有违反国家法律法规的情况

14. 下列各项中，属于原始凭证和记账凭证共同具备的基本内容的是（　　）。
    A. 凭证的名称及编号　　　　　　　　B. 填制凭证的日期
    C. 借贷方向和金额　　　　　　　　　D. 有关人员的签章

15. 记账凭证的编制，可以根据（　　）。
    A. 每一张原始凭证　　　　　　　　　B. 若干张同类原始凭证
    C. 原始凭证汇总表　　　　　　　　　D. 不同内容和类别的原始凭证

16. 下列凭证中，应作为登记账簿直接依据的有（　　）。
    A. 转账凭证　　　　B. 累计凭证　　　　C. 汇总原始凭证　　　　D. 收款凭证

17. 下列人员中，应在记账凭证上签名或盖章的有（　　）。
    A. 审核人员　　　　B. 会计主管人员　　　C. 记账人员　　　　D. 制单人员

18. 关于记账凭证下列说法正确的是（　　）。
    A. 收款凭证是指用于记录现金和银行存款收款业务的会计凭证
    B. 收款凭证分为库存现金收款凭证和银行存款收款凭证两种
    C. 从银行提取现金的业务应该编制库存现金收款凭证
    D. 从银行提取现金的业务应该编制银行存款付款凭证

19. 下列说法正确的是（　　）。
    A. 记账凭证上的日期指的是经济业务发生的日期
    B. 对于涉及"库存现金"和"银行存款"之间的经济业务，一般只编制收款凭证
    C. 出纳人员不能直接依据有关收、付款业务的原始凭证办理收、付款业务
    D. 出纳人员必须根据经会计主管或其指定人员审核无误的收、付款凭证办理收、付款业务

20. 在填制记账凭证时，下列做法中错误的有（　　）。
   A. 将不同类型业务的原始凭证合并编制一张记账凭证
   B. 一个月内的记账凭证连续编号
   C. 从银行提取现金时只填制库存现金收款凭证
   D. 更正错账的记账凭证可以不附原始凭证
21. 下列经济业务中，应编制付款凭证的是（　　）。
   A. 将现金 20 000 元存入银行
   B. 以银行存款上交所得税 18 000 元
   C. 计提固定资产折旧费 42 000 元
   D. 从银行提取现金 16 000 元
22. 收款凭证的借方科目可能有（　　）。
   A. 应收账款　　　　　B. 库存现金　　　　　C. 银行存款　　　　　D. 应付账款
23. 小李出差回来，报销差旅费 1 300 元，原预借 1 700 元，交回剩余现金 400 元，这笔业务应该编制的记账凭证有（　　）。
   A. 付款凭证　　　　　B. 转账凭证　　　　　C. 收款凭证　　　　　D. 原始凭证
24. 企业购入材料一批，货款支付，材料验收入库，则应编制的全部会计凭证有（　　）。
   A. 收料单　　　　　　B. 累计凭证　　　　　C. 付款凭证　　　　　D. 转账凭证
25. 记账凭证填制以后，必须有专人审核，下列各项中属于其审核的主要内容有（　　）。
   A. 是否符合原始凭证
   B. 会计分录是否正确，对应关系是否清晰
   C. 经济业务是否合法与合规，有无违法乱纪行为
   D. 有关项目是否填列完备和有关人员签章是否齐全
26. 其他单位因特殊原因需要使用本单位的原始凭证，正确的做法是（　　）。
   A. 可以外借
   B. 将外借的会计凭证拆封抽出
   C. 不得外借，经本单位会计机构负责人或会计主管人员批准，可以复制
   D. 将向外单位提供的凭证复印件在专设的登记簿上登记
27. 会计凭证传递的组织工作主要包括（　　）方面。
   A. 规定保管期限及销毁制度
   B. 规定会计凭证的传递路线
   C. 制定会计凭证传递过程中的交接签收制度
   D. 规定会计凭证在各个环节的停留时间
28. 会计凭证的保管应做到（　　）。
   A. 定期归档以便查阅　　　　　　　　B. 查阅会计凭证要有手续
   C. 保证会计凭证的安全完整　　　　　D. 办理了相关手续方可销毁

（三）判断题

1. 设置会计科目和账户是会计核算工作的起点，是会计核算的方法之一。（　　）
2. 自制原始凭证都是一次凭证，外来原始凭证绝大多数是一次凭证。（　　）
3. "制造费用分配表"是企业自制的计算凭证，也是结转分配制造费用的原始依据。（　　）

4. 原始凭证是会计核算的原始资料和重要依据,是登记会计账簿的直接依据。（　　）
5. 原始凭证发生的错误,正确的更正方法是由出具单位在原始凭证上更正。（　　）
6. 会计机构、会计人员在审核原始凭证时,对于不真实、不合法的原始凭证（如伪造或涂改的原始凭证等）,在受理后,应及时向单位负责人报告。（　　）
7. 对于真实、合法、合理但内容不够完善、填写有错误的原始凭证,会计机构和会计人员不予以接受。（　　）
8. 复式记账的会计分录能反映经济业务的来龙去脉,所以会计在填写记账凭证时"摘要"一栏可以不填写。（　　）
9. 记账凭证应根据审核无误的原始凭证或原始凭证汇总表编制。（　　）
10. 为了简化工作手续,可以将不同内容和类别的原始凭证汇总,填制在一张记账凭证上。（　　）
11. 在编制记账凭证时,为简化工作,可以只填会计科目编号,不填会计科目的名称。（　　）
12. 记账凭证的填制日期与原始凭证的填制日期应当相同。（　　）
13. 付款凭证应由出纳人员填制。（　　）
14. 自制原始凭证和记账凭证必须由企业的会计人员填制。（　　）
15. 收、付款凭证既是出纳人员收付款项的依据,也是登记总账、库存现金日记账和银行存款日记账及有关明细账的依据。（　　）
16. 会计分录的编写是否正确是记账凭证审核的一项重要内容。（　　）
17. 发现以前年度记账凭证有错误,不必用红字冲销,直接用蓝字填制一张更正的记账凭证。（　　）
18. 每张记账凭证的后面至少要附有一张原始凭证。（　　）
19. 记账凭证的审核和编制可以是同一会计人员。（　　）
20. 发出材料汇总表是一种汇总记账凭证。（　　）

（四）业务题

1. 目的
练习会计凭证的应用。
2. 资料
青松公司20×7年7月份发生以下经济业务。
（1）1日,销售商品一批,价款20 000元,增值税税率17%,款项全部存入银行。
（2）3日,从银行提取现金30 000元,准备发放工资。
（3）11日,A公司交来一张25 000元的支票,归还前欠款,支票解入银行。
（4）15日,以现金支付本月房租2 800元。
（5）19日,借入短期借款50 000元,存入银行。
（6）22日,管理部门用支票购买办公用品3 500元。
（7）31日,预提本月应负担的借款利息1 200元。
（8）31日,计提管理用固定资产的折旧费3 000元。
3. 要求
（1）根据上述经济业务,确定应编制的记账凭证的种类。
（2）编制会计分录。

四、案例题

审计人员在检查某企业的管理费用明细账时,发现20×7年10月25日第75号凭证列支行政办公购置费36万,所附发票如下。

油墨　　　　　　　4万元
复印机配件　　　　32万元

该企业的转账支票将款项付给了某科技开发中心。仔细分析发票,发现两个疑点:为什么所开油墨无单价、数量,且金额很大,为什么所购复印机配件无明细单和单价、数量。从整个发票上看,有明显的凑数字的嫌疑。根据这一线索,审计人员到某科技开发中心进行调查核实,抽查了原发票存根联,发现所列油墨、复印机配件也没有单价和数量,经进一步核实,原来当时该企业没有从某科技开发中心购买发票上的油墨、复印机配件,而是购买了2台复印机,60台电脑,价值总计36万元。发票上所开的36万元实物,是顶抵复印机款和电脑款的。

要求:请你分析该企业的行为有什么错误。

五、练习题与案例题答案及解析

(一) 单项选择题

1. C　会计凭证按照其填制程序和用途不同来分类,可分为原始凭证和记账凭证。

2. A　原始凭证按其取得来源不同,可分为自制原始凭证和外来原始凭证。选项B和D为原始凭证按其填制手续不同划分的内容,选项C为记账凭证。

3. A　累计凭证是指在一定时期内多次记录发生的同类型经济业务的原始凭证。选项A属于累计凭证,选项B属于一次凭证,选项C和D属于汇总凭证。

4. C　一次凭证是指在经济业务发生时一次填制或取得的,只反映一笔或是若干笔同类性质的经济业务的原始凭证;而累计凭证是指在一定时期内多次记录不断重复发生的同类经济业务的原始凭证,两者的主要区别是累计凭证填制的手续是多次完成的,一次凭证填制的手续是一次完成的。

5. D　通用凭证可以是某一地区、某一行业,也可是全国通用。如某省(市)印制的发货票、收据等,在该省(市)通用;由人民银行制作的银行转账结算凭证,在全国通用等。

6. B　合同书不能证明经济业务已经完成,所以不能作为原始凭证。

7. B　按照规定,人民币符号"¥"与阿拉伯数字之间不得留有空白,所以,A选项写法不正确;大写金额数字有分的,分字后面不写"整"或"正"字,所以,C选项写法不正确;"人民币"字样和大写金额之间不得留有空白,所以,D选项写法不正确。

8. C　原始凭证有错误的,应当由出具原始凭证的单位重开或更正,更正处应当加盖出具原始凭证单位的印章。

9. D　根据同一原始凭证编制几张记账凭证的,应当在未附原始凭证的记账凭证上注明其原始凭证附在哪张记账凭证中。

10. A　发票是原始凭证,更改项目内容的属于不真实的原始凭证。

11. D　会计机构和会计人员对不真实、不合法的原始凭证和违法收支应当不予接受,并向单位负责人报告。

12. D　原始凭证的审核内容包括：审核原始凭证的真实性（对于外来原始凭证必须要有填制单位的公章和人员签章）；审核原始凭证的合法性（符合有关的审核程序）；审核原始凭证的合理性（符合有关的计划和预算）；审核原始凭证的正确性；审核原始凭证的完整性。原始凭证不涉及会计科目的使用。

13. C　记账凭证按其反映经济业务的内容不同，可以分为收款凭证、付款凭证和转账凭证。

14. D　付款凭证在凭证内反映的是借方科目，应填列与"库存现金"或"银行存款"相对应的科目。

15. A　单式记账凭证是指一笔经济业务涉及的科目分别填制在几张凭证上，一张凭证只做一个科目记账依据的记账凭证。

16. A　记账凭证是会计人员根据审核无误的原始凭证编制的，所以记账凭证和原始凭证反映的经济业务内容相同。

17. A　接受单位的名称是原始凭证的基本内容。

18. A　记账凭证是由会计人员根据审核无误的原始凭证填制的。

19. A　记账凭证的填制日期应为填制记账凭证当天的日期，记账凭证的填制日期与原始凭证的填制日期可能相同，也可能不同。本题中填制记账凭证的日期应为3月25日。

20. D　"库存现金"和"银行存款"之间相互划转的业务，从银行提取现金或者将现金存入银行，一般只编制付款凭证，不编制收款凭证。即将现金存入银行只编制库存现金付款凭证；从银行提取现金只编制银行存款付款凭证，而不再编制银行存款收款凭证或库存现金收款凭证，目的是避免重复记账。

21. B　出纳人员在办理收款或付款后，应在原始凭证上加盖"收讫"或"付讫"的戳记，以避免重收重付。

22. B　出纳人员应该根据审核无误的付款凭证付出货币资金。

23. C　因为预提利息时应借记财务费用，贷记应付利息，该笔业务未涉及货币资金的增减，故应编制转账凭证。

24. B　报销结清时，会计应记账，另开收据或退回借款单副本，不得退回原借款单或借款单正本。

25. C　转账凭证是指用于记录不涉及现金和银行存款业务的会计凭证。

26. B　付出现金或银行存款的业务需要编制付款凭证，所以贷方科目可能为库存现金或银行存款。

27. C　一笔经济业务需要填制两张以上记账凭证的，可以采用分数编号法编号。

28. B　记账凭证填制经济业务后，如有空行，应当自金额栏最后一笔金额数字下的空行处至合计数上的空行处划线注销。

29. B　收款凭证、付款凭证和转账凭证以及通用记账凭证均属于复式记账凭证。

30. D　记账凭证的借方科目为"本年利润"，贷方科目为"管理费用"，记录的是结转费用到本年利润，不需要附原始凭证。

31. A　根据规定，除结账和更正错误的记账凭证可以不附原始凭证外，其他记账凭证必须附有原始凭证。

32. D　所附原始凭证的张数的计算，一般以原始凭证的自然张数为准。如果原始凭证中附有原始凭证汇总表，则应把所附的原始凭证和原始凭证汇总表的张数一起计入附件的张数之内。

33. D　各种原始凭证，除由经办业务的有关部门审核以外，最后都要由会计部门进行审核。

34. B 会计凭证的保管是指会计凭证登账后的整理、装订、归档和存查工作。
35. B 根据《会计档案管理办法》的规定，会计凭证的保管期限一般应该为 30 年。

（二）多项选择题

1. ABD 会计凭证是记录经济业务、明确经济责任，据以登记账簿的书面证明。
2. ABCD 会计凭证的作用：反映经济业务的完成情况；明确经济责任；提供记账依据；监督经济活动。
3. ABC 外来原始凭证和自制原始凭证是根据取得来源不同分类的。
4. BCD 外来原始凭证是指在经济业务发生或者完成时，从其他单位或个人直接取得的原始凭证。选项 A 属于自制原始凭证。
5. BC 病假证明用于计算特殊情况下支付的工资，产量记录用于计算计件工资。
6. ABC 一次凭证是指一次填制完成、只反映一笔或是若干笔同类性质的经济业务的原始凭证。它是一次有效的凭证，即一经填写完毕就不能再次填写使用的凭证，例如：收据、发货票、收料单、领料单、工资结算单、借款单、银行结算凭证等。工资汇总表属于汇总凭证。
7. ABD 常见的汇总原始凭证有：收料凭证汇总表、发出材料汇总表、工资汇总表、差旅费报销单等。限额领料单属于累计凭证。
8. CD 专用凭证是指一些单位自行印制，仅在本单位使用的具有特定内容和专门用途的原始凭证，如"工资费用分配表"、"收料单"、"差旅费报销单"等。选项 A、B 属于通用凭证。
9. ABC 原始凭证的基本内容包括：原始凭证名称；填制凭证的日期及凭证的编号；接受凭证的单位名称；经济业务的内容摘要；经济业务的数量、计量单位、单价和金额；填制单位名称或填制人姓名；填制单位和经办人员签名或盖章。从外单位取得的原始凭证，应盖有填制单位的发票专用章。会计科目属于记账凭证的基本内容。
10. ABC 按照规定，阿拉伯数字一律填写到角、分；无角分的，写"00"或符号"—"；有角无分的，分位写"0"，不得用符号"—"代替。
11. ACD A、C、D 选项都符合填制会计凭证的要求，B 选项阿拉伯数字连笔书写表述错误，阿拉伯数字不能连笔书写。
12. AD 原始凭证有错误的，应当由出具原始凭证的单位重开或更正，更正处应当加盖出具原始凭证单位的印章。原始凭证金额有错误的不得更正，只能由出具原始凭证的单位重开。
13. ABCD 原始凭证的审核内容主要包括：真实性、合法性、合理性、完整性、正确性。选项 A 属于正确性的要求，选项 B 属于合理性的要求，选项 C 属于完整性的要求，选项 D 属于合法性的要求。
14. ABD C 选项"借贷方向和金额"是记账凭证的基本内容，不是原始凭证的基本内容。
15. ABC 记账凭证可以根据每一张原始凭证、若干张同类原始凭证或者原始凭证汇总表编制，但是不能根据不同内容和类别的原始凭证进行编制。
16. AD 登记账簿的直接依据应当是记账凭证，选项 B、C 属于原始凭证，是编制记账凭证的直接依据。
17. ABCD 记账凭证应有制单、审核、记账、会计主管等有关人员的签章，收款凭证和付款凭证还应有出纳人员签章。

18. ABD 对于涉及"库存现金"和"银行存款"之间的经济业务，一般只编制付款凭证。所以从银行提取现金的业务应该编制银行存款付款凭证。

19. CD 记账凭证上的日期是编制凭证的日期；对于涉及"库存现金"和"银行存款"之间的经济业务，一般只编制付款凭证。

20. AC 记账凭证可以根据一张原始凭证、若干张同类原始凭证汇总或者原始凭证汇总表编制，而不能将不同类型业务的原始凭证合并编制一张记账凭证。从银行提取现金时，应填制银行存款付款凭证，不应该填制现金收款凭证。

21. ABD 计提固定资产折旧费不涉及货币资金的增减，而A、B、D三笔业务都引起了货币资金的减少，故都应编制付款凭证。

22. BC 收款凭证左上角"借方科目"按收款的性质填写"库存现金"或"银行存款"。

23. BC 报销差旅费时，填制转账凭证，交回剩余现金需要填制收款凭证。

24. ACD 企业购入材料一批，应该及时填制收料单；货款支付是涉及库存现金或者银行存款付款的业务，应该填制付款凭证；材料验收入库，不涉及库存现金或银行存款的收款（或付款）业务，则应编制转账凭证。

25. ABD 记账凭证的审核内容主要包括是否符合原始凭证、会计分录是否正确、对应关系是否清晰、有关项目是否填列完备和有关人员签章是否齐全。C选项经济业务是否合法与合规、有无违法乱纪行为属于原始凭证的审核内容。

26. CD 会计凭证不得外借，其他单位如因特殊原因需要使用原始凭证时，经本单位会计机构负责人、会计主管人员批准，可以复制。向外单位提供的原始凭证复印件，应当在专设的登记簿上登记，并由提供人员和收取人员共同签名或者盖章。

27. BCD 会计凭证的传递，是指各种会计凭证从填制、取得到归档保管为止的全部过程，即在企业内部有关人员和部门之间传送、交接的过程。具体包括会计凭证的传递路线、会计凭证的传递时间和会计凭证的传递手续。

28. ABCD 会计凭证的保管应做到定期归档以便查阅；查阅会计凭证要有手续；保证会计凭证的安全完整以及办理了相关手续方可销毁。

（三）判断题

1. 错误 会计核算工作的起点是填制和审核会计凭证。
2. 错误 外来原始凭证都是一次凭证，自制原始凭证绝大多数是一次凭证。
3. 正确 如果企业生产两种或两种以上产品，则制造费用分配需要编制分配表，分配表是记账的原始依据。
4. 错误 原始凭证是登记账簿的原始依据，而记账凭证是登记会计账簿的直接依据。
5. 错误 原始凭证有错误的，应当由出具原始凭证的单位重开或更正，更正处应当加盖出具原始凭证单位的印章。
6. 错误 根据《会计法》第十四条规定，会计机构、会计人员对不真实、不合法的原始凭证有权不予接受，并向单位负责人报告，而不是在受理后再向单位负责人报告。
7. 错误 对于真实、合法、合理但内容不够完善、填写有错误的原始凭证，应退回给有关经办人员，由其负责将有关凭证补充完整、更正错误或重开后，再办理正式会计手续。

8. 错误　复式记账的会计分录能反映经济业务的来龙去脉，但是会计在填写记账凭证时仍然要填写"摘要"一栏。经济业务摘要是记账凭证的基本内容。

9. 正确　因为只有审核无误的原始凭证或原始凭证汇总表才能作为编制记账凭证的依据。

10. 错误　记账凭证可以根据每一张原始凭证、若干张同类原始凭证或者原始凭证汇总表编制，但是不能根据不同内容和类别的原始凭证进行编制。

11. 错误　在编制记账凭证时，应填写会计科目的名称，或者同时填写会计科目和编号，而不能只填写编号，不填会计科目。

12. 错误　记账凭证的填制日期是编制凭证的日期，原始凭证的填制日期是经济业务发生的日期，记账凭证的填制日期与原始凭证的填制日期可能相同，也可能不同。

13. 错误　付款凭证应由会计人员填制。

14. 错误　自制原始凭证由经办人员填制，记账凭证必须由企业的会计人员填制。

15. 正确　收、付款凭证是登记库存现金日记账、银行存款日记账以及有关明细账和总账等账簿的依据，也是出纳人员收付款项的依据。

16. 正确　编制记账凭证的主要目的是确定会计分录，为登记账簿提供依据。

17. 正确　已经登记入账的记账凭证，在当年内发现填写错误时，可以用红字填写一张与原内容相同的记账凭证，同时再用蓝字重新填写一张正确的记账凭证。发现以前年度记账凭证有错误的，不必用红字冲销，直接用蓝字填制一张更正的记账凭证。

18. 错误　结账或更正错误的记账凭证可以不附原始凭证。

19. 错误　记账凭证的审核和编制不能是同一会计人员。

20. 错误　发出材料汇总表是一种汇总原始凭证。

（四）业务题

(1) 银行存款收款凭证

借：银行存款	23 400
贷：主营业务收入	20 000
应交税费——应交增值税（销项税额）	3 400

(2) 银行存款付款凭证

借：库存现金	30 000
贷：银行存款	30 000

(3) 银行存款收款凭证

借：银行存款	25 000
贷：应收账款——A公司	25 000

(4) 现金付款凭证

借：管理费用	2 800
贷：库存现金	2 800

(5) 银行存款收款凭证

借：银行存款	50 000
贷：短期借款	50 000

(6) 银行存款付款凭证

借：管理费用	3 500

　　　　贷：银行存款　　　　　　　　　　　　　　　　　　　　　　　　3 500
　（7）转账凭证
　　　借：财务费用　　　　　　　　　　　　　　　　　　　　　　　　1 200
　　　　贷：应付利息　　　　　　　　　　　　　　　　　　　　　　　　1 200
　（8）转账凭证
　　　借：管理费用　　　　　　　　　　　　　　　　　　　　　　　　3 000
　　　　贷：累计折旧　　　　　　　　　　　　　　　　　　　　　　　　3 000

（五）案例题

（1）该企业在购买打印机和电脑时，在发票中将打印机和电脑写成油墨及复印机配件，违反了《中华人民共和国发票管理办法》第二十条"所有单位和从事生产、经营活动的个人在购买商品、接受服务以及从事其他经营活动支付款项，应当向收款方取得发票。取得发票时，不得要求变更品名和金额"的规定。发票应视为虚假发票，不能作为财务报销凭证。

（2）该企业弄虚假发票的行为，违反了《企业会计准则》对会计信息可靠性的质量要求。

（3）该企业把应列入固定资产核算的复印机和电脑列入了管理费用，少计了当年的利润，从而少纳税，税务部门应该追缴该企业的偷税款。

六、教材参考答案

练 习 题

1.

付款凭证

贷方科目：银行存款　　　　　　　20×7年3月×日　　　　　　　　编号：银付第1号

摘要	借方科目		金额	记账	附件2张
	一级科目	二级科目			
购进材料	材料采购	A材料	10 500	√	
	应交税费	应交增值税（进项税额）	1 700	√	
	合计		12 200		

会计主管：××　　记账：××　　出纳：××　　审核：××　　制单：××

转账凭证

20×7年3月×日　　　　　　　　　　　　　　　　　　编号：转第1号

摘要	一级科目	二级科目	借方金额	贷方金额	记账	附件1张
材料入库	原材料	A材料	10 500		√	
	材料采购	A材料		10 500	√	
	合计		10 500	10 500		

会计主管：××　　记账：××　　审核：××　　制单：××

2.

转账凭证

20×7年3月×日　　　　　　　　　　　　　　编号：转第2号

摘要	一级科目	二级科目	借方金额	贷方金额	记账	附件2张
购入设备	固定资产	设备	30 700		√	
	应交税费	应交增值税（进项税额）	5 100		√	
	应付账款			35 800	√	
	合计		35 800	35 800		

会计主管：×× 　　记账：×× 　　审核：×× 　　制单：××

说明：企业外购的固定资产，其成本包括买价、相关税费、使用固定资产达到预定可使用状态前发生的可归属于该项资产的运输费、装卸费、安装费和专业人员服务费等。自2009年1月1日起，增值税一般纳税人购进或自制固定资产发生的进项税额，可凭增值税专用发票从销项税额中抵扣。

3.

付款凭证

贷方科目：银行存款　　　　20×7年3月×日　　　　　　　　编号：银付第2号

摘要	借方科目		金额	记账	附件2张
	一级科目	二级科目			
支付设备款及运杂费	应付账款		35 800	√	
合计			35 800		

会计主管：×× 　记账：×× 　出纳：×× 　审核：×× 　制单：××

4.

转账凭证

20×7年3月×日　　　　　　　　　　　　　　编号：转第3号

摘要	一级科目	二级科目	借方金额	贷方金额	记账	附件1张
领用材料	生产成本	甲产品	3 000		√	
	原材料	A材料		3 000	√	
	合计		3 000	3 000		

会计主管：×× 　　记账：×× 　　审核：×× 　　制单：××

5.

转账凭证

20×7年3月×日　　　　　　　　　　　　　　编号：转第4号

摘要	一级科目	二级科目	借方金额	贷方金额	记账	附件1张
销售产品	应收账款	浦发公司	63 180		√	
	主营业务收入			54 000	√	
	应交税费	应交增值税（销项税额）		9 180	√	
	合计		63 180	63 180		

会计主管：×× 　　记账：×× 　　审核：×× 　　制单：××

付款凭证

贷方科目：银行存款　　　　　　　　20×7年3月×日　　　　　　　　编号：银付第3号

摘要	借方科目		金额	记账	附件2张
	一级科目	二级科目			
代垫运杂费	应收账款	浦发公司	500	√	
合计			500		

会计主管：××　　记账：××　　出纳：××　　审核：××　　制单：××

6.

转账凭证

　　　　　　　　　　　　　　20×7年3月×日　　　　　　　　编号：转第5号

摘要	一级科目	二级科目	借方金额	贷方金额	记账	附件1张
计提折旧费	制造费用	折旧费	4 000		√	
	管理费用	折旧费	2 000		√	
	累计折旧			6 000	√	
合计			6 000	6 000		

会计主管：××　　记账：××　　审核：××　　制单：××

7.

付款凭证

贷方科目：银行存款　　　　　　　　20×7年3月×日　　　　　　　　编号：银付第4号

摘要	借方科目		金额	记账	附件2张
	一级科目	二级科目			
支付水电费	制造费用	水电费	8 000	√	
	管理费用	水电费	1 200	√	
合计			9 200		

会计主管：××　　记账：××　　出纳：××　　审核：××　　制单：××

8.

付款凭证

贷方科目：银行存款　　　　　　　　20×7年3月×日　　　　　　　　编号：银付第5号

摘要	借方科目		金额	记账	附件1张
	一级科目	二级科目			
提取现金	库存现金		18 000	√	
合计			18 000		

会计主管：××　　记账：××　　出纳：××　　审核：××　　制单：××

案例分析

（1）借款单存在3处错误：人民币大写错误；人民币符号与数字间不应该留有空格；数字后不需要写"元"字。

正确的借款单如下。

第四章　会计凭证

借款单

20×7 年 10 月 18 日

借款人	刘×	部门	销售科
借款事由	到上海开会		
借款金额	人民币(大写)贰仟壹佰伍拾元整	￥2 150.00	
批准	李×	经手人	刘×

（2）

付款凭证

贷方科目：库存现金　　　　　20×7 年 10 月 18 日　　　　　编号：现付第×号

摘要	借方科目		金额									记账	附件1张
	一级科目	二级科目	千	百	十	万	千	百	十	元	角	分	
刘×到上海开会	其他应收款	刘×					2	1	5	0	0	0	√
	合计					￥	2	1	5	0	0	0	

会计主管：××　　　记账：××　　　出纳：××　　　审核：××　　　制单：××

第五章

会计账簿

❋ 一、本章知识结构图

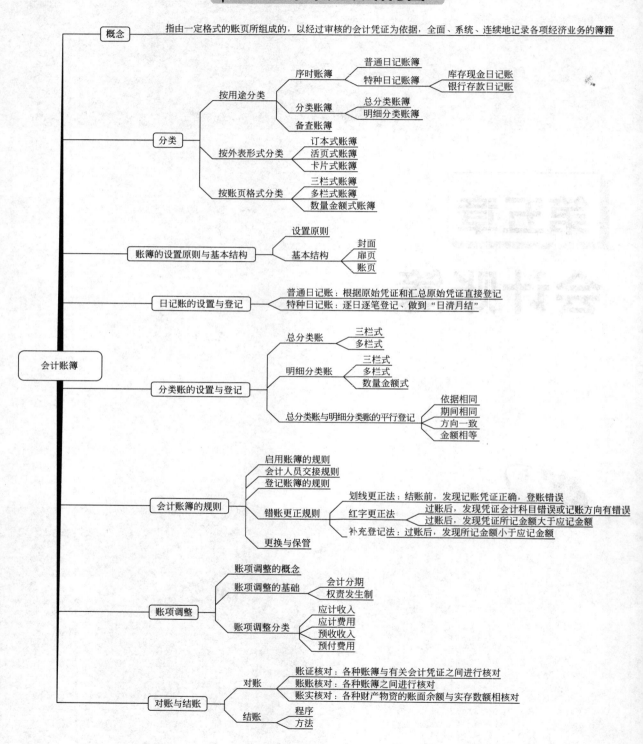

② 二、疑难解答

1. 单位成立初始设置会计账簿需要做哪些准备工作？

答：单位成立初始设置会计账簿需要做好以下准备工作。

（1）熟悉单位的经营规模、经营业务繁简情况。

（2）熟悉单位会计岗位的设置、人员配备情况。

（3）根据单位的经营规模、经营业务繁简，正确选择本单位适用的账务处理程序。

（4）根据会计准则，结合本单位的具体情况，制定本单位的会计制度。

（5）根据本单位的经营规模、经营业务、会计岗位的设置及人员配备等情况，结合本单位选择的账务处理程序，确定设置账簿的种类、格式、数量。

（6）根据确定设置的账簿种类、格式、数量，购买账簿，并将活页的账页用账页夹装订成册，以备使用。

2. 如何理解我国企业的会计账簿体系？

答：企业应当结合其经济业务的基本内容、会计信息使用者的客观需要和企业内部经营管理的具体要求，建立完整的会计账簿体系。在我国，企业至少应当设立分类账和日记账两类账。在分类账中，强调按类别、分类地记录企业的经济交易与事项，分类账包括总分类账和明细分类账；在日记账中，则强调按经济交易与事项发生的先后顺序进行记录。在会计账簿体系中，总分类账是核心账簿，总分类账记录的结果与相关的明细分类账记录、日记账记录结果构成相互制约的关系。

3. 启用账簿有哪些基本要求？

答：启用账簿应遵循以下基本要求。

（1）填写启用日期和启用账簿的起止页数。如启用的是订本式账簿，起止页数已经印好不需要再填；启用活页式账簿，起止页数可等到装订成册时再填。

（2）填写记账人员姓名和会计主管人员姓名并加盖印章，以示负责。

（3）加盖单位财务公章。

（4）当记账人员或会计主管人员工作变动时，应办好账簿移交手续，并在启用表上明确记录交接日期及接办人、监交人的姓名，并加盖公章。

4. 所有的账簿都需要根据记账凭证登记吗？

答：并不是所有的账簿都需要根据记账凭证登记。账簿按其用途不同可分为序时账簿、分类账簿和备查账簿三类，序时账簿是按照经济业务发生或完成时间的先后顺序，逐日逐笔进行登记的账簿；分类账簿是对全部经济业务按照会计要素的具体类别进行分类登记的账簿；备查账簿是对某些在序时账簿和分类账簿中不能登记或登记不全的经济业务进行补充登记的账簿。

备查账簿与序时账簿和分类账簿相比，存在两点不同：一是登记依据可能不需要记账凭证，甚至不需要一般意义上的原始凭证；二是账簿的格式和登记方法不同，备查账簿的主要栏目不记录金额，它更注重用文字来表达某项经济业务的发生情况。

5. 哪些账户需要结出本月合计或本年合计？

答：（1）库存现金、银行存款日记账平时只需结计本月发生额合计数，12月末既需结计本月发生额合计数，也要结计本年发生额合计数。

结账时在最后一笔经济业务记录下面划一条单红线，结计本月发生额合计数，在摘要栏内注明"本月合计"字样，在下面再划一条通栏红线。

（2）收入、支出、费用类等明细账户既要结计本月发生额合计数，又要结计本年累计发生额合计数（每年的第一个月末，不需要结计本年累计发生额合计数，第一个月只有一笔业务的既不需要结计本月发生额合计数，也不需要结计本年累计发生额合计数）。

结账时，先在本月最后一笔经济业务记录下面划一条通栏红线，结出本月发生额合计数，在摘要栏内注明"本月合计"字样，再在"本月合计"行下结出自年初起至本月末止的累计发生额合计数，登记在"本月合计"行下面，在摘要栏内注明"本年累计"字样，再在下面划一条通栏红线。

（3）总账账户和其余的明细账户，平时只需结出月末余额，月末结账时，在本月最后一笔经济业务记录之下划一条红色单线，不需结计本月发生额合计数和本年累计发生额合计数。

6. 怎样把账户余额结转至下年？

答：年度终了结账时，有余额的账户的余额，直接记入新账余额栏内即可。

对于新的会计年度建账问题，一般来说，总账、日记账和多数明细账应每年更换一次。但有些财产物质明细账和债权债务明细账，由于材料品种、规格和往来单位较多，更换新账，重抄一遍工作量较大，因此，可以跨年度使用，不必每年更换一次。各种备查簿也可以连续使用。

7. 会计上正常记录用什么字？红字、蓝字各代表什么意思？

答：正常是蓝字或者黑字，用蓝黑墨水或者碳素墨水书写，这样不易褪色，红字是冲销用的，就是用红字代表负数的意思。

下列情况，可以用红色墨水记账：

（1）按照红字冲账的记账凭证，冲销错误记录；
（2）在不设借贷等栏的多栏式账页中，登记减少数；
（3）在三栏式账户的余额栏前，如未印明余额方向的，在余额栏内登记负数余额；
（4）根据国家统一会计制度的规定可以用红字登记的其他会计记录。

8. 登记账簿"过次页"和"承前页"时，应注意哪些问题？

答："过次页"顾名思义就是将本页账簿的内容结转到下页，"承前页"则是承继前面账簿内容的意思。在会计记录中，一般不可能在同一账页里完成所有的经济业务，因此需要分页记录。"过次页"和"承前页"两者相辅相成，在账簿登记中前呼后应，起到了承前启后的作用。"过次页"和"承前页"使分页的会计记录得以衔接，使账簿所载业务内容有了一致性和连贯性，从而保证了账簿的清晰和条理。否则，会计记录就会显得杂乱无章，次序混乱。

"过次页"和"承前页"还有平衡账簿登记工作量，加快会计信息处理的功能。在一个会计期间内，经济业务的发生是大量的和经常的，账簿的登记也随之变成经常和大量的事了。然而，根据会计惯例和会计制度的规定，结账却是在一定时日（月末、季末、年末）进行的。如果等到会计期末再从会计期初发生的业务一笔一笔加总当期发生的全部经济业务，显然是一项费时费力的工作，同时还影响诸如财务报表等会计信息的处理速度。通过"过次页"和"承前页"则可以使汇总、加计工作在日常工作中即可以加以消化，均衡会计核算工作量，加快了会计信息处理速度。

在实际工作中，"过次页"是将本月初至本页倒数第二行的借贷方发生额合计数与目前的余额写在本页末行，并在摘要栏注明"过次页"；而"承前页"是在次页的第一行抄写上页"过次页"行的借贷方发生额和余额，并在摘要栏注明"承前页"字样。

在实际操作中,需要注意的几个问题如下。

(1)"过次页"的借贷方合计数与本页中间的"本月合计"、"本季合计"、"本年累计"之间没有衔接关系,故"过次页"的借贷方合计数不应包括本页中间的"本月合计"、"本季合计"、"本年累计"。

(2)如果"过次页"行正好是"本月合计"、"本季合计"、"本年累计"的话,此时合计数或累计数则不必转入次页。本页末行和次页第一行自然就不必写"过次页"和"承前页"。否则,就有点画蛇添足。

(3)倘若"过次页"的上一行是"本月合计"、"本季合计"、"本年累计",最后一行数字则无需合计,因为合计数就是其本身。此时,最后一行可不写"过次页"字样,可直接在下页第一行写上上页最后一行数字,在摘要栏填写上"承前页"字样。

(4)现金日记账和银行存款日记账虽然是日清月结,但当日的会计记录超过一页时,同样要填写"过次页"和"承前页"。

(5)对于像材料等不需要本月发生额合计数和全年发生额合计数的多栏式明细账,每页末的余额也要填写"过次页"和"承前页"。

(6)费用明细账虽然每月一结,倘使当月记录超过一页的也要填写"过次页"和"承前页"。

9. 总分类账和明细分类账的平行登记是否影响它们之间的平衡关系?

答:所谓平行登记是指对所发生的每项经济业务,都要以会计凭证为依据,一方面记入有关的总分类账户;另一方面记入有关总分类账户所属明细分类账户的方法。它们依据相同、方向相同、期间和金额也相同。平行登记既可以满足管理上对总括会计信息和详细会计信息的需求,又可以检验账户记录的完整性和正确性。平行登记并不影响总分类账户对明细分类账户的统驭作用,也不影响明细分类账户对总分类账户的补充说明作用。

10. 账簿记录期末调整的依据及其内容是什么?

答:期末账项调整的依据是会计分期假设以及权责发生制。会计分期假设不仅为定期结账提供了理论依据,同时也为跨期项目的产生奠定了基础。跨期项目是指经济交易与事项发生引起的、同时影响到几个会计期间会计确认与计量事项的收入和费用项目。跨期项目产生的客观原因是与收入或费用项目相关的货币资金收付时间同其受益期不一致。从内容来看,跨期项目包括跨期收入项目和跨期费用项目。对跨期项目按权责发生制要求进行会计处理,主要形成递延项目和应计项目。递延项目是指在费用的收益期或收入权利形成之前预先支付或收取货币资金而形成的跨期项目,其包括预付费用和预收收入。应计项目是指费用的责任已经产生、取得收入的权利已经形成,但在以后的会计期间才实际支付或收到货币资金的跨期项目,其包括应计费用和应计收入。

期末账项调整依据及内容

会计期间		权责发生制	
		收入	费用
递延项目	先收(付)	预收收入(如预收账款)	预付费用(如预付房屋租金)
应计项目	后收(付)	应计收入(如应收利息)	应计费用(如应付职工薪酬)

在权责发生制下,为了正确计算当期损益,在各个会计期末必须对这些跨期项目予以调整,以便正确确定各个期间的收入、费用和利润数额。

11. 如何理解计提费用？

答：按权责发生制基础的要求，应该由本期负担的费用，无论款项是否在本期支付都应该计入本期。如果某项应该由本期负担的费用计入了本期，但款项未在本期支付，这种处理费用的方法就叫计提费用。比如银行借款利息，银行借款利息是按月计息，按季支付。每季前两个月的借款利息虽然没有支付，但因前两个月已经使用借款，所以，前两个月必须负担借款利息，即每个月末必须作如下分录。

借：财务费用
　　贷：应付利息

对利息费用的这种处理方法就叫计提利息费用。类似的还有计提折旧费用、计提人工费用等。

计提费用是贯彻执行权责发生制基础的具体体现。计提费用重在"计"，即有实际根据，可以计算，费用属于本期。

三、练习题

（一）单项选择题

1. 下列项目中，（　　）是连接会计凭证和财务报表的中间环节。
   A. 复式记账　　　　　　　　　　B. 设置会计科目和账户
   C. 设置和登记账簿　　　　　　　D. 编制会计分录

2. 账簿按用途不同可以分为三类，下列分类正确的是（　　）。
   A. 三栏式账簿、多栏式账簿和数量金额式账簿
   B. 序时账簿、分类账簿、备查账簿
   C. 订本式账簿、活页式账簿、卡片式账簿
   D. 序时账簿、分类账簿、数量金额式账簿

3. 下列科目的明细账格式应采用"借方多栏式"的是（　　）。
   A. 营业外收入　　B. 原材料　　C. 应交税费　　D. 营业外支出

4. 企业销售费用明细账通常采用的格式是（　　）。
   A. 卡片式　　B. 多栏式　　C. 数量金额式　　D. 三栏式

5. 卡片账一般适宜于（　　）采用。
   A. 应收账款明细账　　　　　　　B. 库存商品明细账
   C. 固定资产明细账　　　　　　　D. 收入类明细账

6. 对序时账和分类账中不能记载的各项，需要进行补充登记的账簿是（　　）。
   A. 日记账　　B. 总分类账　　C. 备查账　　D. 卡片账

7. 下列做法错误的是（　　）。
   A. 现金日记账采用三栏式账簿　　　B. 库存商品明细账采用数量金额式账簿
   C. 生产成本明细账采用三栏式账簿　D. 制造费用明细账采用多栏式账簿

8. 登记账簿的依据是（　　）。
   A. 原始凭证　　B. 记账凭证　　C. 会计凭证　　D. 审核无误的会计凭证

9. 红色墨水在下列（　　）情况下不得使用。
   A. 冲销错账　　B. 突出重要数据　　C. 表示反方向　　D. 结账划线

10. 在登记账簿过程中，每一账页的最后一行及下一页第一行都要办理转页手续，是为了（　　）。
    A. 便于查账　　　　B. 防止遗漏　　　　C. 防止隔页　　　　D. 保持记录的连续性
11. 现金日记账和银行存款日记账，每一账页登记完毕结转下页时，结计"过次页"的本页合计数应当为（　　）的发生额合计数。
    A. 本页　　　　　　　　　　　　B. 自本月初起至本页末止
    C. 本月　　　　　　　　　　　　D. 自本年初起至本页末止
12. 不能作为登记银行存款日记账依据的是（　　）。
    A. 银行收款凭证　　　　　　　　B. 银行付款凭证
    C. 银行存款收付的原始凭证　　　D. 转账凭证
13. 在我国，现金日记账和银行存款日记账要选用（　　）。
    A. 订本式账簿　　B. 活页式账簿　　C. 卡片式账簿　　D. 自己认为合适的账簿
14. 从银行提取现金，登记现金日记账的依据是（　　）。
    A. 现金收款凭证　　　　　　　　B. 现金付款凭证
    C. 银行存款付款凭证　　　　　　D. 银行存款收款凭证
15. 在登记账簿时，如果经济业务发生日期为20×7年11月12日，编制记账凭证日期为11月16日，登记账簿日期为11月17日，则账簿中的"日期"栏登记的时间为（　　）。
    A. 11月12日　　　　　　　　　　B. 11月16日
    C. 11月17日　　　　　　　　　　D. 11月16日或11月17日均可
16. 登记账簿时，错误的做法是（　　）。
    A. 文字和数字的书写占格距的1/2　　B. 使用圆珠笔书写
    C. 用红字冲销错误记录　　　　　　　D. 在发生的空页上注明"此页空白"
17. 下列表述中，正确的是（　　）。
    A. 明细账根据明细分类科目设置
    B. 总账的余额不一定等于其所属明细账的余额合计数
    C. 所有资产类总账的余额合计数应等于所有负债类总账的余额合计数
    D. 现金日记账实质上就是现金的总账
18. 登记总分类账和明细分类账的方法是（　　）。
    A. 平行登记法　　B. 汇总登记法　　C. 分类登记法　　D. 逐笔登记法
19. 总分类账户与明细分类账户平行登记四要点中的"依据相同"是指（　　）。
    A. 总分类账要根据明细分类账进行登记
    B. 明细分类账要根据总分类账进行登记
    C. 根据同一会计凭证登记
    D. 由同一人员进行登记
20. 下列对账工作，属于账实核对的是（　　）。
    A. 总分类账与序时账核对
    B. 总分类账与所属明细分类账核对
    C. 会计部门存货明细账与存货保管部门明细账核对
    D. 财产物资明细账账面余额与财产物资实有数额核对
21. 企业结账的时间应为（　　）。
    A. 每项交易或事项办理完毕时　　B. 每一个工作日终了时
    C. 一定时期终了时　　　　　　　D. 财务报表编制完成时

22. 关于结账说法正确的是（　　）。
   A. 为了保证编制财务报表的及时性，企业可以提前结账
   B. 结账就是把所有账户都结平
   C. 年度结账时在本年合计行下通栏划双红线
   D. 结账时，对没有余额的账户应在"借"或"贷"余额方向栏内写"无"字
23. 需要结计本年累计发生额的某些明细账户，每月结账时，应在"本月合计"行下结出（　　）的累计发生额，登记在月份发生额的下面。
   A. 自年初起至本月末止　　　B. 自月初起至本月末止
   C. 自年初起至本年末止　　　D. 自月初起至本年末止
24. 对于现金及银行存款日记账，月末结账时应在"本月合计"栏划（　　）。
   A. 上下通栏单红线　　　　　B. 下面通栏单红线
   C. 下面划双红线　　　　　　D. 金额栏内划单红线
25. 在用划线更正法进行更正时，正确的文字或数字应该用（　　）填写。
   A. 红字　　　B. 蓝字　　　C. 直接涂改　　　D. 铅笔
26. 下列账簿记录情况中，可以用划线更正法更正错误的是（　　）。
   A. 在结账前发现账簿记录有文字或数字错误，而记账凭证没有错误
   B. 登账后发现记账凭证中会计科目发生错误
   C. 登账后发现记账凭证中科目正确但所记金额小于应记金额
   D. 登账后发现记账凭证中应借、应贷方向发生错误
27. 企业生产车间因生产产品产生生产工人工资 70 000 元，在填制记账凭证时，将借方科目记为"管理费用"并已登记入账，应采用的错账更正方法是（　　）。
   A. 补充登记法　　B. 红字更正法　　C. 划线更正法　　D. 重填记账凭证法
28. 会计账簿暂由本单位财务会计部门保管（　　），期满之后，由财务会计部门编造清册移交本单位的档案部门保管。
   A. 1年　　　B. 3年　　　C. 5年　　　D. 10年
29. 下列账簿中，可以跨年度连续使用的是（　　）。
   A. 总账　　　B. 备查账　　　C. 日记账　　　D. 多数明细账
30. 下列项目中，属于预付费用的有（　　）。
   A. 预付财产保险费　B. 预付货款　C. 预付定金　D. 预付差旅费
31. 下列项目中，属于本期收入尚未收到款项的账项调整项目是（　　）。
   A. 银行借款利息　B. 银行存款利息　C. 预收账款　D. 预付账款
32. 下列项目中，属于本期费用尚未支付款项的账项调整项目是（　　）。
   A. 银行借款利息　B. 银行存款利息　C. 预收账款　D. 预付账款

（二）多项选择题

1. 下列各项中，关于会计账簿和账户的关系说法正确的有（　　）。
   A. 账户存在于账簿之中　　　B. 账簿中的每一账页是账户的存在形式
   C. 账簿序时、分类地记载经济业务　D. 账簿不只是一个外在形式
2. 可采用三栏式明细分类账核算的是（　　）。
   A. 原材料　　　B. 实收资本　　　C. 生产成本　　　D. 短期投资
3. 下列适合采用多栏式明细账格式核算的是（　　）。
   A. 原材料　　　B. 制造费用　　　C. 应付账款　　　D. 管理费用

4. 关于账簿的运用，说法正确的是（　　）。
   A. 现金及银行存款日记账必须用订本账　B. 总账用订本账
   C. 明细账用活页账　　　　　　　　　　D. 备查账用卡片账
5. 下列各项中，一般应采用数量金额式明细账登记的有（　　）。
   A. 库存商品明细账　　　　　　　　　　B. 原材料明细账
   C. 应收账款明细账　　　　　　　　　　D. 固定资产明细账
6. 下列说法正确的是（　　）。
   A. 应收账款明细账可以采用三栏式格式
   B. 原材料明细账可以采用数量金额式格式
   C. 生产成本明细账可以采用数量金额式格式
   D. 利润分配明细账可以采用多栏式格式
7. 下列各项关于会计账簿的基本内容中，说法正确的有（　　）。
   A. 账簿的封面主要注明单位名称和账簿的名称
   B. 账簿的扉页主要用来标明会计账簿的使用信息
   C. 账簿的账页是用来记录经济业务事项的载体
   D. 账簿的账页格式因反映经济业务内容的不同而不同
8. 会计账簿由若干账页组成，下列各项属于账页内容的是（　　）。
   A. 账户的名称　　　　　　　　　　　　B. 登记账簿的日期栏
   C. 摘要栏　　　　　　　　　　　　　　D. 总页次和分户页次栏
9. 下列情况可以用红色墨水记账的是（　　）。
   A. 按照红字冲账的记账凭证，冲销错误记录
   B. 在不设借贷等栏的多栏式账页中，登记减少数
   C. 在三栏式账户的余额栏前，印明余额方向的，在余额栏内登记负数余额
   D. 在三栏式账户的余额栏前，未印明余额方向的，在余额栏内登记负数余额
10. 下列说法正确的是（　　）。
    A. 凡需要结出余额的账户，结出余额后，应当在"借或贷"栏内注明"借"或"贷"字样
    B. 没有余额的账户，应当在"借或贷"栏内写"—"
    C. 现金日记账必须逐日结出余额
    D. 银行存款日记账必须逐日结出余额
11. 关于现金日记账和银行存款日记账在格式和登记方法上相同的地方有（　　）。
    A. 都是由出纳人员登记
    B. 都是按时间顺序登记
    C. 逐日结出余额
    D. 对于库存现金存入银行业务，填制库存现金付款凭证或银行存款收款凭证均可
12. 必须逐日结出余额的账簿是（　　）。
    A. 现金总账　　B. 银行存款总账　　C. 现金日记账　　D. 银行存款日记账
13. 下列可以作为现金日记账借方登记的依据的是（　　）。
    A．现金收款凭证　　　　　　　　　　B. 现金付款凭证
    C. 银行存款收款凭证　　　　　　　　D. 银行存款付款凭证
14. 下列选项中，（　　）明细账既可以逐日逐笔登记，也可以定期汇总登记。
    A. 固定资产　　B. 库存商品　　C. 应收账款　　D. 管理费用

15. 不同类型经济业务的明细分类账，可根据管理需要，依据（　　）逐日逐笔登记或定期登记。
    A. 记账凭证　　　B. 科目汇总表　　　C. 原始凭证　　　D. 汇总原始凭证
16. 下列关于平行登记的说法正确的是（　　）。
    A. 总账账户的期初余额＝明细账账户期初余额合计
    B. 总账账户的金额＝其所属明细分类账户的合计
    C. 总账账户的本期发生额＝所属明细账户本期发生额合计
    D. 总账账户的期末余额＝所属明细账账户期末余额合计
17. 总分类账户与明细分类账户平行登记的要点包括（　　）。
    A. 依据相同　　　B. 方向一致　　　C. 期间相同　　　D. 金额相等
18. 对账的内容包括（　　）。
    A. 证证核对　　　B. 账证核对　　　C. 账账核对　　　D. 账表核对
19. 下列属于对账的是（　　）。
    A. 账簿记录与原始凭证之间的核对
    B. 总分类账簿与其所属明细分类账簿之间的核对
    C. 现金日记账的期末余额合计与现金实有数的核对
    D. 财产物资明细账账面余额与财产物资实存数额的核对
20. 下列对账工作，描述账证核对说法正确的是（　　）。
    A. 账证核对是对会计账簿记录与原始凭证、记账凭证的各项内容进行核对
    B. 通常在日常编制凭证和记账过程中进行
    C. 是追查会计记录正确与否的最终途径
    D. 如果账账不符，可以将账簿记录与有关会计凭证进行核对
21. 下列项目属于账实核对的有（　　）。
    A. 现金日记账账面余额与库存现金实存数是否相符
    B. 各项财产物资明细账余额与财产物资的实有数额是否相符
    C. 银行存款日记账账面余额与银行对账单的余额是否相符
    D. 有关债权债务明细账账面余额与本单位总账账面余额是否相符
22. 下列对账工作，属于企业账账核对的有（　　）。
    A. 总分类账与所属明细分类账核对
    B. 银行存款日记账与银行对账单核对
    C. 债权债务明细账与对方单位账面记录核对
    D. 会计部门存货明细账与存货保管部门明细账核对
23. 结账的程序包括（　　）。
    A. 将本期内发生的经济业务全部登记入账
    B. 根据权责发生制的要求，调整有关账项，合理确定本期应计的收入和应计的费用
    C. 将损益类科目记入"本年利润"科目，结平所有损益类科目
    D. 结算出日记账、总账、明细账的本期发生额和期末余额
24. 必须按月结计发生额的账簿是（　　）。
    A. 现金总账　　　B. 银行存款总账　　　C. 现金日记账　　　D. 银行存款日记账
25. 账簿记录发生错误，可以采用的方法有（　　）。
    A. 重填抄写　　　B. 红字更正法　　　C. 划线更正法　　　D. 补充登记法

26. 下列各项，可采用红字更正法进行更正的有（　　）。
  A. 结账前发现记账凭证中某一金额应为723.50，实际记录为273.50
  B. 结账前发现某记账凭证借贷方会计科目记颠倒，其他无误
  C. 结账前发现会计账簿中某金额应记为1 000，实际记录为100，其他无误
  D. 结账前发现某记账凭证应记金额为2 500，实际记录为25 000，其他无误
27. 对于划线更正法，下列说法正确的是（　　）。
  A. 对于文字错误，应当全部划红线更正
  B. 对于错误的数字，应当全部划红线更正
  C. 对于文字错误，可只划去错误的部分
  D. 对于错误的数字，可以只更正其中的错误数字
28. 收回货款1 500元存入银行，记账凭证误填为15 000元，并已入账。错误的更正方法是（　　）。
  A. 采用划线更正法
  B. 用蓝字借记"银行存款"，贷记"应收账款"
  C. 用蓝字借记"应收账款"，贷记"银行存款"
  D. 用红字借记"银行存款"，贷记"应收账款"
29. 出纳人员可以登记和保管的账簿是（　　）。
  A. 现金日记账　　　　　　　　B. 银行存款日记账
  C. 现金总账　　　　　　　　　D. 银行存款总账
30. 下列关于会计账簿的更换和保管正确的有（　　）。
  A. 总账、日记账和多数明细账每年更换一次
  B. 变动较小的明细账可以连续使用，不必每年更换
  C. 备查账不可以连续使用
  D. 会计账簿由本单位财务会计部门保管半年后，交由本单位档案管理部门保管
31. 期末账项调整项目包括（　　）。
  A. 应计收入　　B. 应计费用　　C. 预计收入　　D. 预计费用
32. 按照权责发生制的要求，下列应作为本期费用的是（　　）。
  A. 预付下年度保险费　　　　　B. 尚未付款的本月借款利息
  C. 采购员报销的差旅费　　　　D. 支付上期应付的水电费
33. 下列项目中，属于应计收入的有（　　）。
  A. 应收利息　　B. 预收账款　　C. 应收租金　　D. 预收房屋租金

（三）判断题

1. 会计账簿是指由一定格式账页组成的，以会计凭证为依据，全面、系统、连续地记录各项经济业务的簿籍。（　　）
2. 我国《会计法》规定，每个单位必须依法设置日记账、总账以及明细账。（　　）
3. 活页式账簿便于账页的重新排列和记账人员的分工，但账页容易散失和被随意抽换。（　　）
4. 备查账簿是对某些在日记账和分类账中未能记录的事项进行补充登记的账簿，因此，各单位必须设置。（　　）
5. "生产成本"明细账一般用多栏式，"制造费用"明细账一般用三栏式。（　　）
6. 银行存款日记账一定是订本式账簿，其账页的设置可以采用三栏式，也可以采用多

栏式。（　）

7. 企业的序时账簿和分类账簿必须采用订本账。（　）
8. 为便于管理，"应收账款"、"应付账款"的明细账必须采用多栏式明细分类账格式。（　）
9. 现金日记账应由出纳人员登记，银行存款日记账应由会计人员登记。（　）
10. 登记账簿必须使用蓝黑墨水或者碳素墨水并用钢笔书写，绝对不得使用圆珠笔或者铅笔书写。（　）
11. 会计账簿应当按照连续编号的页码顺序登记。会计账簿发生错误或者隔页、缺号、跳行的，不得对会计账簿进行更正，只能重新更换会计账簿。（　）
12. 总分类账户和明细分类账户主要的区别是登记的原始依据及详细程度不同。（　）
13. 现金日记账的日期栏，应填写记账凭证上的日期，也就是编制该记账凭证的日期。（　）
14. 在未设借贷栏的多栏式账页中，可以用红色墨水登记减少数。（　）
15. 明细账一般是逐笔登记，也可以定期汇总登记。（　）
16. 明细账既可以根据原始凭证或原始凭证汇总表登记，也可以根据记账凭证登记。（　）
17. 银行存款日记账的登记依据只能是银行收款凭证和银行付款凭证。（　）
18. 为了满足企业管理的需要，企业的明细账设置得越细越好。（　）
19. 根据总账与明细账的平行登记要求，每项经济业务必须在同一天登记明细账和总账。（　）
20. 对账，就是核对账目，即对各种会计账簿之间相对应记录进行核对。（　）
21. 任何单位，对账工作应该每年至少进行一次。（　）
22. 企业应收应付款明细账与对方单位账户记录核对属于账账核对。（　）
23. 会计部门的财产物资明细账期末余额与财产物资使用部门的财产物资明细账期末余额相核对，属于账实核对。（　）
24. 结账时，没有余额的账户，应当在"借或贷"栏内用"0"表示。（　）
25. 结账在期末进行，但企业为赶编财务报表可以提前结账。（　）
26. 对于更换新账的，应在新账中注明结转字样，并将上年余额计入"余额"栏内；此外，新旧账有关账户之间转记余额，需要编制记账凭证。（　）
27. 由于编制的记账凭证会计科目错误，导致账簿记录错误，更正时，可以将错误的会计科目划红线注销，然后，在划线上方填写正确的会计科目。（　）
28. 在填制记账凭证时，误将8 600元记为6 800元，并已登记入账，月终结账前发现错误，更正时应采用红字更正法。（　）
29. 补充登记法适用于记账人员在记账时所记金额小于应记金额的情况。（　）
30. 固定资产明细账不必每年更换，可以连续使用。（　）
31. 年度终了，各种账簿都应当换新账，以便正确划分会计期间。（　）
32. 在收付实现制下，不需要对账簿记录进行期末账项调整。（　）
33. 调整会计分录的特点是一方面影响资产负债表项目；另一方面影响利润表项目。（　）

（四）业务题

练　习　一

1. 目的

练习登记银行存款日记账和结账。

2. 资料

万家公司 20×7 年 2 月 27 日银行存款日记账的记录见下表。

银行存款日记账

20×7 年		凭证号数	摘要	对方科目	收入	支出	余额
月	日						
2	27	（略）	承前页		60 000	20 000	80 000

2 月 28 日～3 月 2 日发生下列收支业务。

（1）2 月 28 日收到甲公司用转账支票支付的前欠货款 30 000 元。

（2）2 月 29 日以银行存款归还本月到期的短期借款 10 000 元。

（3）3 月 1 日出售给乙公司产品一批，价款 50 000 元，增值税 8 500 元，乙公司以转账支票支付了全部款项。

（4）3 月 2 日以银行存款支付前欠 B 公司货款 6 000 元。

3. 要求

（1）根据上述业务编制会计分录。

（2）登记银行存款日记账，并进行 2 月份的"月结"。

（3）3 月 2 日的业务登记后，假定该账页已用完，请结计"过次页"。

练 习 二

1. 目的

练习期末账项调整。

2. 资料

银华公司 20×7 年 3 月发生下列经济业务。

（1）出租暂时闲置的固定资产，预收租金 30 000 元已存入银行，租期 6 个月。

（2）预计本月银行存款利息收入 4 200 元。

（3）预计本月银行存款利息支出 1 500 元。

（4）登记本月已实现的出租固定资产的租金收入。

（5）本月应纳增值税额 40 000 元，按照应纳增值税额的 7％和 3％计算并结转本月应交的城市维护建设税和教育费附加。

3. 要求

编制账项调整会计分录。

四、案例题

永丰公司生产 A 产品，构成 A 产品实体的主要材料为乙材料，其次为甲材料和丙材料。该公司对原材料采取定向采购策略，其中甲材料自友谊公司购入，乙材料自胜利公司购入，丙材料自捷达公司购入。本月各种材料只购入一次。该公司的会计在按照平行登记的原则记账时，误记了有关的明细账户，导致了总分类账户与相关明细分类账户记录结果不符的错误，其不符的记录如下。

原材料总账余额为：72 800 元
　　其中：甲材料　25 300 元
　　　　　乙材料　11 000 元
　　　　　丙材料　 6 500 元
应付账款总账余额为：50 200 元
　　其中：友谊公司　15 000 元
　　　　　胜利公司　28 700 元
　　　　　捷达公司　 6 500 元

公司的会计人员在对有关明细账进行检查时，发现下列有助于查找错误的内容：自友谊公司购入甲材料时即付 15 000 元，乙材料中现购 7 600 元，原材料明细账户中只有一个明细账户记错。为简化分析，不考虑税收问题。

要求：假如你是永丰公司的会计，请指出记账过程中的错误所在，并予以更正。

⌘ 五、练习题与案例题答案及解析

（一）单项选择题

1. C　会计工作的流程是：经济业务发生，取得或填制原始凭证，用复式记账法编制记账凭证，标明会计分录，设置和登记会计账簿，编制财务报表，所以 C 选项正确。

2. B　账簿按用途不同可以分为序时账簿、分类账簿和备查账簿；按账页格式可以分为三栏式账簿、多栏式账簿和数量金额式账簿；按外表形式的不同可以分为订本账簿、活页式账簿和卡片账簿。

3. D　费用、成本类明细账，如"生产成本"、"制造费用"、"管理费用"、"销售费用"和"营业外支出"等账户的明细分类核算，一般采用借方多栏式明细分类账。

4. B　由于收入、费用类账户平时的发生额大多记入同一方向（借方或贷方），期末从相反方向转入本年利润，所以多栏式明细账格式适用于收入、费用类账户的明细账的登记。

5. C　在我国，卡片账一般适宜于固定资产的明细账采用。

6. C　企业必须设置的账簿是序时账和分类账，而备查账是一种补充账簿，它只是将在序时账和分类账中不能记载的事项根据需要进行补充登记。

7. C　多栏式账簿一般适用于成本、费用类的明细账，选项 C 应该使用多栏式账簿。

8. D　只有审核无误的会计凭证才能作为登记账簿的依据，因此 A、B、C 项都不确切。

9. B　根据规定，记账时红色墨水只可用于结账划线、改错冲账、不设借贷栏时表示反方向等情况，不得表示重要数据等。

10. D　在登记账簿过程中，每一账页的最后一行及下一页第一行都要办理转页手续，是为了保持记录的连续性。

11. B　每一账页登记完毕结转下页时，应在该账页的最后一行结出本页合计数及余额，并在该行摘要栏内注明"过次页"字样。对需要结计本月发生额的账户（例如现金日记账和银行存款日记账），结计"过次页"的本页合计数应当为自本月初起至本页末止的发生额合计数。

12. D　转账凭证反映的经济业务与货币资金无关，故不是登记银行存款日记账的依据。

13. A 订本账一般用于重要的账簿，如总分类账、现金日记账和银行存款日记账等。

14. C 因为货币资金的划转业务一般只编付款凭证，故从银行提取现金，登记现金日记账的依据是银行存款付款凭证。

15. B 账簿记录中的日期，应该填写记账凭证上的日期。

16. B 登记账簿必须使用蓝黑墨水或者碳素墨水，不得使用圆珠笔（银行的复写账簿除外）或者铅笔书写。

17. A 明细分类账户是根据明细分类科目设置的、用来对会计要素具体内容进行明细分类核算的账户，故 A 选项是正确的。

18. A 由于总分类账和明细分类账登记的原始依据和内容相同，故应采用平行登记法。

19. C 对每一项经济业务，一方面要记入有关总账账户；另一方面要在所属的明细账账户中进行明细分类核算。由于是同一项业务，所以登记时依据的是同一会计凭证。

20. D 账实核对是指账簿记录和实存财产的核对。选项 A、B、C 都是账账核对。

21. C 结账是在把一定时期内发生的全部经济业务登记入账的基础上，计算并记录本期发生额和期末余额，为编制财务报表提供资料。结账的时间应该是一定时期终了时。

22. C 结账并不是把所有账户结平，而是没有余额的账户应结平，并在余额方向栏内写"平"字，有余额的账户则结出余额。另外，不能因赶编报表而提前结账。

23. A 对需要结计本年累计发生额的账户，应在"本月合计"行下结出自年初起至本月末止的累计发生额。

24. A 对于现金及银行存款日记账，记账时应在最后一笔业务下通栏划单红线，然后结算出本月发生额和余额，在摘要栏内写"本月合计"，再在"本月合计"栏下面通栏划单红线。

25. B 正确的文字或数字应该用蓝字或黑字写在被注销的文字或数字的上方，并在更正处盖章。

26. A 结账前发现账簿记录有文字或数字错误，而记账凭证没有错误，可以采用划线更正法进行更正。记账后发现记账凭证应借、应贷方向或会计科目发生错误，可用红字更正法进行更正。如果在记账后发现记账凭证的应借、应贷方向和会计科目正确，而所记金额大于应记金额，也可以采用红字更正法。记账后发现记账凭证中科目正确，但所记金额小于应记金额，应采用补充登记法。

27. B 记账后在当年内发现记账凭证所记的会计科目有错误的，可以采用红字更正法，用红字填制一张与原记账凭证完全相同的记账凭证，以示注销原记账凭证，然后用蓝字填写一张正确的记账凭证，并登记入账。

28. A 会计账簿暂由本单位财务会计部门保管 1 年，期满之后，由财务会计部门编造清册移交本单位的档案部门保管。

29. B 日记账、总账和大多数明细账应每年更换一次。备查账可以连续使用。

30. A 预付财产保险费可以使企业将来受益，属于预付费用。而预付货款、预付定金和预付差旅费属于应收款项的性质，而不是预付费用。

31. B 银行存款利息应该计入本期收入，由于银行计息的规定，尚未收到利息款。

32. A 银行借款利息应该计入本期费用，由于银行计息的规定，尚未支付利息款。

（二）多项选择题

1. ABC 账户存在于账簿之中，账簿中的每一账页就是账户的存在形式和载体，没有账簿，账户不能独立存在；账簿序时、分类地记载经济业务，是在账户中完成的，因此，账簿只是一个形式，账户才是其内在真实内容。

2. BD 三栏式明细账适用于只进行金额核算的账户；多栏式明细账一般适用于成本、费用类的明细核算；数量金额式账簿一般适用于具有实物形态的财产物资的明细核算。选项A应采用数量金额式明细账核算，选项C应采用多栏式明细账核算，选项B、D应采用三栏式明细账核算。

3. BD 多栏式明细账适用于成本、费用类科目的明细核算，选项B属于成本类科目，选项D属于费用类科目。选项A适合采用数量金额式，选项C适合采用三栏式。

4. ABC 现金日记账、银行存款日记账和总账一般使用订本账，明细账一般用活页账和卡片账，而备查账不一定用卡片账，它是根据需要设置，没有固定格式。

5. AB 数量金额式是反映财产物资的实物数量和价值量，这种账页适用于既需要进行金额核算又需要进行数量核算的交易或事项。"原材料"、"库存商品"等明细账一般都采用数量金额式账簿。应收账款一般采用三栏式明细分类账，固定资产一般采用卡片式明细账。

6. ABD 一般债权债务结算账户（如应收账款、应付账款）的明细账采用三栏式。收入、成本、费用、利润和利润分配明细账采用多栏式。存货类账户（如原材料、库存商品）明细账一般都采用数量金额式。

7. ABCD 会计账簿的基本内容包括封面、扉页和账页三个部分。封面主要注明单位名称和账簿的名称；账簿的扉页主要用来标明会计账簿的使用信息，如科目索引、账簿启用和经管人员一览表；账页是用来记录经济业务事项的载体，其格式因反映经济业务内容的不同而有所不同。

8. ABCD 账页包括账户的名称、登记账簿的日期栏、凭证种类和号数栏、摘要栏、金额栏、总页次和分户页次栏等基本内容。

9. ABD 按照规定，下列情况可以用红色墨水记账：①按照红字冲账的记账凭证，冲销错误记录；②在不设借贷等栏的多栏式账页中，登记减少数；③在三栏式账簿的余额栏前，如未印明余额方向的，在余额栏内登记负数余额；④根据国家统一会计制度的规定可以用红字登记的其他会计记录。

10. ACD 没有余额的账户，应当在"借或贷"栏内写"平"字。

11. ABC 现金日记账、银行存款日记账都由出纳人员登记的，按时间顺序逐日逐笔进行登记，并每日结出余额。对于库存现金存入银行业务，只填制库存现金付款凭证。

12. CD 现金日记账和银行存款日记账必须逐日结出余额。

13. AD 选项A显然应该是答案。对于从银行提取现金的业务，按照规定只能编制银行存款付款凭证，此时应该根据银行存款付款凭证登记现金日记账的借方，所以D也是答案。选项B、C可以作为银行存款日记账借方登记的依据。

14. BD 一般而言，固定资产、债权债务明细分类账应当逐笔登记；存货、收入、费用明细分类账既可以逐笔登记，也可以逐日或定期汇总登记。

15. ACD 不同类型经济业务的明细分类账可根据管理需要，依据记账凭证、原始凭证或汇总原始凭证逐日逐笔登记或定期登记。选项B属于总分类账的登记依据。

16. BCD A的正确表示应该是：总账账户的期初余额＝所属明细账账户期初余额合计。

17. ABCD 总分类账户与明细分类账户平行登记的要点包括所依据会计凭证相同、方向一致、所属会计期间相同、计入总分类账户的金额与计入其所属明细分类账户的合计金额相等。

18. BC 对账的内容一般包括账证核对、账账核对、账实核对。

19. ABCD 选项A属于账证核对，选项B属于账账核对，选项C、D属于账实核对。

注意：

20. ABCD　账证核对是指核对会计账簿记录与原始凭证、记账凭证的时间、凭证字号、内容、金额是否一致，记账方向是否相符；这种核对，通常在日常编制凭证和记账过程中进行，检查所记账目是否正确。账证核对也是追查会计记录正确与否的最终途径，月终时，如果发现账账不符时，可以将账簿记录与有关会计凭证进行核对，以保证账证相符。

21. ABC　账实核对是指各项财产物资、债权债务等账面余额与实有数额之间的核对。债权债务明细账账面余额与总账账面余额的核对属于账账核对。

22. AD　账账核对的内容主要包括四方面：总账有关账户的余额核对；总账与所属明细账的核对；总账与日记账的核对；有关明细账之间的核对。选项B、C属于账实核对。

23. ABCD　结账的程序应包括：①将本期发生的经济业务事项全部登记入账，并保证其正确性；②根据权责发生制的要求，调整有关账项，合理确定本期应计的收入和应计的费用；③将损益类科目转入"本年利润"科目，结平所有损溢类科目；④结出资产、负债和所有者权益科目的本期发生额和余额，并结转下期。

24. CD　现金、银行存款日记账，收入、费用类明细账需要按月结计发生额和余额。

25. BCD　账簿记录发生错误，不准涂改、挖补、刮擦或用药水消除字迹，不准重新抄写，通常使用的方法包括划线更正法、红字更正法和补充登记法。

26. BD　采用红字更正法有两种情况：一是记账后发现记账凭证中应借、应贷会计科目有误；二是记账凭证和账簿记录中所记金额大于应记金额，其他无误，所以答案为B、D。A选项采用补充登记法更正，C选项采用划线法更正。

27. BC　登记账簿时发生错误，对于错误的数字，应当全部划红线更正，不得只更正其中的错误数字。对于文字错误，可只划去错误的部分。

28. ABC　本题应该用红字更正法更正，即红字借记"银行存款"，贷记"应收账款"，数额为13 500元（15 000元－1 500元）。

29. AB　根据"钱、账"分管的内部牵制原则，现金日记账和银行存款日记账应由专职的出纳人员登记及保管。

30. AB　备查账可以连续使用；会计账簿由本单位财务会计部门保管1年后，交由本单位档案管理部门保管。

31. ABCD　期末账项调整是根据权责发生制对部分会计事项予以调整的行为。期末账项调整项目包括未收到款项的应计收入、未付出款项的应计费用、已收到款项而不属于本期的收入和已经付出款项而不属于本期的费用。

32. BC　预付下年度保险费，属于下年度的费用；支付上期应付的水电费属于上期的费用，均不是本期费用。尚未付款的本月借款利息和采购员报销的差旅费属于本期的费用。

33. AC　应收利息和应收租金属于本期的收入。预收账款和预收房屋租金虽然本期已收款，但它是一种负债，不属于本期的收入。

（三）判断题

1. 错误　会计账簿是指由一定格式账页组成的，以通过审核的会计凭证为依据，全面、系统、连续地记录各项经济业务的簿籍。

2. 正确　我国《会计法》第十五条规定，每个单位必须设置总账、明细账、日记账和其他辅助性账簿。

3. 正确　采用活页式账簿，优点是页数可根据需要确定，随时增加空白账页，而且便于分工记账。缺点是活页式账簿中的账页容易散失和被随意抽换。

4. 错误　备查账簿属于辅助登记账簿，不是单位必须设置的账簿。

5. 错误　"生产成本"、"制造费用"等明细账由于需要按成本项目和费用项目反映，故一般用多栏式。

6. 正确　银行存款日记账一定是订本式账簿，其账页的设置一般采用三栏式，也可以采用多栏式。

7. 错误　按照规定，总分类账、现金日记账和银行存款日记账必须采用订本账。各种明细分类账一般采用活页账形式。

8. 错误　多栏式账簿一般适用于成本、费用类的明细账，"应收账款"、"应付账款"的明细账应该采用三栏式明细分类账。

9. 错误　现金日记账和银行存款日记账都是由出纳人员登记。

10. 错误　银行的复写账簿可以用圆珠笔书写。

11. 错误　登记账簿时，如果发生隔页、跳行，应在空页、空行处用划线注销，或者注明"此页空白"或"此行空白"字样，并由记账人员签名或者盖章。

12. 错误　总分类账户和明细分类账户登记的原始依据相同而登记的详细程度是不同的。

13. 正确　现金日记账日期栏中填写的是记账凭证的日期而非原始凭证的日期。

14. 正确　在未设借贷等栏的多栏式账页中，红色可表示减少数，如管理费用明细账等。

15. 正确　明细账的登记方法可根据管理需要确定，一般债权债务的明细账是逐日逐笔登记的，原材料、库存商品等明细账可以逐笔登记，也可以汇总登记。

16. 正确　明细账的设置以及采用的格式不同，依据也可能不同，它登记的依据是记账凭证以及原始凭证或原始凭证汇总表。

17. 错误　银行存款日记账的登记依据有银行收款凭证、银行付款凭证和现金付款凭证。

18. 错误　明细账户应根据管理需要设置，并不是越细越好。

19. 错误　总账与明细账的平行登记是要求对每项经济业务在同一会计期间记入总账和明细账，而不是同一天。

20. 错误　对账就是核对账目，是在结账前进行账簿记录和会计凭证之间、各种账簿之间、账簿记录和实物以及货币资产实际结存数之间的核对。

21. 正确　任何单位，对账工作应该每年至少进行一次。对于某些项目有条件的话，还应该缩短对账时间。

22. 错误　企业应收应付款明细账与对方单位账户记录核对属于账实核对。

23. 错误　会计部门的财产物资明细账期末余额与财产物资使用部门的财产物资明细账期末余额相核对，属于账账核对，不是账实核对。

24. 错误　结账时，没有余额的账户，应当在"借或贷"栏内用"平"表示。

25. 错误　企业必须在期末进行结账，不得为赶编财务报表而提前结账。

26. 错误　新旧账有关账户之间转记金额，不需要编制记账凭证。

27. 错误　本题适用的方法应该是红字更正法而不是划线更正法。

28. 错误　记账凭证填制错误，并且所记金额小于应记金额，则应采用补充登记法更正。

29. 错误　如果记账人员根据正确的记账凭证登账时，只是将金额少记，则应采用划线更正法更正；如果会计人员根据错误的记账凭证（即会计科目正确，金额少记）登账，更正时应采用补充登记法。

30. 正确　对于部分变动较小的明细账，可以连续使用，不必每年更换，如固定资产明细账。

31. 错误　年度终了，日记账、总分类账和多数明细账都要更换，但变动较小的明细账以及备查账可以连续使用，不进行更换。

32. 正确　收付实现制是以款项的实际收付为标准，确定一定时期的收入与费用，故在期末不需要进行账项调整。

33. 正确　调整分录就是按照权责发生制的要求，在会计期末，为了合理反映会计期间应得的收入和应负担的费用，所编制的会计分录。该分录可使各期的收入和费用能在相关的基础上配比。会计分录所涉及的一个是资产负债表项目；另一个是利润表项目。

（四）业务题

练　习　一

（1）借：银行存款		30 000
贷：应收账款——甲公司		30 000
（2）借：短期借款		10 000
贷：银行存款		10 000
（3）借：银行存款		58 500
贷：主营业务收入		50 000
应交税费——应交增值税（销项税额）		8 500
（4）借：应付账款——B公司		6 000
贷：银行存款		6 000

银行存款日记账

20×7年		凭证号数	摘要	对方科目	收入	支出	余额
月	日						
2	27	（略）	承前页		60 000	20 000	80 000
	28		收到欠货款	应收账款	30 000		110 000
	29		归还短期借款	短期借款		10 000	100 000
2	29		本月合计		90 000	30 000	100 000
3	1		销售商品	主营业务收入	50 000		
				应交税费	8 500		158 500
	2		归还前欠货款	应付账款		6 000	152 500
			过次页		58 500	6 000	152 500

练　习　二

（1）借：银行存款		30 000
贷：预收账款		30 000
（2）借：应收利息		4 200
贷：财务费用		4 200
（3）借：财务费用		1 500
贷：应付利息		1 500
（4）应计每月出租固定资产的租金收入＝30 000÷6＝5 000（元）		
借：预收账款		5 000
贷：其他业务收入		5 000

(5) 应交城市维护建设税＝40 000×7％＝2 800（元）
应交教育费附加＝40 000×3％＝1 200（元）

借：税金及附加　　　　　　　　　　　　　　　　　　　　　　4 000
　　贷：应交税费——应交城市维护建设税　　　　　　　　　　　　2 800
　　　　　　　　——应交教育费附加　　　　　　　　　　　　　　1 200

（五）案例题

根据总分类账户与明细分类账户平行登记原则要点的要求，应检查记入总分类账户的金额是否等于其所属的各个明细分类账户的金额之和。以此为基础再去查找是否存在记错明细账户等错误的存在。具体分析如下。

依据平行登记原则的要求，原材料总分类账户的金额应等于其所属的各个明细分类账户的金额之和，可以确定原材料明细账户漏记 30 000 元［72 800－(25 300＋11 000＋6 500)］。另外，根据题意可以确定丙材料明细账户和捷达公司明细账户的记录是正确的。乙材料是构成 A 产品实体的主要材料，意味着乙材料的用量最大，当然购入量最多。由于题中已经限定三种原材料中只有一种原材料明细账户记错，理所当然乙材料漏记 30 000 元。

甲材料从友谊公司购入时即付 15 000 元，而本月购入甲材料 25 300 元，所以欠友谊公司的应付款应为 25 300－15 000＝10 300（元），其明细账户的账面记录为 15 000 元，多记 4 700 元，导致胜利公司明细账户少记 4700 元，正确的余额应为 28 700＋4 700＝33 400（元）。即：①将乙材料明细账户的账面余额 11 000 元改为 41 000 元；②将友谊公司明细账户的账面余额 15 000 元改为 10 300 元；③将胜利公司明细账户的账面余额 28 700 元改为 33 400 元。

六、教材参考答案

习　题　一

1. 借：管理费用　　　　　　　　　　　　　　　　　　　　　　270
　　贷：银行存款　　　　　　　　　　　　　　　　　　　　　　　270

借方	银行存款	贷方		借方	管理费用	贷方
	580			580		
	270			270		

2. 借：主营业务成本　　　　　　　　　　　　　　　　　　　　9 000
　　贷：库存商品　　　　　　　　　　　　　　　　　　　　　　　9 000

借方	库存商品	贷方		借方	主营业务成本	贷方
	65 000			65 000		
		9 000		9 000		

3.

管理费用总分类账

×年		凭证		摘要	借方	贷方	借或贷	余额
月	日	字	号					
×	×			月初余额				
	×	现付	×	支付咨询费	2 600 ~~2 900~~		×	×

习 题 二

(1) 借：应付账款——浦口工厂　　　　　　　　　　　　70 200
　　　贷：银行存款　　　　　　　　　　　　　　　　　70 200
(2) 借：银行存款　　　　　　　　　　　　　　　　　　234 000
　　　贷：主营业务收入　　　　　　　　　　　　　　　200 000
　　　　　应交税费——应交增值税（销项税额）　　　　34 000
(3) 借：应交税费——应交所得税　　　　　　　　　　　18 000
　　　贷：银行存款　　　　　　　　　　　　　　　　　18 000
(4) 借：银行存款　　　　　　　　　　　　　　　　　　43 290
　　　贷：应收账款——丁家桥厂　　　　　　　　　　　43 290
(5) 借：库存现金　　　　　　　　　　　　　　　　　　35 000
　　　贷：银行存款　　　　　　　　　　　　　　　　　35 000
(6) 借：材料采购——A 材料　　　　　　　　　　　　　94 000
　　　　应交税费——应交增值税（进项税额）　　　　　15 980
　　　贷：银行存款　　　　　　　　　　　　　　　　　109 980
(7) 借：银行存款　　　　　　　　　　　　　　　　　　117 000
　　　贷：主营业务收入　　　　　　　　　　　　　　　100 000
　　　　　应交税费——应交增值税（销项税额）　　　　17 000

银行存款日记账

第×页

20×7年		凭证		摘要	现金支票号码	转账支票号码	对方科目	收入	支出	余额
月	日	字	号							
12	1			上月结余						98 700
	2	银付	1	归还欠款			应付账款		70 200	
				本日合计					70 200	28 500
	3	银收	1	收到货款			主营业务收入	200 000		
							应交税费	34 000		
				本日合计				234 000		262 500
	5	银付	2	上交所得税			应交税费		18 000	
				本日合计					18 000	244 500
	9	银收	2	收到欠款			应收账款	43 290		
				本日合计				43 290		287 790
	10	银付	3	提取现金			库存现金		35 000	
				本日合计					35 000	252 790
	14	银付	4	支付货款			材料采购		94 000	
							应交税费		15 980	

续表

20×7年		凭证		摘要	现金支票号码	转账支票号码	对方科目	收入	支出	余额
月	日	字	号							
				本日合计					109 980	142 810
	18	银收	3	收到货款			主营业务收入	100 000		
							应交税费	17 000		
				本日合计				117 000		259 810
…	…	…	…	…	…	…	…	…	…	…

习 题 三

说明："□"为红字，表示冲销。

更正记账凭证用纸

序号	20×7年		凭证		摘要	会计账户	金额		错账更正法
	月	日	字	号			借方	贷方	
1	3	31	现付	3	补充3月1日现付1号凭证	应付账款	90		补充登记法
						库存现金		90	
2					银行存款、主营业务收入、应交税费登账数字错误				划线更正法
3		31	银收	5	补充3月6日银收2号凭证	银行存款	8 820		划线更正法 补充登记法
						应收账款		8 820	
4					应付账款、银行存款登账数字错误				划线更正法
5		31	转	3	注销3月12日转1号凭证	应收账款	7 839		划线更正法 红字更正法
						主营业务收入		7 839	
		31	转	4	订正3月12日转1号凭证	应收账款	7 839		
						主营业务收入		6 700	
						应交税费		1 139	
6					应收账款、银行存款登账数字错误				划线更正法
7		31	现收	2	注销3月16日现收1号凭证	库存现金	2 340		红字更正法
						主营业务收入		2 340	
		31	现收	3	订正3月16日现收1号凭证	库存现金	2 340		
						主营业务收入		2 000	
						应交税费		340	
8					应交税费登账数字错误				划线更正法
9		31	现付	4	冲减3月21日现付2号凭证	银行存款	900		红字更正法
						库存现金		900	
10		31	银付	2	支付前欠老山工厂的货款	应付账款	2 870		原记账凭证作废，重新做一张正确的记账凭证，然后采用划线更正法更正
						银行存款		2 870	
11		31	银收	6	冲减3月21日银收4号凭证	银行存款	954		红字更正法
						应收账款		954	
12		31	银付	4	补充3月30日银付3号凭证	应付账款	2 700		补充登记法
						银行存款		2 700	

主营业务收入（总分类账）

20×7年		凭证		摘要	√	借方 十万千百十元角分	贷方 十万千百十元角分	借或贷	余额 十万千百十元角分
月	日	字	号						
3	3	银收	1	向建邺工厂销售产品			5 0 0 0 0 0 / ~~5 0 0 0 0 0~~	× ×	
	12	转	1	向白下公司销售产品			7 8 3 9 0 0		
	16	现收	1	向建宁公司销售产品			2 3 4 0 0 0		
	19	转	2	向建邺工厂销售产品			4 5 0 0 0 0		
	31	转	3	注销转1号凭证			⎡7 8 3 9 0 0⎤		
	31	转	4	订正转1号凭证			6 7 0 0 0 0		
	31	现收	2	注销现收1号凭证			⎡2 3 4 0 0 0⎤		
	31	现收	3	订正现收1号凭证			2 0 0 0 0 0		
	31			本月发生额及余额			1 8 2 0 0 0 0	贷	1 8 2 0 0 0 0

应收账款（总分类账）

20×7年		凭证		摘要	√	借方 十万千百十元角分	贷方 十万千百十元角分	借或贷	余额 十万千百十元角分
月	日	字	号						
3	1			期初余额				借	8 7 0 0 0 0
	6	银收	2	收鼓楼公司前欠货款			9 8 0 0 0		
	12	转	1	向白下公司销售产品		7 8 3 9 0 0 / ~~7 9 3 8 0 0~~	× ×		
	14	银收	3	收栖霞公司前欠货款			3 8 0 0 0 0 / ~~8 0 3 0 0 0~~	× ×	
	19	转	2	向建邺工厂销售产品		5 2 6 5 0 0			
	27	银收	4	收白下公司前欠货款			8 7 9 3 0 0		
	31	银收	5	订正银收2号凭证			8 8 2 0 0 0		
	31	转	3	注销转1号凭证		⎡7 8 3 9 0 0⎤			
	31	转	4	订正转1号凭证		7 8 3 9 0 0			
	31	银收	6	冲减银收4号凭证			⎡9 5 4 0 0⎤		
	31			本月发生额及余额		1 3 1 0 4 0 0	2 1 4 3 9 0 0	借	3 6 5 0 0

应付账款（总分类账）

20×7年		凭证		摘要	✓	借方 十万千百十元角分	贷方 十万千百十元角分	借或贷	余额 十万千百十元角分
月	日	字	号						
3	1			期初余额				贷	2 6 9 0 0 0 0
	1	现付	1	归还秦淮公司货款		7 8 0 0 0			
	9	银付	1	支付河西机械厂货款		5 6 0 0 0 0 / 6 5 0 0 0 0		××	
	24	银付	2	支付老山工厂货款		2 8 7 0 0 0 / 8 2 7 0 0 0		××	
	30	银付	3	支付雨花工厂货款		2 5 4 0 0 0			
	31	现付	2	补充现付1号凭证		9 0 0 0			
	31	银付	4	补充银付3号凭证		2 7 0 0 0 0			
3	31			本月发生额及余额		1 4 5 8 0 0 0		贷	1 2 3 2 0 0 0

库存现金（总分类账）

20×7年		凭证		摘要	✓	借方 十万千百十元角分	贷方 十万千百十元角分	借或贷	余额 十万千百十元角分
月	日	字	号						
3	1			期初余额				借	3 1 0 0 0 0
	1	现付	1	归还秦淮公司货款			7 8 0 0 0	借	
	16	现收	1	向建宁公司销售产品		2 3 4 0 0 0			
	21	现付	2	将销货款现金存银行			3 2 4 0 0 0		
	31	现付	3	补充现付1号凭证			9 0 0 0	借	
	31	现收	2	注销现收1号凭证		2̶ 3̶ 4̶ 0̶ 0̶ 0̶			
	31	现收	3	订正现收1号凭证		2 3 4 0 0 0			
	31	现付	4	冲减现付2号凭证			9̶ 0̶ 0̶ 0̶ 0̶	借	
3	31			本月发生额及余额		2 3 4 0 0 0	3 2 1 0 0 0	借	2 2 3 0 0 0

应交税费（总分类账）

20×7年		凭证		摘要	✓	借方 十万千百十元角分	贷方 十万千百十元角分	借或贷	余额 十万千百十元角分
月	日	字	号						
3	1			期初余额				贷	1 2 0 0 0 0
	1	银付	1	向建邺工厂销售产品			8 5 0 0 0 / 5 8 0 0 0	××	
	19	转	2	向建邺工厂销售产品			7 6 5 0 0 / 7̶ 6̶ 5̶ 0̶ 0̶	××	
	31	转	4	订正转1号凭证			1 1 3 9 0 0		
	31	现收	3	订正现收1号凭证			3 4 0 0 0		
3	31			本月发生额及余额			3 0 9 4 0 0	贷	4 2 9 4 0 0

银行存款（总分类账）

20×7年		凭证		摘要	√	借方	贷方	借或贷	余额
月	日	字	号			十万千百十元角分	十万千百十元角分		十万千百十元角分
3	1			期初余额				借	9 3 0 0 0 0
	1	银收	1	向建邺工厂销售产品		5 8 5 0 0 0 / 5 5 8 0 0 0	××		
	3	银收	2	收鼓楼公司前欠货款		9 8 0 0 0 / 9 8 0 0 0	××		
	9	银付	1	支付河西机械厂货款			5 6 0 0 0 0 / 7 6 5 0 0 0	××	
	14	银收	3	收栖霞公司前欠货款		3 8 0 0 0 0 / 8 3 0 0 0 0	××		
	21	现付	2	将销货款现金存银行		3 2 4 0 0			
	24	银付	2	支付老山工厂货款			2 8 7 0 0 0 / 8 2 7 0 0 0	××	
	27	银收	4	收白下公司前欠货款		8 7 9 3 0 0			
	30	银付	3	支付雨花工厂货款			2 5 4 0 0 0		
	31	银收	5	订正银收 2 号凭证		8 8 2 0 0			
	31	现付	4	冲减现付 2 号凭证		⌐9 0 0 0 0¬			
	31	银收	6	冲减银收 4 号凭证		⌐9 5 4 0 0¬			
	31	银付	4	补充银付 3 号凭证			2 7 0 0 0 0		
3	31			本月发生额及余额		2 9 6 2 9 0 0	1 3 7 1 0 0 0	借	2 5 2 1 9 0 0

案 例 分 析

1. 借：营业费用——水电费　　　　　　　　　　　　　　　2 600
    贷：其他应付款　　　　　　　　　　　　　　　　　　　　　　2 600
2. 借：营业费用——租金　　　　　　　　　　　　　　　　1 000
    贷：其他应付款　　　　　　　　　　　　　　　　　　　　　　1 000
3. 折旧费用＝92 000×10％＝9 200（元）
   借：管理费用　　　　　　　　　　　　　　　　　　　　9 200
    贷：累计折旧　　　　　　　　　　　　　　　　　　　　　　9 200
4. 借：营业费用——职工薪酬　　　　　　　　　　　　　12 000
    贷：应付职工薪酬　　　　　　　　　　　　　　　　　　　　12 000
5. 本期销货成本＝24 000＋500 000－32 000＝492 000（元）
   借：主营业务成本　　　　　　　　　　　　　　　　　　492 000
    贷：库存商品　　　　　　　　　　　　　　　　　　　　　　492 000

第六章
账务处理程序

一、本章知识结构图

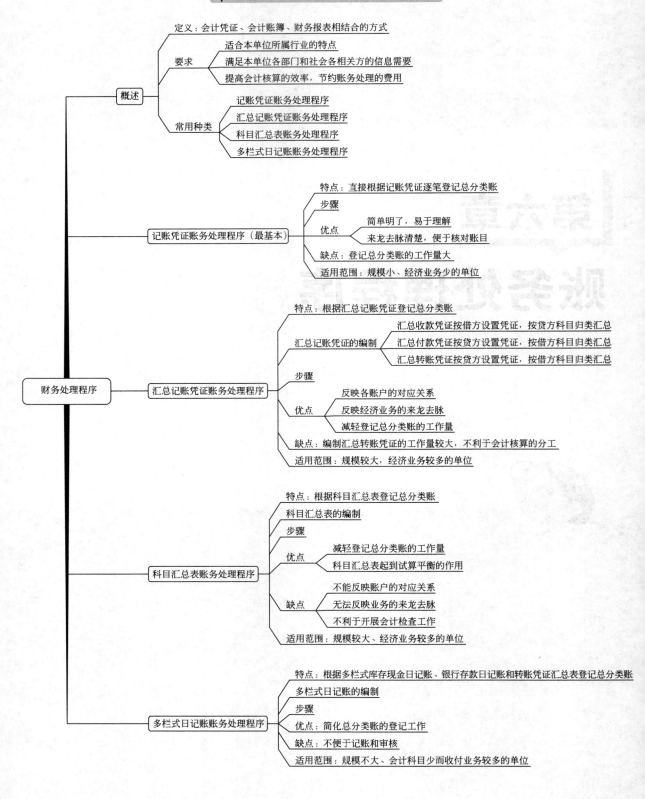

二、疑难解答

1. 企业在建账时应当考虑哪些因素？

答：企业在建账时应当考虑下列因素。

（1）企业规模大小　企业规模与业务量是成正比的，规模大的企业，业务量大，分工也复杂，会计账簿需要的册数也多；企业规模小，业务量也小。有的企业，一个会计可以处理所有经济业务，设置账簿时就没有必要设许多账，所有的明细账可以合成一两本就可以了。

（2）企业管理需要　建立账簿是为了满足企业管理需要，为管理提供有用的会计信息，所以在建账时以满足管理需要为前提，避免重复设账、记账。

（3）所采用的账务处理程序　企业业务量大小不同，所采用的账务处理程序也不同。企业一旦选择了账务处理程序，也就选择了账簿的设置，如果企业采用的是记账凭证账务处理程序，企业的总账就要根据记账凭证序时登记，就要准备一本序时登记的总账。

不同的企业在建账时所需要购置的账簿是不相同的，总体来说要依企业规模、经济业务的繁简程度、会计人员多少、采用的核算形式及电子化程度来确定。但无论何种企业，都存在货币资金核算问题，库存现金日记账和银行存款日记账都必须设置。另外，还需设置相关的总账和明细账。

2. 为什么说记账凭证账务处理程序是最基本的账务处理程序？

答：记账凭证账务处理程序是指经济业务发生后，根据所填制的记账凭证直接逐笔登记总分类账，并定期编制财务报表的一种账务处理程序。因为它包括了账务处理程序的一般内容，其他账务处理程序基本上是在这种账务处理程序的基础上发展或改变而形成的，因此，记账凭证账务处理程序是最基本的账务处理程序。

3. 编制汇总转账凭证需要注意哪些问题？

答：为了避免遗漏汇总和重复汇总，汇总转账凭证一般应按照每一个账户的贷方分别设置，并根据转账凭证按其对应的借方账户进行归类，且定期汇总填制。为了便于填制汇总转账凭证，减少汇总工作量，企业平时在填制转账凭证时，应该尽量编制"一借一贷"、"一贷多借"的会计分录，不要编制"一借多贷"的会计分录，以使账户的对应关系保持一个贷方账户同一个或几个借方账户相对应。

4. 为什么汇总记账凭证能反映各科目的对应关系？

答：汇总记账凭证分为汇总收款凭证、汇总付款凭证和汇总转账凭证三类。汇总收款凭证根据库存现金、银行存款账户的借方设置，按贷方账户归类汇总；汇总付款凭证根据库存现金、银行存款账户的贷方设置，按借方账户归类汇总；汇总转账凭证按每一账户的贷方分别设置，按借方账户归类汇总，所以汇总记账凭证能反映各科目的对应关系。

5. 科目汇总表账务处理程序下，应设置哪些账簿？其格式如何？

答：科目汇总表账务处理程序下，应设置的账簿有：库存现金日记账、银行存款日记账以及各种明细分类账和总分类账三种。库存现金日记账、银行存款日记账一般采用三栏式的账页。由于据以登记总分类账的科目汇总表只汇总填列各科目的借方发生额和贷方发生额，而不反映它们之间的对应关系，所以在这种会计核算形式下，总分类账一般采用不设"对方科目"的三栏式的格式。各种明细分类账应根据所记录的经济业务内容和经营管理上的要求，可采用三栏式、数量金额式或多栏式的账页。

6. 为什么科目汇总表可以起到试算平衡的作用？

答：在编制科目汇总表时，将全部记账凭证的会计科目的借方发生额合计数和贷方发生额合计数，分别填列在科目汇总表中相应会计科目栏的借方发生额和贷方发生额中。由于借贷记账法的记账规则是"有借必有贷，借贷必相等"，所以在科目汇总表内，全部借方发生额合计数与贷方发生额合计数相等，从而起到试算平衡的作用。

7. 各种账务处理程序的异同点是什么？

答：各种账务处理程序之间的主要区别在于登记总账的依据和方法不同。记账凭证账务处理程序根据所填制的记账凭证直接逐笔登记总分类账；汇总记账凭证账务处理程序根据汇总的记账凭证登记总分类账；科目汇总表账务处理程序根据科目汇总表登记总分类账；多栏式日记账账务处理程序根据多栏式日记账和转账凭证（或转账凭证科目汇总表）登记总分类账。

各种账务处理程序的相同点是根据原始凭证编制汇总原始凭证；根据原始凭证及记账凭证登记明细分类账；根据收、付款凭证登记库存现金日记账、银行存款日记账；根据总账和明细账编制财务报表。

三、练习题

（一）单项选择题

1. 记账凭证账务处理程序适用于（　　）的单位使用。
   A. 规模大、业务多　　　　　　B. 规模小、业务少
   C. 规模大、收付款业务多　　　D. 规模小、收付款业务多

2. 下列属于记账凭证账务处理程序优点的是（　　）。
   A. 总分类账反映经济业务较详细　B. 减轻了登记总分类账的工作量
   C. 有利于会计核算的日常分工　　D. 便于核对账目和进行试算平衡

3. 汇总记账凭证是依据（　　）编制的。
   A. 记账凭证　　　　　　　　　B. 原始凭证
   C. 原始凭证汇总表　　　　　　D. 各种总账

4. 以下属于汇总记账凭证账务处理程序主要缺点的是（　　）。
   A. 登记总账的工作量较大　　　B. 编制汇总转账凭证的工作量较大
   C. 不便于体现账户间的对应关系　D. 不便于进行账目的核对

5. 汇总记账凭证账务处理程序适用于（　　）的企业采用。
   A. 规模小、业务少　　　　　　B. 规模大、业务多
   C. 规模较大、业务较少　　　　D. 收付款业务多、会计科目使用少

6. 科目汇总表是依据（　　）编制的。
   A. 记账凭证　　　B. 原始凭证　　　C. 原始凭证汇总表　D. 各种总账

7. 编制科目汇总表时，汇总的范围是（　　）。
   A. 全部会计科目的借贷方余额
   B. 全部会计科目的借贷方发生额
   C. 资产类和负债类会计科目的发生额
   D. 资产类和负债类及所有者权益类会计科目的发生额

8. 科目汇总表账务处理程序的特点是（　　）。
   A. 根据记账凭证直接登记总分类账　　B. 根据科目汇总表登记总分类账
   C. 根据汇总记账凭证登记总分类账　　D. 根据记账凭证逐笔登记日记总账
9. 下列说法正确的是（　　）。
   A. 总分类账的登记方法取决于所采用的账务处理程序
   B. 三栏式明细账中只包括三个栏目
   C. 总分类账最常用的格式为多栏式
   D. 明细分类账的格式主要有两种：多栏式和数量金额式
10. 科目汇总表和汇总记账凭证是一种（　　）。
    A. 记账凭证　　　B. 会计账簿　　　C. 财务报表　　　D. 原始凭证
11. 财务报表是根据（　　）资料编制的。
    A. 日记账、总账和明细账　　B. 日记账和明细分类账
    C. 明细账和总分类账　　　　D. 日记账和总分类账
12. 科目汇总表账务处理程序与汇总记账凭证账务处理程序共同的优点是（　　）。
    A. 减轻登记总账的工作量
    B. 登记明细账简便
    C. 登记总账的科目之间能够反映对应关系
    D. 汇总记账凭证和科目汇总表都能够进行试算平衡
13. 记账凭证账务处理程序、汇总记账凭证账务处理程序和科目汇总表账务处理程序的主要不同点是（　　）。
    A. 登记日记账的依据不同　　B. 编制记账凭证的依据不同
    C. 登记总分类账的依据不同　　D. 编制汇总记账凭证的依据不同

（二）多项选择题

1. 账务处理程序是对（　　）按照一定的形式和方法相结合的方式。
   A. 会计科目　　B. 会计凭证　　C. 会计账簿　　D. 财务报表
2. 账务处理程序的主要内容包括（　　）。
   A. 会计凭证、会计账簿的种类及格式
   B. 会计凭证与账簿之间的联系方法
   C. 由原始凭证到编制记账凭证、登记总账和明细账、编制财务报表的工作程序和方法
   D. 会计资料立卷归档的程序和方法
3. 在我国，常用的账务处理程序主要包括（　　）。
   A. 记账凭证账务处理程序　　B. 汇总记账凭证账务处理程序
   C. 科目汇总表账务处理程序　　D. 多栏式日记账账务处理程序
4. 关于记账凭证账务处理程序，下列说法正确的是（　　）。
   A. 根据记账凭证逐笔登记总分类账，是最基本的账务处理程序
   B. 简单明了，易于理解，总分类账可以较详细地反映经济业务的发生情况
   C. 登记总分类账的工作量较大
   D. 适用于规模较大、经济业务量较多的单位
5. 汇总记账凭证账务处理程序下，会计凭证方面除设置收款凭证、付款凭证、转账凭证外，还应该设置（　　）。
   A. 科目汇总表　　　　B. 汇总收款凭证

C. 汇总付款凭证　　　　　　　　D. 汇总转账凭证

6. 汇总付款凭证应根据库存现金及银行存款账户的贷方设置，按借方账户归类汇总，所以，平时付款凭证应保持（　　）。
   A. 一借一贷　　B. 一借多贷　　C. 多借一贷　　D. 多借多贷

7. 以记账凭证为依据，按有关账户的贷方设置，按借方账户归类的有（　　）。
   A. 汇总收款凭证　　B. 汇总转账凭证　　C. 汇总付款凭证　　D. 科目汇总表

8. 在汇总记账凭证账务处理程序下，月末应与总账核对的内容有（　　）。
   A. 银行存款日记账　　　　　　B. 财务报表
   C. 明细账　　　　　　　　　　D. 记账凭证

9. 对于汇总记账凭证账务处理程序，下列说法错误的有（　　）。
   A. 登记总账的工作量大
   B. 不能体现账户之间的对应关系
   C. 明细账与总账无法核对
   D. 当转账凭证较多时，汇总转账凭证的编制工作量较大

10. 在科目汇总表账务处理程序下，记账凭证是用来（　　）的依据。
    A. 登记库存现金日记账　　　　B. 登记总分类账
    C. 登记明细分类账　　　　　　D. 编制科目汇总表

11. 下列不属于科目汇总表账务处理程序优点的有（　　）。
    A. 便于反映各账户间的对应关系　　B. 便于进行试算平衡
    C. 便于检查核对账目　　　　　　　D. 简化登记总账的工作量

12. 关于科目汇总表账务处理程序说法正确的是（　　）。
    A. 该核算程序大大简化了登记总账的工作
    B. 通过编制科目汇总表可以进行试算平衡
    C. 科目汇总表能够清晰地反映账户之间的对应关系
    D. 适用于规模大、业务多的企业

13. 多栏式日记账账务处理程序的特点是根据（　　）逐日登记多栏式库存现金日记账和银行存款日记账，然后根据它们登记总账。
    A. 收款凭证　　B. 付款凭证　　C. 记账凭证　　D. 原始凭证

14. 多栏式日记账账务处理程序下，月末，根据（　　）登记总分类账。
    A. 多栏式库存现金日记账　　　B. 多栏式银行存款日记账
    C. 转账凭证科目汇总表　　　　D. 科目汇总表

15. 在不同的账务处理程序下，登记总账的依据可以有（　　）。
    A. 记账凭证　　B. 汇总记账凭证　　C. 科目汇总表　　D. 原始凭证

16. 各种账务处理程序下，登记明细账的依据可能有（　　）。
    A. 原始凭证　　B. 汇总原始凭证　　C. 记账凭证　　D. 汇总记账凭证

17. 记账凭证账务处理程序与汇总记账凭证账务处理程序的相同之处在于（　　）。
    A. 根据原始凭证或汇总原始凭证编制记账凭证
    B. 根据收、付款凭证逐笔登记库存现金日记账和银行存款日记账
    C. 根据各种记账凭证和有关原始凭证或原始凭证汇总表登记明细账
    D. 根据记账凭证逐笔登记总分类账

18. 记账凭证账务处理程序、汇总记账凭证账务处理程序和科目汇总表账务处理程序应共同遵循的程序有（　　）。

A. 根据原始凭证、汇总原始凭证和记账凭证，登记各种明细分类账
B. 根据记账凭证逐笔登记总分类账
C. 期末，将库存现金日记账、银行存款日记账和明细分类账的余额与有关总分类账的余额核对相符
D. 根据总分类账和明细分类账的记录，编制财务报表

（三）判断题

1. 由于各个企业的业务性质、组织规模、管理上的要求不同，企业应根据自身的特点，选择恰当的账务处理程序。（ ）

2. 记账凭证账务处理程序的特点是直接根据记账凭证逐笔登记总分类账，是最基本的账务处理程序。（ ）

3. 汇总记账凭证账务处理程序能减轻登记总分类账的工作量，但是不便于了解账户之间的对应关系。（ ）

4. 汇总记账凭证账务处理程序便于了解账户之间的对应关系，并可以做到试算平衡。（ ）

5. 为了便于汇总转账凭证的编制，转账凭证应采用一借一贷或多借一贷的形式，而不能采用一借多贷的形式。（ ）

6. 在科目汇总表账务处理程序下，科目汇总表应该按月编制，这样才能起到简化登记总账的作用。（ ）

7. 科目汇总表账务处理程序不仅可以减少登记总账的工作量，而且能反映账户之间的对应关系。（ ）

8. 科目汇总表账务处理程序下，总分类账应当是逐日逐笔进行登记。（ ）

9. 科目汇总表账务处理程序下，总分类账要采用设立"对方科目"栏的借、贷、余三栏式账页。（ ）

10. 在多栏式日记账账务处理程序下，一般是采用通用记账凭证格式。（ ）

11. 在不同的账务处理程序下，登记总账的依据相同。（ ）

12. 库存现金日记账和银行存款日记账不论在何种账务处理程序下，都是根据收款凭证和付款凭证逐日逐笔顺序登记的。（ ）

13. 账务处理程序不同，编制财务报表的依据也不同。（ ）

14. 汇总记账凭证账务处理程序和科目汇总表账务处理程序都适用于经济业务较多的单位。（ ）

（四）业务题

1. **目的**
练习科目汇总表、汇总记账凭证的编制。

2. **资料**
中欧公司20×7年6月份1~10日发生下列经济业务。

（1）1日，从银行提取现金1 000元备用。

（2）2日，从华盛公司购进甲材料一批，已验收入库，货款5 000元，增值税进项税额850元，款项尚未支付，材料已验收入库。

（3）2日，销售给诚信公司A产品一批，货款为10 000元，增值税销项税额为1 700元，款项尚未收到。

(4) 3日，厂部的王某出差，借支差旅费500元，以现金付讫。

(5) 4日，车间领用甲材料一批，其中用于A产品生产3 000元，用于车间一般耗用500元。

(6) 5日，销售给华远公司A产品一批，货款为20 000元，增值税销项税额3 400元，款项尚未收到。

(7) 5日，从江南公司购进乙材料一批，货款8 000元，增值税进项税额1 360元，款项尚未支付，材料尚在运输途中。

(8) 6日，厂部的王某报销差旅费400元，余款退回。

(9) 7日，以银行存款5 850元，偿还前欠华盛公司的购料款。

(10) 8日，厂部购买办公用品800元，以现金付讫。

(11) 8日，接银行通知，诚信公司汇来前欠货款11 700元，已经收妥入账。

(12) 8日，车间领用乙材料一批，其中用于A产品5 000元，用于车间一般消耗1 000元。

(13) 9日，以银行存款9 360元，偿还前欠江南公司购料款。

(14) 10日，接银行通知，华远公司汇来前欠货款23 400元，已经收妥入账。

3. 要求

(1) 根据上述经济业务编制收款凭证、付款凭证和转账凭证。

(2) 编制科目汇总表。

(3) 编制银行存款科目的汇总付款凭证、主营业务收入科目的汇总转账凭证和原材料科目的汇总转账凭证。

四、案例题

(一) 公司简介

某化工有限公司有50余位员工，其下属厂有600余位员工。该化工有限公司前身是小型化工厂，靠20 000元自筹资金起家，目前公司拥有流动资金8亿多元，铺开于市内500多处特约经销点。经过十多年的发展，现在已成为大型现代化涂料生产公司。

(二) 会计部门岗位设置

1. 总会计师1人。主管整个财务科工作。

2. 公司财务科共9人。

财务科长（1人）：管理日常的会计工作，负责复核记账凭证，编制对外财务报表。

销售收款（2人）：市内应收账款（1人），记应收账款明细账兼记总账；市外应收账款（1人），记应收账款明细账兼记总账。

材料采购（1人）：记原材料明细账。

应付账款（1人）：记应付账款明细账。

现金出纳（1人）：负责现金报销，记库存现金日记账和银行存款日记账。

管理会计（1人）：负责内部管理报表的编制。

电算化（2人）：操作员（1人）负责输入文档资料、打印、复印；程序员（1人）负责系统维护。

3. 下属厂财务科共8人。

财务科长（1人）：负责成本核算及报告。
销售收款（1人）：负责收款并汇总至公司。
包装材料（1人）：记包装材料明细分类账。
原材料（1人）：记原材料收、付、存明细分类账。
成本核算（1人）：每月产成品成本的核算。
生产统计（1人）：记录生产中有关数据，以便成本核算。
电算化（2人）：操作员（1人）负责输入文档资料、打印、复印；程序员（1人）负责系统维护。

要求：请为该公司设计一套完整的账簿体系（包括账簿的种类、用途、格式等）。

⌘ 五、练习题与案例题答案及解析

（一）单项选择题

1. B 因为记账凭证账务处理程序的重要特点是根据记账凭证逐笔登记总账，登记总账工作量大，故适用于规模小、业务少的单位采用。

2. A 记账凭证账务处理程序的优点：直接根据记账凭证登记总账，简单明了，易于理解，总分类账可以较详细地反映经济业务的发生情况。

3. A 汇总记账凭证是依据各种记账凭证编制的。

4. B 汇总记账凭证账务处理程序的缺点是：按每一贷方科目编制汇总转账凭证，不利于会计核算的日常分工，当转账凭证较多时，编制汇总转账凭证的工作量较大。

5. B 汇总记账凭证账务处理程序的最大优点是大大简化了登记总账的工作量，因此规模大、业务多的企业采用记账凭证汇总表登记总账，能够起到简化工作的作用。

6. A 科目汇总表是根据各种记账凭证编制的。

7. B 科目汇总表就是把企业所有的会计科目的借方和贷方发生额进行汇总编制，故汇总的范围应为全部会计科目的借贷方发生额。

8. B 科目汇总表账务处理程序的特点是根据科目汇总表登记总分类账。

9. A 三栏式明细账中还包括日期栏、摘要栏等栏目，所以 B 的说法不正确；总分类账最常用的格式为三栏式，因此 C 的说法不正确；明细分类账的格式主要有三种：三栏式、多栏式和数量金额式，所以 D 的说法不正确。

10. A 科目汇总表和汇总记账凭证是一种经过汇总的记账凭证，据此可以登记总分类账。

11. C 常见的账务处理程序中，财务报表都是根据明细账和总分类账编制的。

12. A 由于科目汇总表账务处理程序和汇总记账凭证账务处理程序都是先对经济业务进行汇总，然后才登记总账，因此两者共同的优点就是减轻登记总账的工作量。

13. C 三者之间的差异就是登记总账的依据不同。

（二）多项选择题

1. BCD 账务处理程序是指会计凭证、会计账簿、财务报表相结合的方式。会计凭证、会计账簿、财务报表之间的结合方式不同，就形成了不同的账务处理程序。

2. ABC 账务处理程序的主要内容包括会计凭证、会计账簿的种类及格式，会计凭证与账簿之间的联系方法，由原始凭证到编制记账凭证、登记总账和明细账、编制财务报表的工作程序和方法。

3. ABCD 在我国，常用的账务处理程序主要有①记账凭证账务处理程序；②汇总记账凭证账务处理程序；③科目汇总表账务处理程序；④多栏式日记账账务处理程序。

4. ABC 记账凭证账务处理程序是根据记账凭证逐笔登记总分类账的，它是最基本的账务处理程序。记账凭证账务处理程序简单明了，易于理解，总分类账可以较详细地反映经济业务的发生情况，但其缺点是登记总分类账的工作量大，因此不适用于规模较大、经济业务量较多的单位采用。

5. BCD 汇总记账凭证账务处理程序下，会计凭证方面除设置收款凭证、付款凭证、转账凭证外，还应该定期根据记账凭证分类编制汇总收款凭证、汇总付款凭证和汇总转账凭证。

6. AC 汇总付款凭证应根据库存现金、银行存款付款凭证汇总编制而成，为了便于汇总，平时编制付款凭证时，应使账户的对应关系保持一个贷方账户与一个或者几个借方账户相对应，尽量避免一借多贷或多借多贷。

7. BC 编制汇总记账凭证时，汇总收款凭证应该按照有关账户的借方设置，按照账户贷方归类；汇总付款凭证和汇总转账凭证应该按照有关账户的贷方设置，按照借方账户归类。

8. AC 在汇总记账凭证账务处理程序下，期末，库存现金日记账、银行存款日记账和明细账的余额应该同有关总分类账的余额核对相符。

9. ABC 汇总记账凭证账务处理程序的优点：减轻了登记总分类账的工作量，便于了解账户之间的对应关系。缺点：按每一贷方科目编制汇总转账凭证，不利于会计核算的日常分工，当转账凭证较多时，编制汇总转账凭证的工作量较大。

10. ACD 在科目汇总表账务处理程序下，可以根据记账凭证登记库存现金日记账，登记明细分类账，编制科目汇总表，但是不能根据记账凭证登记总分类账。

11. AC 科目汇总表账务处理程序的优点：可以简化总分类账的登记工作，减轻了登记总分类账的工作量，并可以做到试算平衡。缺点：不能反映账户对应关系，不便于查对账目。

12. ABD 科目汇总表能够起到试算平衡的作用，但不能清晰地反映对应关系，故C选项的说法不正确。

13. AB 多栏式日记账账务处理程序是根据收款凭证、付款凭证逐日登记多栏式库存现金日记账和银行存款日记账，然后根据它们登记总账。

14. ABC 多栏式日记账账务处理程序下，对于收付业务，根据多栏式库存现金日记账和多栏式银行存款日记账登记总分类账；对于转账业务，可以根据转账凭证逐笔登记总分类账，也可以先根据转账凭证填制转账凭证科目汇总表，据以登记总分类账。

15. ABC 各种账务处理程序的主要区别是登记总账的依据不同，记账凭证账务处理程序根据记账凭证逐笔登记总分类账，汇总记账凭证账务处理程序根据汇总记账凭证登记总分类账，科目汇总表账务处理程序根据科目汇总表登记总分类账。原始凭证是在登记明细账、日记账时使用的，登记总账一般不用。

16. ABC 常见的账务处理程序均可以根据原始凭证、汇总原始凭证和记账凭证，登记各种明细分类账。

17. ABC 记账凭证账务处理程序与汇总记账凭证账务处理程序的相同之处有：①根据原始凭证编制汇总原始凭证；②根据原始凭证或汇总原始凭证，编制记账凭证；③根据收、付款凭证逐笔登记库存现金日记账和银行存款日记账；④根据原始凭证、汇总原始凭证和记账凭证，登记各种明细分类账；⑤期末，将库存现金日记账、银行存款日记账和明细分类账的余额同有关总分类账的余额核对相符；⑥期末，根据总分类账和明细分类账的记录，编制财务报表。

18. ACD 三种账务处理程序的主要区别在于登记总账的依据不同。记账凭证账务处理程序是根据记账凭证逐笔登记总分类账；汇总记账凭证账务处理程序是根据汇总记账凭证登记总分类账；科目汇总表账务处理程序是根据科目汇总表登记总分类账。所以选项 B 根据记账凭证逐笔登记总分类账不符合题意。

(三) 判断题

1. 正确 企业在选择账务处理程序时，需要综合考虑本企业所属行业的特点，企业规模的大小、经济业务的性质和繁琐程度，以及会计分工、内部控制等管理上的要求。

2. 正确 记账凭证账务处理程序的特点是直接根据记账凭证逐笔登记总分类账，是最基本的账务处理程序。

3. 错误 汇总记账凭证账务处理程序是定期根据记账凭证分类编制汇总收款凭证、汇总付款凭证和汇总转账凭证，再根据汇总记账凭证登记总分类账，而不是逐日逐笔登记，因而减轻了登记总分类账的工作量。由于按照账户对应关系汇总编制记账凭证，便于了解账户之间的对应关系。

4. 错误 汇总记账凭证账务处理程序便于了解账户之间的对应关系，但不能做到试算平衡。科目汇总表账务处理程序可以做到试算平衡。

5. 正确 由于汇总转账凭证是按照每一转账凭证的贷方科目设置的，因此为了便于汇总转账凭证的编制，转账凭证应采用一借一贷或多借一贷的形式，而不能采用一借多贷的形式。

6. 错误 科目汇总表可以按月编制，也可以定期（如十天或半个月）编制。

7. 错误 科目汇总表账务处理程序可以简化总账登记的工作量，但不能反映账户之间的对应关系。

8. 错误 科目汇总表账务处理程序下，总分类账是根据科目汇总表汇总登记，而不是逐日逐笔登记。

9. 错误 科目汇总表账务处理程序下，由于科目汇总表不反映各个科目的对应关系，总分类账可采用不设立"对方科目"栏的借、贷、余三栏式账页。

10. 错误 在多栏式日记账账务处理程序下，一般是设置"收款凭证"、"付款凭证"和"转账凭证"格式，而不采用通用的记账凭证格式。

11. 错误 在不同的账务处理程序下，登记总账的依据不同。记账凭证账务处理程序下，登记总账的依据是记账凭证；科目汇总表账务处理程序下，登记总账的依据是科目汇总表。

12. 正确 各种账务处理程序的不同点在于登记总分类账的依据和方法不同，而对于库存现金日记账和银行存款日记账不论在何种账务处理程序下，都是根据收款凭证和付款凭证逐日逐笔顺序登记的。

13. 错误 虽然账务处理程序不同，但是都是根据总分类账和明细分类账编制财务报表的。

14. 正确 汇总记账凭证账务处理程序和科目汇总表账务处理程序大大简化了登记总分类账的工作量，因此适用于经济业务较多的单位。

（四）业务题

（1）编制 1 张付款凭证

借：库存现金		1 000
贷：银行存款		1 000

（2）编制 2 张转账凭证

借：材料采购——甲材料		5 000
应交税费——应交增值税（进项税额）		850
贷：应付账款——华盛公司		5 850
借：原材料——甲材料		5 000
贷：材料采购——甲材料		5 000

（3）编制 2 张转账凭证

借：应收账款——诚信公司		10 000
贷：主营业务收入		10 000
借：应收账款——诚信公司		1 700
贷：应交税费——应交增值税（销项税额）		1 700

说明：由于汇总转账凭证一般按照每一个账户的贷方设置，按照借方科目汇总，所以，平时在填制转账凭证时，应该尽量编制"一借一贷"、"一贷多借"的会计分录，不要编制"一借多贷"的会计分录。

（4）编制 1 张付款凭证

借：其他应收款——王×		500
贷：库存现金		500

（5）编制 1 张转账凭证

借：生产成本——A 产品		3 000
制造费用		500
贷：原材料——甲材料		3 500

（6）编制 2 张转账凭证

借：应收账款——华远公司		20 000
贷：主营业务收入		20 000
借：应收账款——华远公司		3 400
贷：应交税费——应交增值税（销项税额）		3 400

（7）编制 1 张转账凭证

借：材料采购		8 000
应交税费——应交增值税（进项税额）		1 360
贷：应付账款——江南公司		9 360

（8）编制 1 张转账凭证，1 张收款凭证

借：管理费用		400
贷：其他应收款——王×		400
借：库存现金		100
贷：其他应收款——王×		100

(9) 编制 1 张付款凭证
借：应付账款——华盛公司　　　　　　　　　　　　　　5 850
　　贷：银行存款　　　　　　　　　　　　　　　　　　　　　5 850
(10) 编制 1 张付款凭证
借：管理费用　　　　　　　　　　　　　　　　　　　　　800
　　贷：库存现金　　　　　　　　　　　　　　　　　　　　　　800
(11) 编制 1 张收款凭证
借：银行存款　　　　　　　　　　　　　　　　　　　　11 700
　　贷：应收账款——诚信公司　　　　　　　　　　　　　　11 700
(12) 编制 1 张转账凭证
借：生产成本——A 产品　　　　　　　　　　　　　　　5 000
　　制造费用　　　　　　　　　　　　　　　　　　　　1 000
　　贷：原材料——乙材料　　　　　　　　　　　　　　　　6 000
(13) 编制 1 张付款凭证
借：应付账款——江南公司　　　　　　　　　　　　　　9 360
　　贷：银行存款　　　　　　　　　　　　　　　　　　　　9 360
(14) 编制 1 张收款凭证
借：银行存款　　　　　　　　　　　　　　　　　　　23 400
　　贷：应收账款——华远公司　　　　　　　　　　　　　23 400

科目汇总表

20×7 年 6 月 1～10 日　　　　　　　　　　　　　　　　　　科汇第 × 号

会计科目	本期发生额		总账页数	记账凭证起讫号数
	借方	贷方		
库存现金	1 100	1 300		
银行存款	35 100	16 210		
应收账款	35 100	35 100		
其他应收款	500	500		
材料采购	13 000	5 000		
原材料	5 000	9 500		
生产成本	8 000			
制造费用	1 500			
应付账款	15 210	15 210		
应交税费	2 210	5 100		
主营业务收入		30 000		
管理费用	1 200			
合计	117 920	117 920		

汇总付款凭证

贷方科目：银行存款　　　　　　　　　20×7年6月　　　　　　　　　　汇付第×号

借方科目	金额				总账页数	
	1日至10日	11日至20日	21日至30日	合计	借方	贷方
库存现金	1 000			1 000		
应付账款	15 210			15 210		
合计	16 210			16 210		

会计主管：×××　　　　记账：×××　　　　稽核：×××　　　　填制：×××

汇总转账凭证

贷方科目：主营业务收入　　　　　　　20×7年6月　　　　　　　　　　汇转第×号

借方科目	金额				总账页数	
	1日至10日	11日至20日	21日至31日	合计	借方	贷方
应收账款	30 000			30 000		
合计	30 000			30 000		

会计主管：×××　　　　记账：×××　　　　稽核：×××　　　　填制：×××

汇总转账凭证

贷方科目：原材料　　　　　　　　　　20×7年6月　　　　　　　　　　汇转第×号

借方科目	金额				总账页数	
	1日至10日	11日至20日	21日至31日	合计	借方	贷方
生产成本	8 000			8 000		
制造费用	1 500			1 500		
合计	9 500			9 500		

会计主管：×××　　　　记账：×××　　　　稽核：×××　　　　填制：×××

（五）案例题

根据公司具体情况，应该设置以下五类账簿。

1. 库存现金日记账

登记现金收支业务，包括日期、摘要、收入金额、付出金额、结存金额。

2. 银行存款日记账

登记银行存款收支业务，格式与现金日记账相同。如果公司在几个银行开户，应该在"银行存款"科目下设置二级科目，如"银行存款——工商银行"、"银行存款——其他银行"等，这样便于查账和对账。

3. 销货日记账

用于登记销售业务。该日记账应按所销售货物类别的不同，设二级科目分类登记。

4. 明细分类账

该公司大部分科目不设二级科目，明细分类账按照规定的资产负债表和利润表科目来编制，主要采用三栏式。但对一些主要的科目应设有二级科目，分别登记，以便于管理。需要设置二级科目的具体如下：①应收票据、应收账款、应付票据、应付账款应按客户分类；②固定资产按机器设备、建筑物等分类（固定资产明细账）；③管理费用可采用多栏式管理费用明细账;④财务费用可按利息收支、汇兑损益、其他来分类;⑤应交税费可将应交增值税与应交其他税金分开列示,或者可采用多栏借贷式应交税费——应交增值税明细账。

5. 总分类账

按资产负债表和利润表科目设总分类账,采用三栏式。每3~5天根据科目汇总表进行登记。采用订本式,用标签将不同科目隔开。

六、教材参考答案

习 题 一

科目汇总表

20×7年3月1日至10日　　　　　　　　　　　　　　　　科汇第×号

会计科目	本期发生额		总账页数	记账凭证起讫号数
	借方	贷方		
库存现金	15 800	15 250		
银行存款	59 000	20 100		
应收账款		9 000		
其他应收款	250			
原材料		6 500		
固定资产	100 000			
短期借款		50 000		
应付职工薪酬	15 000			
应付账款	4 300			
实收资本		105 000		
盈余公积	5 000			
生产成本	6 500			
合计	205 850	205 850		

习 题 二

(一) 编制收款凭证、付款凭证和转账凭证。

(1) A 材料价款 = 3 000×52 = 156 000(元)

B 材料价款 = 2 000×20 = 40 000(元)

应交增值税 = (156 000 + 40 000)×17% = 33 320(元)

运杂费按材料重量比例分摊。

分摊率 = 5 000÷(3 000 + 2 000) = 1.00(元/千克)

A 材料应分摊的运杂费 = 3 000×1.00 = 3 000(元)

B 材料应分摊的运杂费 = 2 000×1.00 = 2 000(元)

编制3张转账凭证。

借：材料采购——A材料	159 000	
——B材料	42 000	
贷：应付账款		201 000
借：应交税费——应交增值税（进项税额）	33 320	
贷：应付账款		33 320
借：原材料——A材料	159 000	
——B材料	42 000	
贷：材料采购——A材料		159 000
——B材料		42 000

（2）编制1张付款凭证

借：应交税费	17 000	
贷：银行存款		17 000

（3）编制1张收款凭证

借：银行存款	8 100	
贷：应收账款		8 100

（4）编制2张付款凭证

借：库存现金	25 000	
贷：银行存款		25 000
借：应付职工薪酬——工资、奖金、津贴和补贴	18 500	
贷：库存现金		18 500

（5）编制1张付款凭证

借：管理费用	200	
贷：库存现金		200

（6）应交增值税=（350×160+320×80）×17%=13 872（元）

编制2张转账凭证。

借：应收账款	81 600	
贷：主营业务收入——甲产品		56 000
——乙产品		25 600
借：应收账款	13 872	
贷：应交税费——应交增值税（销项税费）		13 872

（7）编制1张付款凭证

借：销售费用——运杂费	3 360	
贷：银行存款		3 360

（8）编制1张付款凭证

借：应付账款	7 000	
贷：银行存款		7 000

(9) 编制 1 张付款凭证

借：应付职工薪酬——职工福利费 2 500
　　贷：库存现金 2 500

(10) 编制 1 张收款凭证

借：银行存款 350 000
　　贷：实收资本 350 000

(11) 编制 1 张收款凭证，1 张转账凭证

借：管理费用 1 500
　　贷：其他应收款——张× 1 500

借：库存现金 500
　　贷：其他应收款——张× 500

(12) 应交增值税＝（560×158＋490×80）×17％＝21 705.6（元）

编制 2 张转账凭证，1 张付款凭证

借：应收账款 127 680
　　贷：主营业务收入——甲产品 88 480
　　　　　　　　　　——乙产品 39 200

借：应收账款 21 705.6
　　贷：应交税费——应交增值税（销项税费） 21 705.6

借：应收账款 4 200
　　贷：银行存款 4 200

(13) 编制 1 张收款凭证。

借：银行存款 95 472
　　贷：应收账款 95 472

(14) A 材料单位成本＝52＋1＝53（元/千克）

B 材料单位成本＝20＋1＝21（元/千克）

材料耗用汇总表

项目	A 材料			B 材料			合计/元
	单价/(元/千克)	数量/千克	金额/元	单价/(元/千克)	数量/千克	金额/元	
甲产品	53	1 680	89 040	21	840	17 640	106 680
乙产品	53	840	44 520	21	700	14 700	59 220
车间一般耗用				21	250	5 250	5 250
合计			133 560			37 590	171 150

编制 1 张转账凭证。

借：生产成本——甲产品 106 680
　　　　　　——乙产品 59 220
　　制造费用 5 250
　　贷：原材料——A 材料 133 560
　　　　　　　——B 材料 37 590

(15) 编制 1 张转账凭证

借：生产成本——甲产品　　　　　　　　　　　　　15 120
　　　　　　——乙产品　　　　　　　　　　　　　12 180
　　　制造费用　　　　　　　　　　　　　　　　　　3 920
　　　管理费用　　　　　　　　　　　　　　　　　　6 440
　　贷：应付职工薪酬——工资、奖金、津贴和补贴　　　37 660

(16) 编制 1 张付款凭证

借：营业外支出　　　　　　　　　　　　　　　　　　10 000
　　贷：银行存款　　　　　　　　　　　　　　　　　　10 000

(17) 编制 3 张转账凭证

借：制造费用　　　　　　　　　　　　　　　　　　　7 800
　　管理费用　　　　　　　　　　　　　　　　　　　5 000
　　贷：累计折旧　　　　　　　　　　　　　　　　　12 800

借：制造费用　　　　　　　　　　　　　　　　　　　900
　　管理费用　　　　　　　　　　　　　　　　　　　300
　　贷：其他应付款　　　　　　　　　　　　　　　　1 200

借：税金及附加　　　　　　　　　　　　　　　　　　1 000
　　贷：应交税费——应交消费税　　　　　　　　　　　1 000

(18) 本月制造费用＝5 250＋3 920＋7 800＋900＝17 870（元）

分配率＝17 870÷（15 120＋12 180）＝0.654 6

甲产品分配制造费用＝15 120×0.654 6＝9 897（元）

乙产品分配制造费用＝12 180×0.654 6＝7 973（元）

编制 1 张转账凭证。

借：生产成本——甲产品　　　　　　　　　　　　　9 897
　　　　　　——乙产品　　　　　　　　　　　　　7 973
　　贷：制造费用　　　　　　　　　　　　　　　　　17 870

(19)

产品生产成本计算表　　　　　　　　　　　　　　　　单位：元

成本项目	甲产品(1 000 件)		乙产品(1 200 件)	
	总成本	单位成本	总成本	单位成本
直接材料	106 680		59 220	
直接人工	15 120		12 180	
制造费用	9 897		7 973	
产品生产成本	131 697	131.697	79 373	66.144

编制 1 张转账凭证。

借：库存商品——甲产品　　　　　　　　　　　　　131 697
　　　　　　——乙产品　　　　　　　　　　　　　79 373
　　贷：生产成本——甲产品　　　　　　　　　　　　131 697
　　　　　　　——乙产品　　　　　　　　　　　　79 373

(20) 本月销售甲产品数量＝350＋560＝910（件）
本月销售甲产品成本＝910×131.697＝119 844.27（元）
本月销售乙产品数量＝320＋490＝810（件）
本月销售乙产品成本＝810×66.144＝53 576.64（元）
编制1张转账凭证。

借：主营业务成本——甲产品　　　　　　　　　　　　119 844.27
　　　　　　　　——乙产品　　　　　　　　　　　　　53 576.64
　　贷：库存商品——甲产品　　　　　　　　　　　　　119 844.27
　　　　　　　　——乙产品　　　　　　　　　　　　　　53 576.64

(21)
本月实现营业收入＝56 000＋25 600＋88 480＋39 200＝209 280（元）
本月营业成本＝119 844.27＋53 576.64＝173 420.91（元）
本月税金及附加＝1 000（元）
本月管理费用＝200＋1 500＋6 440＋5 000＋300＝13 440（元）
本月销售费用＝3 360（元）
本月营业外支出＝10 000（元）
本月实现的利润总额＝209 280－173 420.91－1 000－13 440－3 360－10 000＝8 059.09（元）
编制6张转账凭证

借：主营业务收入　　　　　　　　　　　　　　　　　209 280
　　贷：本年利润　　　　　　　　　　　　　　　　　　209 280
借：本年利润　　　　　　　　　　　　　　　　　　　173 420.91
　　贷：主营业务成本　　　　　　　　　　　　　　　　173 420.91
借：本年利润　　　　　　　　　　　　　　　　　　　　1 000
　　贷：税金及附加　　　　　　　　　　　　　　　　　　1 000
借：本年利润　　　　　　　　　　　　　　　　　　　　13 440
　　贷：管理费用　　　　　　　　　　　　　　　　　　　13 440
借：本年利润　　　　　　　　　　　　　　　　　　　　3 360
　　贷：销售费用　　　　　　　　　　　　　　　　　　　3 360
借：本年利润　　　　　　　　　　　　　　　　　　　　10 000
　　贷：营业外支出　　　　　　　　　　　　　　　　　　10 000

(22) 所得税费用＝8 059.09×25％＝2 014.77（元）
编制2张转账凭证。

借：所得税费用　　　　　　　　　　　　　　　　　　　2 014.77
　　贷：应交税费——应交所得税　　　　　　　　　　　　2 014.77
借：本年利润　　　　　　　　　　　　　　　　　　　　2 014.77
　　贷：所得税费用　　　　　　　　　　　　　　　　　　2 014.77

(23) 净利润＝8 059.09－2 014.77＝6 044.32（元）
编制1张转账凭证

借：本年利润　　　　　　　　　　　　　　　　　　　　6 044.32
　　贷：利润分配——未分配利润　　　　　　　　　　　　6 044.32

(二) 编制汇总收款凭证、汇总付款凭证和汇总转账凭证

汇总收款凭证

借方科目：银行存款　　　　20×7年12月　　　　　　　　汇收第1号

贷方科目	金额				总账页数	
	1～10日	11～20日	21～31日	合计	借方	贷方
应收账款	8 100		95 472	103 572		
实收资本		350 000		350 000		
合计	8 100	350 000	95 472	453 572		

会计主管：×××　　　　记账：×××　　　　稽核：×××　　　　填制：×××

汇总收款凭证

借方科目：库存现金　　　　20×7年12月　　　　　　　　汇收第2号

贷方科目	金额				总账页数	
	1～10日	11～20日	21～31日	合计	借方	贷方
银行存款	25 000			25 000		
其他应收款			500	500		
合计	25 000		500	25 500		

会计主管：×××　　　　记账：×××　　　　稽核：×××　　　　填制：×××

汇总付款凭证

贷方科目：银行存款　　　　20×7年12月　　　　　　　　汇付第1号

借方科目	金额				总账页数	
	1～10日	11～20日	21～31日	合计	借方	贷方
应交税费	17 000			17 000		
库存现金	25 000			25 000		
应收账款			4 200	4 200		
应付账款		7 000		7 000		
销售费用		3 360		3 360		
营业外支出			10 000	10 000		
合计	42 000	10 360	14 200	66 560		

会计主管：×××　　　　记账：×××　　　　稽核：×××　　　　填制：×××

汇总付款凭证

贷方科目：库存现金　　　　20×7年12月　　　　　　　　汇付第2号

借方科目	金额				总账页数	
	1～10日	11～20日	21～31日	合计	借方	贷方
应付职工薪酬	18 500	2 500		21 000		
管理费用	200			200		
合计	18 700	2 500		21 200		

会计主管：×××　　　　记账：×××　　　　稽核：×××　　　　填制：×××

汇总转账凭证

贷方科目：应付账款　　　　　　　　　20×7 年 12 月　　　　　　　　　　　汇转第 1 号

借方科目	金额				总账页数	
	1～10 日	11～20 日	21～31 日	合计	借方	贷方
材料采购	201 000			201 000		
应交税费	33 320			33 320		
合计	234 320			234 320		

会计主管：×××　　　　记账：×××　　　　稽核：×××　　　　填制：×××

汇总转账凭证

贷方科目：材料采购　　　　　　　　　20×7 年 12 月　　　　　　　　　　　汇转第 2 号

借方科目	金额				总账页数	
	1～10 日	11～20 日	21～31 日	合计	借方	贷方
原材料	201 000			201 000		
合计	201 000			201 000		

会计主管：×××　　　　记账：×××　　　　稽核：×××　　　　填制：×××

汇总转账凭证

贷方科目：主营业务收入　　　　　　　20×7 年 12 月　　　　　　　　　　　汇转第 3 号

借方科目	金额				总账页数	
	1～10 日	11～20 日	21～31 日	合计	借方	贷方
应收账款	81 600		127 680	209 280		
合计	81 600		127 680	209 280		

会计主管：×××　　　　记账：×××　　　　稽核：×××　　　　填制：×××

汇总转账凭证

贷方科目：应交税费　　　　　　　　　20×7 年 12 月　　　　　　　　　　　汇转第 4 号

借方科目	金额				总账页数	
	1～10 日	11～20 日	21～31 日	合计	借方	贷方
应收账款	13 872		21 705.6	35 577.6		
税金及附加			1 000	1 000		
所得税费用			2 014.77	2 014.77		
合计	13 872		24 720.37	38 592.37		

会计主管：×××　　　　记账：×××　　　　稽核：×××　　　　填制：×××

汇总转账凭证

贷方科目：其他应收款　　　　　　　　20×7 年 12 月　　　　　　　　　　　汇转第 5 号

借方科目	金额				总账页数	
	1～10 日	11～20 日	21～31 日	合计	借方	贷方
管理费用			1 500	1 500		
合计			1 500	1 500		

会计主管：×××　　　　记账：×××　　　　稽核：×××　　　　填制：×××

汇总转账凭证

贷方科目：原材料　　　　　　　　　20×7 年 12 月　　　　　　　　　　　　汇转第 6 号

借方科目	金额				总账页数	
	1～10 日	11～20 日	21～31 日	合计	借方	贷方
生产成本			165 900	165 900		
制造费用			5 250	5 250		
合计			171 150	171 150		

会计主管：×××　　　记账：×××　　　稽核：×××　　　填制：×××

汇总转账凭证

贷方科目：应付职工薪酬　　　　　　20×7 年 12 月　　　　　　　　　　　　汇转第 7 号

借方科目	金额				总账页数	
	1～10 日	11～20 日	21～31 日	合计	借方	贷方
生产成本			27 300	27 300		
制造费用			3 920	3 920		
管理费用			6 440	6 440		
合计			37 660	37 660		

会计主管：×××　　　记账：×××　　　稽核：×××　　　填制：×××

汇总转账凭证

贷方科目：累计折旧　　　　　　　　20×7 年 12 月　　　　　　　　　　　　汇转第 8 号

借方科目	金额				总账页数	
	1～10 日	11～20 日	21～31 日	合计	借方	贷方
制造费用			7 800	7 800		
管理费用			5 000	5 000		
合计			12 800	12 800		

会计主管：×××　　　记账：×××　　　稽核：×××　　　填制：×××

汇总转账凭证

贷方科目：其他应付款　　　　　　　20×7 年 12 月　　　　　　　　　　　　汇转第 9 号

借方科目	金额				总账页数	
	1～10 日	11～20 日	21～31 日	合计	借方	贷方
制造费用			900	900		
管理费用			300	300		
合计			1 200	1 200		

会计主管：×××　　　记账：×××　　　稽核：×××　　　填制：×××

汇总转账凭证

贷方科目：制造费用　　　　　　　　20×7 年 12 月　　　　　　　　　　　　汇转第 10 号

借方科目	金额				总账页数	
	1～10 日	11～20 日	21～31 日	合计	借方	贷方
生产成本			17 870	17 870		
合计			17 870	17 870		

会计主管：×××　　　记账：×××　　　稽核：×××　　　填制：×××

汇总转账凭证

贷方科目：生产成本　　　　　　　　　20×7 年 12 月　　　　　　　　　*汇转第 11 号*

借方科目	金额				总账页数	
	1～10 日	11～20 日	21～31 日	合计	借方	贷方
库存商品			211 070	211 070		
合计			211 070	211 070		

会计主管：×××　　　　记账：×××　　　　稽核：×××　　　　填制：×××

汇总转账凭证

贷方科目：库存商品　　　　　　　　　20×7 年 12 月　　　　　　　　　*汇转第 12 号*

借方科目	金额				总账页数	
	1～10 日	11～20 日	21～31 日	合计	借方	贷方
主营业务成本			173 420.91	173 420.91		
合计			173 420.91	173 420.91		

会计主管：×××　　　　记账：×××　　　　稽核：×××　　　　填制：×××

汇总转账凭证

贷方科目：本年利润　　　　　　　　　20×7 年 12 月　　　　　　　　　*汇转第 13 号*

借方科目	金额				总账页数	
	1～10 日	11～20 日	21～31 日	合计	借方	贷方
主营业务收入			209 280	209 280		
合计			209 280	209 280		

会计主管：×××　　　　记账：×××　　　　稽核：×××　　　　填制：×××

汇总转账凭证

贷方科目：主营业务成本　　　　　　　20×7 年 12 月　　　　　　　　　*汇转第 14 号*

借方科目	金额				总账页数	
	1～10 日	11～20 日	21～31 日	合计	借方	贷方
本年利润			173 420.91	173 420.91		
合计			173 420.91	173 420.91		

会计主管：×××　　　　记账：×××　　　　稽核：×××　　　　填制：×××

汇总转账凭证

贷方科目：税金及附加　　　　　　　　20×7 年 12 月　　　　　　　　　*汇转第 15 号*

借方科目	金额				总账页数	
	1～10 日	11～20 日	21～31 日	合计	借方	贷方
本年利润			1 000	1 000		
合计			1 000	1 000		

会计主管：×××　　　　记账：×××　　　　稽核：×××　　　　填制：×××

第六章　账务处理程序

汇总转账凭证

贷方科目：管理费用　　　　　　20×7 年 12 月　　　　　　汇转第 16 号

借方科目	金额				总账页数	
	1～10 日	11～20 日	21～31 日	合计	借方	贷方
本年利润			13 440	13 440		
合计			13 440	13 440		

会计主管：×××　　　　记账：×××　　　　稽核：×××　　　　填制：×××

汇总转账凭证

贷方科目：销售费用　　　　　　20×7 年 12 月　　　　　　汇转第 17 号

借方科目	金额				总账页数	
	1～10 日	11～20 日	21～31 日	合计	借方	贷方
本年利润			3 360	3 360		
合计			3 360	3 360		

会计主管：×××　　　　记账：×××　　　　稽核：×××　　　　填制：×××

汇总转账凭证

贷方科目：营业外支出　　　　　20×7 年 12 月　　　　　　汇转第 18 号

借方科目	金额				总账页数	
	1～10 日	11～20 日	21～31 日	合计	借方	贷方
本年利润			10 000	10 000		
合计			10 000	10 000		

会计主管：×××　　　　记账：×××　　　　稽核：×××　　　　填制：×××

汇总转账凭证

贷方科目：所得税费用　　　　　20×7 年 12 月　　　　　　汇转第 19 号

借方科目	金额				总账页数	
	1～10 日	11～20 日	21～31 日	合计	借方	贷方
本年利润			2 014.71	2 014.71		
合计			2 014.71	2 014.71		

会计主管：×××　　　　记账：×××　　　　稽核：×××　　　　填制：×××

汇总转账凭证

贷方科目：利润分配　　　　　　20×7 年 12 月　　　　　　汇转第 20 号

借方科目	金额				总账页数	
	1～10 日	11～20 日	21～31 日	合计	借方	贷方
本年利润			6 044.32	6 044.32		
合计			6 044.32	6 044.32		

会计主管：×××　　　　记账：×××　　　　稽核：×××　　　　填制：×××

(三) 编制科目汇总表

科目汇总表

20×7年12月1日至10日　　　　　　　　　　　　　　　　　科汇第 1 号

会计科目	本期发生额		总账页数	记账凭证起讫号数
	借方	贷方		
库存现金	25 000	18 700		
银行存款	8 100	42 000		
应收账款	95 472	8 100		
材料采购	201 000	201 000		
原材料	201 000			
应付账款		234 320		
应付职工薪酬	18 500			
应交税费	50 320	13 872		
主营业务收入		81 600		
管理费用	200			
合计	599 592	599 592		

科目汇总表

20×7年12月11日至20日　　　　　　　　　　　　　　　　科汇第 2 号

会计科目	本期发生额		总账页数	记账凭证起讫号数
	借方	贷方		
库存现金		2 500		
银行存款	350 000	10 360		
应付账款	7 000			
应付职工薪酬	2 500			
实收资本		350 000		
销售费用	3 360			
合计	362 860	362 860		

科目汇总表

20×7年12月21日至31日　　　　　　　　　　　　　　　　科汇第 3 号

会计科目	本期发生额		总账页数	记账凭证起讫号数
	借方	贷方		
库存现金	500			
银行存款	95 472	14 200		
应收账款	153 585.6	95 472		
其他应收款		2 000		
原材料		171 150		
库存商品	211 070	173 420.91		

续表

会计科目	本期发生额		总账页数	记账凭证起讫号数
	借方	贷方		
累计折旧		12 800		
应付职工薪酬		37 660		
应交税费		24 720.37		
其他应付款		1 200		
本年利润	209 280	209 280		
利润分配		6 044.32		
生产成本	211 070	211 070		
制造费用	17 870	17 870		
主营业务收入	209 280	127 680		
主营业务成本	173 420.91	173 420.91		
税金及附加	1 000	1 000		
销售费用		3 360		
管理费用	13 240	13 440		
营业外支出	10 000	10 000		
所得税费用	2 014.77	2 014.77		
合计	1 307 803.28	1 307 803.28		

案 例 分 析

（1）公司账簿体系至少应包括以下几种：总账、库存现金日记账、银行存款日记账、主营业务收入明细账、主营业务成本明细账、营业费用明细账、库存商品明细账、应收账款明细账、应付账款明细账等。

编制本月发生各项经济业务的会计分录如下。

吴×向公司投入资金。

借：银行存款　　　　　　　　　　　　　　　　　　　　　　　　100 000
　　贷：实收资本　　　　　　　　　　　　　　　　　　　　　　　　100 000

用支票支付内部装修费，并摊销当月费用。

借：长期待摊费用　　　　　　　　　　　　　　　　　　　　　　　20 000
　　贷：银行存款　　　　　　　　　　　　　　　　　　　　　　　　20 000

借：营业费用　　　　　　　　　　　　　　　　　　　　　　　　　　500
　　贷：长期待摊费用　　　　　　　　　　　　　　　　　　　　　　　500

用支票购买商品。

借：库存商品　　　　　　　　　　　　　　　　　　　　　　　　　70 400
　　贷：银行存款　　　　　　　　　　　　　　　　　　　　　　　　59 840
　　　　应付账款　　　　　　　　　　　　　　　　　　　　　　　　10 560

零售服装一批。

借：银行存款　　　　　　　　　　　　　　　　　　　　　　　　　38 800
　　贷：主营业务收入　　　　　　　　　　　　　　　　　　　　　　38 800

批发服装一批。

借：银行存款　　　　　　　　　　　　　　　　　　　　　　12 570
　　应收账款　　　　　　　　　　　　　　　　　　　　　　13 300
　　贷：主营业务收入　　　　　　　　　　　　　　　　　　　　　25 870
用支票支付店面租金。
借：营业费用　　　　　　　　　　　　　　　　　　　　　　 2 000
　　贷：银行存款　　　　　　　　　　　　　　　　　　　　　　 2 000
从银行提取现金。
借：库存现金　　　　　　　　　　　　　　　　　　　　　　10 000
　　贷：银行存款　　　　　　　　　　　　　　　　　　　　　　10 000
支付雇佣店员工资
借：主营业务成本　　　　　　　　　　　　　　　　　　　　 4 000
　　贷：库存现金　　　　　　　　　　　　　　　　　　　　　　 4 000
用作个人生活费的资金，应该看做投资者撤资。
借：实收资本　　　　　　　　　　　　　　　　　　　　　　 5 000
　　贷：库存现金　　　　　　　　　　　　　　　　　　　　　　 5 000
用支票支付本月水电费。
借：营业费用　　　　　　　　　　　　　　　　　　　　　　　 543
　　贷：银行存款　　　　　　　　　　　　　　　　　　　　　　　 543
用现金支付电话费。
借：营业费用　　　　　　　　　　　　　　　　　　　　　　　 220
　　贷：库存现金　　　　　　　　　　　　　　　　　　　　　　　 220
用现金支付其他各项杂费。
借：营业费用　　　　　　　　　　　　　　　　　　　　　　　 137
　　贷：库存现金　　　　　　　　　　　　　　　　　　　　　　　 137
通过本期购买服装70 400元，月底盘存服装25 800元，倒推出本月销售成本＝70 400－25 800＝44 600（元），结转主营业务成本。
借：主营业务成本　　　　　　　　　　　　　　　　　　　　44 600
　　贷：库存商品　　　　　　　　　　　　　　　　　　　　　　44 600
（2）报告公司财务状况及评述经营业绩。
5月份服装收入总额＝25 870＋38 800＝64 670（元）
5月份各项成本、费用总额＝500＋2 000＋4 000＋543＋220＋137＋44 600＝52 000（元）
5月份实现利润总额＝64 670－52 000＝12 670（元）
银行存款余额＝100 000－20 000－59 840＋38 800＋12 570－2 000－10 000－543＝58 987（元）
现金余额＝10 000－4 000－5 000－220－137＝643（元）
5月末资产总额＝现金＋银行存款＋应收账款＋库存商品＋长期待摊费用＝643＋58 987＋13 300＋25 800＋（20 000－500）＝118 230（元）
5月末负债总额＝应付账款＝10 560（元）
5月末所有者权益总额＝实收资本＋本期实现利润总额＝（100 000－5 000）＋12 670＝107 670(元)

通过上述计算可以看出，5月份公司实现利润总额12 670元，经营情况良好。银行存款减少并不代表经营亏损，造成银行存款减少的原因是应收账款比应付账款增加、支付内部装修费、月末还存在部分库存商品等。

第七章
财产清查

一、本章知识结构图

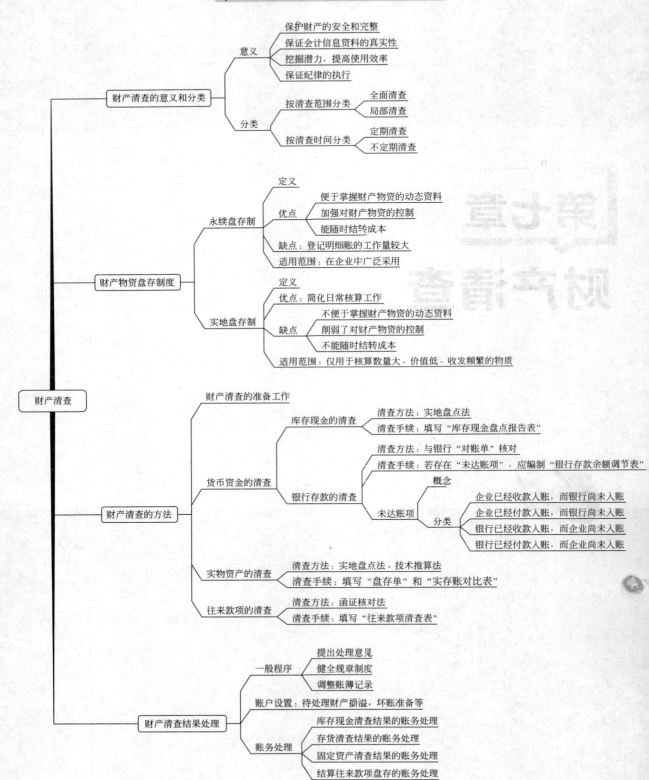

二、疑难解答

1. 财产清查主要包括哪些内容？它们分别采用何种方法？

答：财产清查主要包括实物清查、库存现金清查、银行存款清查和往来账项清查等。

实物清查是指对原材料、在产品、低值易耗品、库存商品、固定资产等财产物资的清查，对这类财产的清查通常采用实地盘点法，有些堆垛笨重的商品，点数、过秤确有困难的，也可采用技术推算法；库存现金清查采用实地盘点法；银行存款的清查是采取与开户银行核对账目的方法进行的；往来账项清查一般采用函询法。

2. 永续盘存制与实地盘存制的异同点是什么？

答：永续盘存制与实地盘存制的异同点可以归纳如下表所示。

异同	永续盘存制	实地盘存制
相同点	(1)在账簿中都要登记增加数 (2)都要进行实地盘点	
不同点	(1)在账簿中要登记减少数，并随时结出结存数 (2)实地盘点的目的是为了保证账实相符 (3)会产生盘盈盘亏问题 (4)适用范围广	(1)不登记减少数，期末根据实地盘点确定实存数 (2)实地盘点的目的是为了倒算出本月的减少数 (3)不会产生盘盈盘亏问题 (4)只适用于一些价值低、数量大、进出频繁的商品或材料物资

3. 企业办理现金收支业务时，应当遵守哪些规定？

答：根据《现金管理暂行条例》及《现金管理暂行条例实施细则》，企业现金收支应当依照下列规定办理。

（1）企业现金收入应当于当日送存开户银行。当日送存确有困难的，由开户银行确定送存时间。

（2）企业支付现金，可以从本单位库存现金限额中支付或者从开户银行提取，不得从本单位的现金收入中直接支付（即坐支）。因特殊情况需要坐支现金的，应当事先报经开户银行审查批准，由开户银行核定坐支范围和限额。坐支单位应当定期向开户银行报送坐支金额和使用情况。

（3）企业从开户银行提取现金，应当写明用途，由本单位财会部门负责人签字盖章，经开户银行审核后，予以支付现金。

（4）因采购地点不固定，交通不便，生产以及其他特殊情况必须使用现金的，应当向开户银行提出申请，由本单位财会部门负责人签字盖章，经开户银行审核后，予以支付现金。

（5）不准用不符合财务制度的凭证顶替库存现金，即不得"白条顶库"；不准谎报用途套取现金；不准用银行账户代其他单位和个人存入或支取现金；不准用单位收入的现金以个人名义存储，不准保留账外公款，不得设置"小金库"等。

4. 是否可以根据银行存款余额调节表进行账务处理？

答：银行存款余额调节表能够揭露未达账项、检查账簿记录的正确性，不能据此进行账务处理。对于未达账项，一般不做处理，待下月凭证到达后自然处理，如下月凭证仍未到达，应及时与银行联系，查明原因。

5. 财产清查中出现差异为什么必须通过"待处理财产损溢"账户调整？

答：为了核算和监督财产清查结果的账务处理情况，需设置"待处理财产损溢"账户。

这个账户是一个过渡性账户，主要用于从发现账存、实存不一致到有关部门批准进行处理的过程。该账户的借方先用来登记发生的待处理盘亏、毁损的金额，待盘亏、毁损的原因查明，并经审批后，再从该账户的贷方转入有关账户的借方；该账户的贷方先用来登记发生的待处理盘盈的金额，待盘盈的原因查明，并经审批后，再从该账户的借方转入有关账户的贷方。

6. 在使用"待处理财产损溢"账户时，需要注意哪些问题？

答：（1）只有存货和库存现金清查结果盘盈或盘亏时用到该账户，而债权债务的盈亏余缺及固定资产的盘盈不在该账户中核算。

（2）该账户的具体运用要分批准前和批准后两个步骤。

（3）盘盈或盘亏的存货如果在会计期末尚未批准的，应在对外提供财务报告时先按有关规定进行处理，并在财务报表附注中作出说明，如果其后批准处理的金额与已处理的金额不一致，应按其差额调整财务报表相关项目的年初数。

7. 对于库存现金、存货、固定资产盘盈盘亏经过审批之后，应分别采用何种方法进行账务处理？

答：对于盘盈、盘亏的财产物资，按照管理权限报经批准后，会计人员应根据批准的文件进行相应的账务处理。

项目	盘亏		盘盈	
	借记有关科目	原因	贷记有关科目	原因
库存现金	其他应收款	责任人或保险公司赔偿	其他应付款	应支付给有关人员或单位
	管理费用	无法查明原因	营业外收入	无法查明原因
存货	管理费用	计量不准确、管理不善、自然损耗等	管理费用	
	其他应收款	责任人或保险公司赔偿		
	营业外支出	非常损失		
固定资产	其他应收款	责任人或保险公司赔偿	以前年度损益调整	
	营业外支出	非常损失		

8. 存货盘盈与固定资产盘盈的账务处理为何不同？

答：《企业会计准则第28号——会计政策、会计估计变更和差错更正》第11条中提到"前期差错通常包括计算错误、应用会计政策错误、疏忽或曲解事实以及舞弊产生的影响以及存货、固定资产盘盈等。"

存货和固定资产的盘盈都属于前期差错，但存货盘盈通常金额较小，不会影响财务报表使用者对企业以前年度的财务状况、经营成果和现金流量进行判断，因此，存货盘盈时通过"待处理财产损溢"科目进行核算，按管理权限报经批准后冲减"管理费用"，不调整以前年度的报表。而固定资产是一种单位价值较高、使用期限较长的有形资产，因此，对于管理规范的企业而言，在清查中发现盘盈的固定资产是比较少见的，也是不正常的，并且固定资产盘盈会影响财务报表使用者对企业以前年度的财务状况、经营成果和现金流量进行判断。因此，固定资产盘盈应作为前期差错处理，通过"以前年度损益调整"科目核算。

三、练习题

（一）单项选择题

1. 财产清查是用来检查（   ）的一种专门方法。
   A. 账实是否相符   B. 账证是否相符   C. 账表是否相符   D. 账账是否相符
2. 下列关于财产清查的描述不正确的是（   ）。
   A. 造成账实不符的原因有些是可以避免的，但有些又是难以避免的
   B. 财产清查是为了查明账存数和实存数是否相符
   C. 财产清查既是会计核算的一种专门方法，又是财产物质的一项重要制度
   D. 账簿记录正确足以说明其记录的数量和金额真实可靠
3. 全面清查和局部清查是按照（   ）来划分的。
   A. 财产清查的范围   B. 财产清查的时间
   C. 财产清查的方法   D. 财产清查的性质
4. 材料保管员调离岗位时，应采用（   ）法进行财产清查。
   A. 全面清查   B. 局部清查   C. 定期清查   D. 抽样清查
5. 年终决算前进行的财产清查属于（   ）。
   A. 局部清查和定期清查   B. 全面清查和定期清查
   C. 全面清查和不定期清查   D. 局部清查和不定期清查
6. 某企业在遭受洪灾后，对其受损的财产物资进行的清查，属于（   ）。
   A. 局部清查和定期清查   B. 全面清查和定期清查
   C. 全面清查和不定期清查   D. 局部清查和不定期清查
7. 永续盘存制下，财产清查的目的是（   ）。
   A. 账实是否相符   B. 账证是否相符   C. 账账是否相符   D. 账表是否相符
8. 下列选项中不是实地盘存制特点的是（   ）。
   A. 简化存货的日常核算工作
   B. 容易掩盖存货管理中存在的自然和人为的损失
   C. 随时反映存货的收入、发出和结存的状态
   D. 加大了期末工作量
9. 技术推算法适用于（   ）。
   A. 流动性较大的物资   B. 固定资产
   C. 大量成堆难以逐一清点的存货   D. 贵重物资
10. 财产清查时，（   ）为盘亏。
    A. 实存数小于账存数   B. 实存数大于账存数
    C. 实存数等于账存数   D. 实存数不等于账存数
11. 下列属于实物资产清查范围的是（   ）。
    A. 现金   B. 存货   C. 银行存款   D. 应收账款
12. 下列记录可以作为调整账面数字的原始凭证的是（   ）。
    A. 盘存单   B. 银行对账单
    C. 银行存款余额调节表   D. 库存现金盘点报告表
13. 关于现金的清查，下列说法不正确的是（   ）。

A. 在清查小组盘点现金时，出纳人员必须在场
B. "库存现金盘点报告表"需要清查人员和出纳人员共同签字盖章
C. 应根据"库存现金盘点报告表"进行账务处理
D. 不应根据"库存现金盘点报告表"进行账务处理

14. 在财产清查中填制的"实存账存对比表"是（　　）。
A. 调整账面记录的原始凭证　　　B. 调整账面记录的记账凭证
C. 登记总分类账的直接依据　　　D. 登记日记账的直接依据

15. 未达账项是企业的（　　）。
A. 对账依据　　　　　　　　　　B. 调账依据
C. 记账依据　　　　　　　　　　D. 编制财务报表的依据

16. 企业12月31日银行存款日记账的余额为150 000元，经逐笔核对，未达账项如下：银行已收，企业未收的92 000元；银行已付，企业未付的2 000元。调整后的企业银行存款余额应为（　　）。
A. 240 000元　　B. 60 000元　　C. 56 000元　　D. 244 000元

17. 企业委托银行收取的款项，银行已收并入账，而企业尚未收到通知未入账，月末采用补记法编制银行存款调节表时，该笔金额应在（　　）。
A. 企业日记账上加　　　　　　　B. 企业日记账上减
C. 银行对账单上加　　　　　　　D. 银行对账单上减

18. 月末企业银行存款日记账余额为180 000元，银行对账单余额为170 000元，经过未达账项调节后余额为160 000元，则对账日企业可以动用的银行存款实有数额为（　　）元。
A. 180 000　　B. 170 000　　C. 160 000　　D. 不能确定

19. 对应收账款进行清查时，应采用的方法是（　　）。
A. 实地盘点法　　　　　　　　　B. 技术推算法
C. 发函询证法　　　　　　　　　D. 与记账凭证核对

20. 下列业务中，不需要通过"待处理财产损溢"账户核算的是（　　）。
A. 固定资产盘亏　　　　　　　　B. 无法收回的应收账款
C. 材料盘盈　　　　　　　　　　D. 产成品丢失

21. 现金清查发现现金短款时，处理前应贷记（　　）账户。
A. 其他应收款　　　　　　　　　B. 库存现金
C. 营业外支出　　　　　　　　　D. 待处理财产损溢

22. 对无法查明原因的现金短缺，企业正确的处理是（　　）。
A. 借记管理费用　　　　　　　　B. 贷记管理费用
C. 借记营业外收入　　　　　　　D. 贷记营业外收入

23. 企业在进行现金清查时，查出现金溢余，并将溢余数记入"待处理财产损溢"科目。后经进一步核查，无法查明原因，经批准后，对该现金溢余正确的会计处理方法是（　　）。
A. 将其从"待处理财产损溢"科目转入"管理费用"科目
B. 将其从"待处理财产损溢"科目转入"营业外收入"科目
C. 将其从"待处理财产损溢"科目转入"其他应付款"科目
D. 将其从"待处理财产损溢"科目转入"其他应收款"科目

24. 企业对于已记入"待处理财产损溢"账户的存货盘亏及毁损事项进行会计处理时，

应计入营业外支出的是（　　）。
   A. 管理不善造成的存货净损失　　　　B. 自然灾害造成的存货净损失
   C. 应由保险公司赔偿的存货损失　　　D. 应由过失人赔偿的存货损失
25. 企业对于已计入"待处理财产损溢"的存货盘亏及毁损事项进行会计处理时，应计入管理费用的是（　　）。
   A. 管理不善造成的存货净损失　　　　B. 自然灾害造成的存货净损失
   C. 应由保险公司赔偿的存货损失　　　D. 应由过失人赔偿的存货损失
26. 某增值税一般纳税企业因暴雨毁损库存原材料一批，其成本为 200 万元，经确认应转出的增值税税额为 34 万元；收回残料价值 8 万元，收到保险公司赔偿款 112 万元。假定不考虑其他因素，经批准企业确认该材料毁损净损失的会计分录是（　　）。
   A. 借：营业外支出　　114　　　贷：待处理财产损溢　　114
   B. 借：管理费用　　　114　　　贷：待处理财产损溢　　114
   C. 借：营业外支出　　80　　　 贷：待处理财产损溢　　80
   D. 借：管理费用　　　80　　　 贷：待处理财产损溢　　80

（二）多项选择题

1. 企业进行财产清查，其意义有（　　）。
   A. 确保会计资料真实可靠　　　　B. 保护财产物资的安全完整
   C. 促进财产物资的有效使用　　　D. 确保财经纪律的贯彻执行
2. 财产清查包括（　　）。
   A. 实物清查　　　B. 现金清查　　　C. 银行存款清查　　　D. 债权债务清查
3. 导致企业财产物资账存数与实存数不符的主要原因有（　　）。
   A. 财产物资发生自然损耗　　　　B. 财产物资收发计量有差错
   C. 财产物资毁损、被盗　　　　　D. 账簿记录重记、漏记
4. 下列各种情况，需要进行财产全面清查的有（　　）。
   A. 年终决算之前　　　　　　　　B. 企业合并前
   C. 出纳人员调离工作前　　　　　D. 公司总经理调离工作前
5. 企业出纳员每日终了时所进行的财产清查工作属于（　　）。
   A. 全面清查　　　B. 局部清查　　　C. 定期清查　　　D. 不定期清查
6. 下面关于局部清查的说法正确的是（　　）。
   A. 根据需要对一部分财产进行的清查
   B. 局部清查范围小，涉及人员少，但专业性较强
   C. 局部清查的对象主要是流动性较强的财产
   D. 每月对债权债务的核对属于局部清查
7. 不定期财产清查应在（　　）情况下进行。
   A. 年终决算前　　　　　　　　　B. 更换财产物资的保管人员时
   C. 发生非常灾害时　　　　　　　D. 企业并购、资产重组时
8. 财产物资的盘存制度有（　　）。
   A. 收付实现制　　B. 权责发生制　　C. 永续盘存制　　D. 实地盘存制
9. 关于永续盘存制和实地盘存制，说法正确的是（　　）。
   A. 永续盘存制有利于加强对存货的管理　　B. 永续盘存制记录存货明细的工作量大
   C. 实地盘存制简化存货的日常核算工作　　D. 实地盘存制减少了期末工作量

10. 下列对实地盘存制的叙述中，正确的是（　　）。
    A. 这种方法工作简单、工作量小
    B. 这种方法工作复杂、工作量大
    C. 不便于会计监督的实施
    D. 只根据会计凭证在账簿中登记财产物资的增加数，不登记减少数
11. 财产物资账面结存的方法采用"实地盘存制"时，平时在账簿中（　　）。
    A. 登记财产物资的增加数　　　　B. 登记财产物资的减少数
    C. 不登记财产物资的增加数　　　D. 不登记财产物资的减少数
12. 现金清查的内容主要包括（　　）。
    A. 是否有未达账项　　　　　　　B. 是否有白条顶库
    C. 是否超限额留存现金　　　　　D. 是否坐支现金
13. 下列关于企业现金清查说法正确的有（　　）。
    A. 现金清查一般采用实地盘点法
    B. 对于现金清查结果，应编制现金盘点报告表，并由出纳人员和盘点人员签字盖章
    C. 对于无法查明的现金短缺，经过批准后应计入管理费用
    D. 清查人员清查时，出纳人员可以不在场
14. 企业存货应当定期清查，每年至少清查一次。清查存货采用的方法通常有（　　）。
    A. 实地盘点法　　B. 发函询证法　　C. 技术推算法　　D. 对账单核对法
15. 进行局部财产清查时，正确的做法是（　　）。
    A. 现金每月清点一次　　　　　　B. 银行存款每月至少同银行核对一次
    C. 贵重物品每月盘点一次　　　　D. 债权债务每年至少核对一至两次
16. 银行存款的清查应根据（　　）进行核对。
    A. 银行存款余额调节表　　　　　B. 银行存款总分类账
    C. 银行存款日记账　　　　　　　D. 银行对账单
17. 银行存款日记账与银行对账单不一致的原因有（　　）。
    A. 企业或银行出现记账错误　　　B. 出现未达账项
    C. 出现已达账项　　　　　　　　D. 以上均是
18. 编制银行存款余额调节表时，下列未达账项中，会导致企业银行存款日记账的账面余额小于银行对账单余额的有（　　）。
    A. 企业开出支票，银行尚未支付
    B. 企业送存支票，银行尚未入账
    C. 银行代收款项，企业尚未接到收款通知
    D. 银行代付款项，企业尚未接到付款通知
19. 关于"银行存款余额调节表"，下列说法不正确的是（　　）。
    A. 企业可根据"银行存款余额调节表"调整账簿
    B. "银行存款余额调节表"是重要的原始凭证
    C. "银行存款余额调节表"调节后的余额是企业可以动用的实际存款数
    D. "银行存款余额调节表"调节平衡后，说明企业与银行双方记账均无错误
20. 关于往来账项的清查，下列说法正确的有（　　）。
    A. 往来账项的清查一般采用与对方对账的方法
    B. 要按每一个经济往来单位填制"往来账项对账单"
    C. 对方单位经过核对相符后，在回联单上加盖公章退回，表示已经核对

D. 可以根据"往来账项对账单"进行账务处理

21. "待处理财产损溢"账户，属于双重性质账户，其贷方登记的内容有（　　）。
   A. 财产清查发生的盘亏、毁损数　　　　B. 财产清查发生的盘盈数
   C. 批准处理的财产盘盈的转销数　　　　D. 批准处理的财产盘亏、毁损转销数

22. 下列业务中，需要通过"待处理财产损溢"账户核算的是（　　）。
   A. 发现账外固定资产　　　　　　　　　B. 应收账款无法收回
   C. 原材料盘亏　　　　　　　　　　　　D. 库存现金盘亏

23. 发现的财产物资盘亏数，批准后可能转入的账户是（　　）。
   A. 管理费用　　　B. 其他应收款　　　C. 销售费用　　　D. 营业外支出

24. 下列各项中，不应确认为营业外收入的有（　　）。
   A. 存货盘盈　　　　　　　　　　　　　B. 固定资产出租收入
   C. 固定资产盘盈　　　　　　　　　　　D. 无法查明原因的现金溢余

25. 在财产清查结果的账务处理中，经批准计入"营业外支出"的盘亏损失有（　　）。
   A. 固定资产盘亏净损失　　　　　　　　B. 自然灾害造成的流动资产损失
   C. 坏账损失　　　　　　　　　　　　　D. 责任事故造成的流动资产损失

26. 下列存货盘亏损失，报经批准后，可转入管理费用的有（　　）。
   A. 保管中产生的定额内自然损耗　　　　B. 管理不善所造成的毁损净损失
   C. 自然灾害所造成的毁损净损失　　　　D. 计量不准确所造成的短缺净损失

（三）判断题

1. 财产清查是对资产进行的清查，对企业的负债则可以不予考虑。（　　）
2. 全面清查只有在年度终了时进行。（　　）
3. 对仓库中的所有存货进行盘点属于全面清查。（　　）
4. 全面清查是定期进行的，局部清查是不定期清查。（　　）
5. 采用永续盘存制的企业，对财产物资一般不需要进行实地盘点。（　　）
6. 如果企业已经确定对存货实行永续盘存制，则企业对所有存货都要实行永续盘存制。（　　）
7. 实地盘存制随时结出财产物资结存数量，因此可随时反映出财产物资的收入、发出和结余情况。（　　）
8. 实地盘存制下，期初存货成本和本期购货成本从账上取得，实地盘存确定期末存货成本，从而计算出本期销货成本。（　　）
9. 财产清查后，如果发现盘盈或盘亏，应直接调整账簿记录，以保证账实相符。（　　）
10. 定期财产清查一般在结账以后进行。（　　）
11. 在进行库存现金和存货清查时，出纳人员和实物保管人员应当回避。（　　）
12. 现金和银行存款同属于货币资金，因此清查方法是相同的。（　　）
13. 企业银行存款的账面余额与银行对账单余额因未达账项存在差额时，应按照银行存款余额调节表调整银行存款日记账。（　　）
14. 未达账项仅指企业未收到凭证而未入账的款项。（　　）
15. 企业的银行存款日记账与银行对账单所登记的内容是相同的，都是反映企业的银行存款的增减变动情况。（　　）
16. 编制银行存款余额调节表后，调节后的余额是企业实际可以使用的存款数额。（　　）

17. 某企业 20×7 年 12 月 31 日银行存款日记账账面余额为 450 000 元，银行对账单为 435 000 元，则企业在编制资产负债表时，应以 450 000 元为依据计算货币资金项目期末数。（ ）

18. 企业对于与外部单位往来账项的清查，一般采取编制对账单交给对方单位的方式进行，因此属于账账核对。（ ）

19. "待处理财产损溢"账户的借方登记财产物资的盘盈数和盘点毁损的转销数。（ ）

20. 如果期末"待处理财产损溢——待处理流动资产损溢"有借方余额，则说明有尚未处理的流动资产的净溢余。（ ）

21. 现金清查中，对于无法查明原因的现金短缺，经批准后应计入营业外支出。（ ）

22. 某公司在财产清查时发现的存货盘亏、盘盈，应当于年末结账前处理完毕，如果确实尚未报经批准的，可先保留在"待处理财产损溢"科目中，待批准后再处理。（ ）

23. 财产清查时，如果是盘盈应当调整实存数，如果是盘亏应当调整账存数。（ ）

24. 某企业在财产清查时查明盘亏固定资产一项，原价为 320 000 元，累计折旧为 200 000 元，报经批准处理后将导致营业利润减少 120 000 元。（ ）

25. 企业盘盈的固定资产应该通过"待处理财产损溢"科目核算。（ ）

26. 存货盘亏、毁损的净损失一律计入管理费用。（ ）

27. 固定资产报废、毁损以及盘亏，均应通过"待处理财产损溢"科目核算。（ ）

28. 无法收回的款项，需通过"待处理财产损溢"科目核算后，冲减坏账准备。（ ）

（四）业务题

习 题 一

1. 目的

练习银行存款余额调节表的编制。

2. 资料

某企业 7 月 31 日银行存款日记账的余额为 170 000 元，经逐笔核对后，发现以下未达账项：

（1）企业收到一张支票 50 000 元，已登记入账，而银行尚未记账；

（2）企业委托银行代收货款 45 000 元，银行已收妥并登记入账，但企业尚未收到银行转来的收款单据；

（3）企业于月末开出转账支票 26 000 元，持票单位未到银行提示付款；

（4）银行受托代企业支付水电费 4 000 元，银行已记账，企业未收到银行付款通知，尚未记账。

3. 要求

假如企业和银行记账都没有错误，计算银行对账单的余额是多少？

习 题 二

1. 目的

练习财产清查结果的账务处理。

2. 资料

某企业进行财产清查，发现下列情况。

(1) 现金盘点时，发现短款 300 元；经批准出纳承担 100 元赔偿，其余损失由企业承担。

(2) 甲材料账面结存数 300 千克，单价 20 元/千克，实地盘点数为 292 千克。乙材料账面结存数 450 千克，单价 15 元/千克，实地盘点数为 460 千克。经查甲材料盘亏是材料收发过程中计量误差所致。

(3) 企业由于一次意外火灾，造成外购丙材料盘亏 20 000 元，该材料购入时支付的增值税为 3 400 元；由于企业已向保险公司投保，保险公司同意赔付 15 000 元，残料还可作价 200 元入库，其余损失由企业承担。

(4) 财产清查后，盘亏设备一台，该设备原值 30 000 元，已提折旧 18 000 元，购入时增值税税额为 5 100 元。

3. 要求

分别写出批准前和批准后的会计分录。

四、案例题

20×8 年 1 月 15 日，查账人员对保诚公司 20×7 年 12 月 31 日资产负债表进行检查时，查得"货币资金"项目中的库存现金余额为 3 186.30 元，该公司 20×8 年 1 月 15 日库存现金日记账的余额为 2 496.30 元。20×8 年 1 月 16 日上午 8 时，查账人员对该企业的库存现金进行了盘点，盘点结果如下。

(1) 现金实有数为 1 882.02 元。

(2) 在保险柜中发现下列单据已收、付款，但尚未入账。

职工张某 20×7 年 11 月 23 日预借差旅费 600 元，已经领导批准。

职工吴某借据一张，金额 420 元，未经批准，也没有说明其用途。

有已收款单未记账的凭证 5 张，金额 405.72 元。

(3) 经核对 1 月 1~15 日的收付款凭证和库存现金日记账，核实 1 月 1~15 日的现金收入数为 7 050 元，现金支出数为 7 740 元，正确无误。

要求：

(1) 根据上述资料，核实 1 月 15 日库存现金应有数，判断是否存在现金溢缺？

(2) 该企业 20×7 年 12 月 31 日资产负债表中的库存现金数是否真实、可靠？

(3) 该企业在内部控制方面存在哪些问题？

五、练习题与案例题答案及解析

（一）单项选择题

1. A 财产清查是指通过对各项财产实物、库存现金的实地盘点以及对银行存款、往来账项的核对，查明各项财产物资、货币资金、往来账项的实存数和账面数是否相符的一种会计核算方法。

2. D 账簿记录正确不能说明其记录的数量和金额真实可靠。企业在业务活动及企业管理过程中，由于各种主客观原因，往往会出现账实不符的情况。

3. A 按照财产清查的范围不同，可分为全面清查和局部清查。

4. B 材料保管员调离岗位时，应将所负责的财产物资进行局部清查。

5. B 年终决算前,为了确保年终决算资料的真实、正确,需要进行全面的清查,同时这种清查也是定期清查。

6. D 对于发生意外灾害等非正常原因造成财产物资损失的清查属于局部清查和不定期清查。

7. A 永续盘存制下,盘点的主要目的是核对账实是否相符,以便进一步查清账实不符的原因。

8. C C选项是永续盘存制的特点,不是实地盘存制的特点。

9. C 技术推算法是按照一定标准,推算出实物实有数量的方法。这种方法一般适用于那些堆存量很大,不便于逐一点数或过磅,而单位价值又较低的物资。例如盘点露天存放的矿石、沙子等,可以采用此法。

10. A 当实存数小于账存数时,意味着账上有记录而实际的财产物资没有,故为盘亏。

11. B 选项A和C属于货币资金的清查范围,选项D属于往来账项的清查范围。

12. D 盘存单和银行对账单不能作为调整账面数字的原始凭证;银行存款余额调节表只是为核对银行存款余额而编制的一个工作底稿,也不能作为实际记账的原始凭证。

13. D "库存现金盘点报告表"是调整账簿记录的原始凭证,应根据"库存现金盘点报告表"进行账务处理。

14. A "实存账存对比表"是调整账面记录的原始凭证,也是分析盈亏原因、明确经济责任的重要依据。

15. A 未达账项是企业的对账依据,不能作为调整银行存款账面余额的依据。企业存在的未达账项,必须等到有关凭证到达企业并经过审核无误后,再进行相应的账务处理。

16. A 150 000＋92 000－2 000＝240 000(元)

17. A 银行记了增加而企业未记的事项,应在企业日记账的余额上加上以进行调节。

18. C 经过银行存款余额调节表调节后的存款余额为企业可以动用的银行存款实有数额。

19. C 对债权债务往来账项(主要包括各种应收款、应付款、预收款及预付款等)的清查方法是发函询证法,如有未达账项,也需要调节。

20. B 在资产负债表日,应收账款发生减值的,按应减记的金额,借记"资产减值损失"账户,贷记"坏账准备"账户。

21. B 现金清查发现现金短缺时,首先应调整账簿,故在处理前应借记"待处理财产损溢"账户,贷记"库存现金"账户。

22. A 无法查明原因的现金短缺记入管理费用的借方,无法查明原因的现金溢余记入营业外收入的贷方。

23. B 企业在进行现金清查时,发现多余的现金,批准处理前通过"待处理财产损溢"科目处理。属于应支付给有关人员或单位的,应记入"其他应付款"科目,属于无法查明原因的现金溢余,经批准后记入"营业外收入"科目。

24. B 盘亏毁损的存货,如果属于计量收发差错和管理不善等原因造成的存货短缺,应当将扣除残料价值、可收回保险公司赔偿和过失人赔偿后的净损失计入管理费用。如属于自然灾害等非常原因造成的存货毁损,应将扣除处置收入(如残料价值)、可收回保险公司赔偿和过失人赔偿后的净损失计入营业外支出。

25. A 自然灾害造成的存货净损失计入"营业外支出",应由保险公司和过失人赔偿的部分计入"其他应收款",只有管理不善造成的存货净损失计入"管理费用"。

26．A 该企业材料毁损经批准前计入待处理财产损溢的金额是 200＋34＝234（万元），扣除收回残料价值以及保险公司赔款后的净损失是 234－8－112＝114（万元）。

（二）多项选择题

1．ABCD 财产清查的意义主要体现在以下几个方面：保护财产的安全和完整；保证会计信息资料的真实性；挖掘财产物资潜力，提高物资使用效率；保证财经纪律和结算纪律的执行。

2．ABCD 财产清查包括实物清查、现金清查、银行存款清查、债权债务清查等。

3．ABCD 导致企业财产物资账实不符的原因有很多，比如，在保管过程中发生的自然损耗；在记录过程中发生的错记、重记、漏记或计算上的错误；在收、发、领退中发生计量或检验不准确；管理不善或工作人员失职而造成的财产损失、变质或短缺；不法分子贪污盗窃、营私舞弊；自然灾害等。

4．ABD 单位主要领导调离工作前需要对财产全面清查，出纳人员不属于主要领导，其调离工作前不需要进行全面财产清查。

5．BC 企业出纳员每日清点现金属于定期清查。由于现金只是企业财产的一部分，所以企业出纳员对现金进行的清查属于局部清查。

6．ABCD 局部清查是指根据需要只对一部分财产物资所进行的清查。局部清查范围小，涉及人员少，但专业性较强，清查对象主要是流动性较强的财产，一般包括：库存现金、银行存款、库存商品、原材料、包装物和债权债务等。

7．BCD 年终决算前的清查属于定期清查，而不定期清查是指事先无计划安排，根据偶发事件或实际需要进行的清查，如更换保管人员、发生非常损失、企业并购、资产重组等。

8．CD 企业日常的财产物资实际结存数量的核算一般有永续盘存制和实地盘存制两种方法。

9．ABC 永续盘存制的优点是有利于加强对存货的管理，但记录存货明细的工作量大；实地盘存制的优点是简化了存货的日常核算工作，但加大了期末的工作量。

10．ACD 实地盘存制平时根据有关会计凭证，只登记财产物资的收入数，不登记发出数，简化了日常核算工作，但不便于会计监督的实施。

11．AD 实地盘存制是平时根据有关会计凭证，只登记财产物资的收入数，不登记发出数。

12．BCD 现金既具有实物资产的特点，又具有货币资金的特点，因此，要掌握其盘点方法的特殊性。

13．ABC 现金清查一般采用实地盘点法；企业进行现金清查时，出纳人员必须在场。

14．AC 实物资产的清查方法主要有：实地盘点法和技术推算法两种。发函询证法是往来账项的清查方法，对账单核对法是货币资金的清查方法。

15．BCD 现金应每日清点一次。

16．CD A项是为了消除未达账项导致的企业和银行双方余额不相符而编制的一种表格。B项由于不能提供每笔业务的详细数据，因此不能作为清查的依据。C、D两项分别是企业、银行双方对企业银行存款有关数据的详细记录，因此可将两者核对进行清查。

17．AB 银行存款日记账与银行对账单不一致的原因有两个：一是企业或银行记账错误；二是由于凭证传递时间和记账时间的不同，出现未达账项。

18．AC （1）企业开出支票，银行尚未支付，企业在银行存款日记账上会登记"银行存款"的减少，而银行并未登记企业银行存款的减少，从而导致企业银行存款日记账的账面余额小于银行对账单余额；

（2）企业送存支票，银行尚未入账，企业在银行存款日记账上会登记"银行存款"的增加，而银行并未登记企业银行存款的增加，从而导致企业银行存款日记账的账面余额大于银行对账单余额；

（3）银行代收款项，企业尚未接到收款通知，银行会登记企业银行存款的增加，但企业并未在银行存款日记账上登记"银行存款"的增加，从而导致企业银行存款日记账的账面余额小于银行对账单余额；

（4）银行代付款项，企业尚未接到付款通知，银行会登记企业银行存款的减少，但企业并未在银行存款日记账上登记"银行存款"的减少，从而导致企业银行存款日记账的账面余额大于银行对账单余额。

19．ABD 银行存款余额调节表不能作为企业调整账簿的原始凭证，企业只有待实际凭证到达后才能据以登记账簿。另外调节表调节平衡只表明双方记账基本正确。

20．BC 往来账项的清查一般采用发函询证的方法进行核对。"往来账项对账单"不能作为调整账簿记录的原始凭证，不能根据"往来账项对账单"进行账务处理。

21．BD "待处理财产损溢"账户借方登记发生的盘亏、毁损数和批准处理财产盘盈的转销数；贷方登记各项财产发生的盘盈数和经批准的盘亏、毁损财产转销数；期末借方余额表示尚待处理的净损失，贷方余额表示尚待处理的净溢余。

22．CD 库存现金、原材料盘亏应当通过"待处理财产损溢"账户核算。发现账外固定资产属于会计差错，应当通过"以前年度损益调整"账户核算，应收账款无法收回通过"资产减值损失"账户核算。

23．ABD 财产物资的盈亏数应查明原因后按批准意见结转，结转的账户可能是管理费用（管理不善造成的）、其他应收款（责任人或主管单位造成的）、营业外支出（自然灾害形成的），不会转入销售费用，因为销售费用是核算在销售过程中发生的各项费用。

24．ABC 存货盘盈冲减管理费用；固定资产的出租收入计入"其他业务收入"；固定资产盘盈要作为前期差错计入"以前年度损益调整"。无法查明原因的现金溢余应计入"营业外收入"。

25．AB 如果存货毁损属于非常损失，在扣除保险公司赔款和残料价值之后，计入营业外支出；盘亏的固定资产，按其原价扣除累计折旧、变价收入和过失人以及保险公司赔款后的差额，计入营业外支出。坏账损失计入资产减值损失，责任事故造成的流动资产损失计入其他应收款。

26．ABD 存货盘亏或毁损，经审批后，属于自然损耗造成的定额内自然损耗以及损失中属于一般经营损失（包括管理不善所造成的毁损净损失、计量不准确所造成的短缺净损失等）部分转入管理费用。自然灾害所造成的毁损净损失部分转入营业外支出。

（三）判断题

1．错误 财产清查的内容包括企业拥有的财产物资、货币资金和有价证券以及各种债权债务，其中债务就是企业的负债，也应清查。

2．错误 全面清查是指对所有的财产物资进行全面盘点与核对。一般在年终决算之前对企业的财产进行全面的清查；另外，单位撤销、合并或改变隶属关系也应按规定进行全面的财产清查。

3．错误 全面清查是指对所有的财产物资进行全面盘点与核对，对仓库中的所有存货进行盘点属于局部清查。

4. 错误　全面清查是指对所有的财产物资进行全面盘点与核对，其清查可能是定期的，也可能是不定期的。局部清查是指根据需要只对一部分财产物资所进行的清查，其清查可能是定期的，也可能是不定期的。

5. 错误　在永续盘存制下，对各种财产物资仍然需要盘点，其盘点的主要目的是核对账实是否相符。

6. 错误　企业可以根据存货类别和管理要求，对有些存货实行永续盘存制，对另外一些存货实行实地盘存制，不论采用何种方法，前后各期应保持一致。

7. 错误　永续盘存制随时结出财产物资结存数量，因此可随时反映出财产物资的收入、发出和结余情况，从数量和金额上进行双重控制，加强了对财产物资的管理，在实际工作中广泛应用。

8. 正确　本期销货成本的计算公式为：本期销货成本＝期初结存数＋本期购货成本－期末实际结存数。

9. 错误　在发现财产物资的盘盈或盘亏后，应按照一定的程序报请企业领导部门批准，在得到批准的情况下调整账簿记录。

10. 错误　定期财产清查一般在期末结账前进行，它可以是全面清查，也可以是局部清查。

11. 错误　在进行库存现金和存货清查时，出纳人员和实物保管人员必须在场，还要在盘点报告表上签章。

12. 错误　现金清查采用实地盘点的方法，银行存款清查采用核对的方法。

13. 错误　银行存款余额调节表只是为核对银行存款余额而编制的一个工作底稿，不能作为实际记账的凭证，结算单据到达以后才能编制凭证，登记账簿。

14. 错误　未达账项是企业与银行之间由于凭证传递上的时间差而形成的一方已经入账而另一方未入账的款项。未达账项既包括企业未收到凭证而未入账的款项，也包括银行未收到凭证而未入账的款项。

15. 正确　银行对账单是银行为企业进行账务记载后交于企业用来对账的回单，反映企业的银行存款的增减变动情况。

16. 正确　在银行存款日记账与银行对账单核对之前，银行存款日记账的余额不一定是企业实际可动用的存款数，因为有未达账项的影响。因此调节后（即消除未达账项的影响后）的余额才是企业实际可动用的存款数。

17. 错误　企业银行存款日记账余额与银行对账单余额不一致可能是由于未达账项导致的。对未达账项进行调整之后，如果双方余额相等，则以调整后余额为依据计算货币资金项目期末数。

18. 错误　企业对于与外部单位往来账项的清查，一般采取编制对账单交给对方单位的方式进行，这属于发函询证核对，是账实核对。

19. 错误　"待处理财产损溢"账户的借方应登记财产物资的盘亏数和盘盈的批准转销数。

20. 错误　待处理财产损溢期末借方余额表明有尚未处理的各种财产物资的净损失，如果有贷方余额表明有尚未处理的各种财产物资的净溢余。

21. 错误　现金清查中，对于无法查明原因的现金短缺，经批准后应计入管理费用。

22. 错误　公司在财产清查时发现的存货盘亏、盘盈，应当于年末结账前处理完毕，如果确实尚未报经批准的，应先进行处理，待有关部门批准处理的金额与已处理的存货的盘盈、盘亏和毁损的金额不一致时，应当调整当期财务报表相关项目的年初数。

23. 错误　财产清查时，无论是盘盈或者是盘亏都应根据有关凭证调整其账存数，而不是实存数。

24．错误　固定资产盘亏造成的损失，应当计入营业外支出，不影响营业利润，但影响利润总额。

25．错误　盘盈的固定资产通过"以前年度损益调整"核算。

26．错误　存货盘亏、毁损的净损失，属于非常损失的部分，计入营业外支出；属于一般经营损失的部分，计入管理费用。

27．错误　固定资产出售、报废、毁损，均应通过"固定资产清理"科目，只有盘亏的固定资产才通过"待处理财产损溢"科目核算。

28．错误　在资产负债表日，应收账款发生减值的，按应减记的金额，借记"资产减值损失"账户，贷记"坏账准备"账户。对于无法收回的应收账款，应按照规定的手续审批后，以批准的文件为原始凭证，做坏账损失处理，冲减"坏账准备"账户。

（四）业务题

习　题　一

企业银行存款日记账经调整未达账项后余额：170 000＋45 000－4 000＝211 000（元）

银行对账单余额：211 000＋26 000－50 000＝187 000（元）

习　题　二

（1）批准前

　　借：待处理财产损溢——待处理流动财产损溢　　　　　　　　　　　300
　　　　贷：库存现金　　　　　　　　　　　　　　　　　　　　　　　　300

　批准后

　　借：其他应收款　　　　　　　　　　　　　　　　　　　　　　　　100
　　　　管理费用　　　　　　　　　　　　　　　　　　　　　　　　　200
　　　　贷：待处理财产损溢——待处理流动财产损溢　　　　　　　　　　300

（2）批准前

　　借：待处理财产损溢——待处理流动财产损溢　　　　　　　　　　　160
　　　　贷：原材料——甲材料　　　　　　　　　　　　　　　　　　　160
　　借：原材料——乙材料　　　　　　　　　　　　　　　　　　　　　150
　　　　贷：待处理财产损溢——待处理流动资产损溢　　　　　　　　　150

　批准后

　　借：管理费用　　　　　　　　　　　　　　　　　　　　　　　　　160
　　　　贷：待处理财产损溢——待处理流动财产损溢　　　　　　　　　160
　　借：待处理财产损溢——待处理流动资产损溢　　　　　　　　　　　150
　　　　贷：管理费用　　　　　　　　　　　　　　　　　　　　　　　150

（3）批准前

　　借：待处理财产损溢——待处理流动财产损溢　　　　　　　　　　23 400
　　　　贷：原材料——丙材料　　　　　　　　　　　　　　　　　　20 000
　　　　　　应交税费——应交增值税（进项税额转出）　　　　　　　　3 400

　批准后

　　借：其他应收款——保险公司　　　　　　　　　　　　　　　　　15 000
　　　　原材料——丙材料　　　　　　　　　　　　　　　　　　　　　200
　　　　营业外支出　　　　　　　　　　　　　　　　　　　　　　　8 200
　　　　贷：待处理财产损溢——待处理流动财产损溢　　　　　　　　23 400

(4) 批准前

借：待处理财产损溢——待处理固定资产损溢　　　　　　12 000
　　累计折旧　　　　　　　　　　　　　　　　　　　　18 000
　　　贷：固定资产　　　　　　　　　　　　　　　　　　　　　30 000
借：待处理财产损溢——待处理固定资产损溢　　　　　　 5 100
　　　贷：应交税费——应交增值税（进项税额转出）　　　　　 5 100
批准后
借：营业外支出　　　　　　　　　　　　　　　　　　　17 100
　　　贷：待处理财产损溢——待处理固定资产损溢　　　　　　17 100

（五）案例题

(1) 1月15日库存现金应有数＝库存现金实有数1 882.02元＋职工吴某借据420元＝2 302.02（元）。因为职工吴某借据420元，未经批准，属于白条，不能用于抵充现金。其他的收付款凭证都属于合法的凭证，可以据以收付现金，只是没有入账。

20×8年1月15日库存现金日记账的应有余额＝现金账面余额2 496.30元＋未入账的现金收入405.72元－未入账的现金支出600元＝2 302.02（元）。

由此可见，在1月15日，除了白条抵库和应入账而未入账的现金收支外，现金账实是相符的，即未发生现金溢缺。

(2) 既然在1月15日现金账实是相符的，未发生现金溢缺，且经核对1月1～15日的收付款凭证和库存现金日记账，1月1～15日的现金收入数为7 050元，现金支出数为7 740元，正确无误，那么，就可以根据这些资料倒推出20×7年12月31日资产负债表中的库存现金应有数。计算过程为：2 302.02＋7 740－7 050＝2 992.02（元）。

查账人员对该企业20×7年12月31日资产负债表进行检查时查得"货币资金"项目中的库存现金余额为3 186.30元，因此，企业资产负债表中，现金的数据是虚假的，正确的金额应该是2 992.02元。

(3) 该企业在内部控制方面存在的问题主要有：现金收支业务不及时入账，例如，职工张某20×7年11月23日预借差旅费600元，虽然已经领导批准，但出纳人员未及时将借款登记入账；企业存在用白条抵库现象。

六、教材参考答案

习　题　一

(1)

银行存款余额调节表

20×7年7月31日　　　　　　　　　　　　　　　　　　　　　单位：元

银行存款日记账	金额	银行对账单	金额
账面存款余额	690 000	银行对账单余额	680 000
加：银行已收企业未收款项	4 000	加：企业已收银行未收款项	15 000
减：银行已付企业未付款项	2 000	减：企业已付银行未付款项	3 000
调节后的余额	692 000	调节后的余额	692 000

(2)"银行存款余额调节表"的编制只是银行存款清查的方法,它只起到对账作用,不能作为调节账面余额的原始凭证。银行存款日记账的登记,还应待收到有关原始凭证,编制记账凭证后再进行。

(3)在编表时,企业可动用的银行存款的限额为 692 000 元。

习 题 二

(1)批准前
  借:固定资产   100 000
    贷:以前年度损益调整   100 000
 批准后
  借:以前年度损益调整   100 000
    贷:盈余公积——法定盈余公积   10 000
      利润分配——未分配利润   90 000

(2)批准前
  借:待处理财产损溢——待处理固定资产损溢   28 000
    累计折旧   12 000
    贷:固定资产   40 000
  借:待处理财产损溢——待处理固定资产损溢   6 800
    贷:应交税费——应交增值税(进项税额转出)   6 800
 批准后
  借:营业外支出   34 800
    贷:待处理财产损溢——待处理固定资产损溢   34 800

(3)批准前
  借:原材料——甲材料   350
    贷:待处理财产损溢——待处理流动资产损溢   350
 批准后
  借:待处理财产损溢——待处理流动资产损溢   350
    贷:管理费用   350

(4)批准前
  借:资产减值损失——计提的坏账准备   20 000
    贷:坏账准备   20 000
 批准后
  借:坏账准备   20 000
    贷:应收账款   20 000

案 例 分 析

(1)存货盘存方法有两种:永续盘存制和实地盘存制。

永续盘存制的特点:对存货平时既登记增加数,又登记减少数,在任何时间均可以了解到企业存货的数量,便于对存货进行日常管理。

实地盘存制的特点:对存货平时只登记增加数,不登记减少数,在期末进行实地盘点,确定期末存货数量,然后根据存货单位成本确认期末存货成本。

(2)期末存货数量:1 200+4 000+3 000-4 200=4 000(件)

如果采用先进先出法,期末存货的价值:2 000×14+1 000×15+1 000×13=56 000(元)

第八章
财务报告

一、本章知识结构图

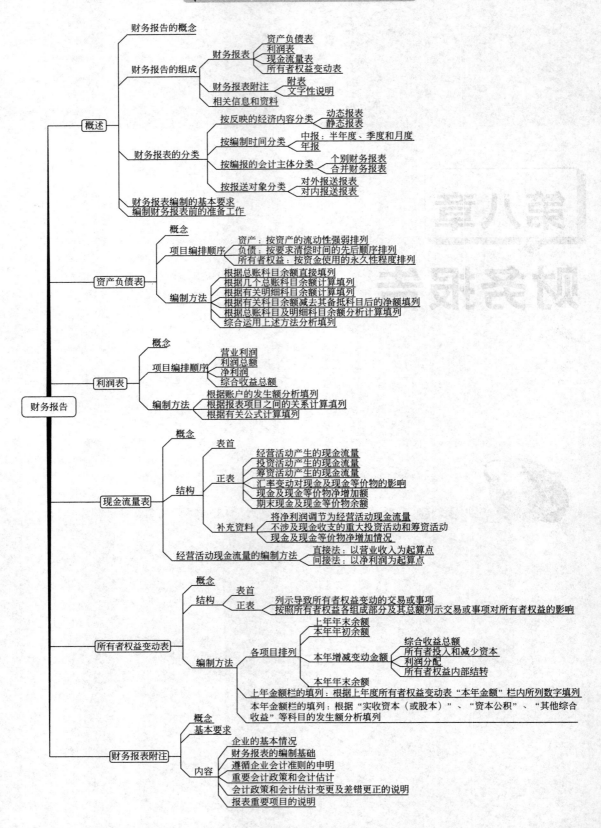

二、疑难解答

1. 财务报告与会计凭证和会计账簿的关系如何？

答：填制会计凭证、登记会计账簿和编制财务报告均属于会计核算方法。会计凭证是登记会计账簿的依据，会计账簿是编制财务报告的依据。

会计凭证包括原始凭证和记账凭证，原始凭证只是用来证明经济业务已经发生，记账凭证对经济业务进行分类，确定所发生经济业务是否进入会计账簿系统以及应属于哪个会计要素，并作为登记账簿的依据。但每一个会计凭证仅反映某一项经济业务，不能系统地反映企业的经济活动，为此需要根据会计凭证登记账簿。

会计账簿主要包括总分类账和明细分类账，总分类账是用来记录某一类经济业务总括核算资料的，明细分类账是用来记录某一类经济业务详细核算资料的，它们只能系统地反映某一类经济业务，但不能全面、集中反映企业的财务状况、经营成果和现金流量情况，因此，需要根据账簿编制财务报告。

只有编制了财务报告，才能反映企业的财务状况、经营成果和现金流量情况，才能满足会计信息使用者的需要。

2. 财务报告对外报送的期限是如何规定的？

答：各单位应当按照国家规定的期限对外报送财务报告。月度财务报告应当于月度终了后6天内（节假日顺延，下同）对外提供，季度财务报告应当于季度终了后15天内对外提供，半年度财务报告应当于半年度结束后2个月内对外提供，年度财务报告应当于年度结束后4个月内对外提供。

另外，上市公司不要求披露月度报告，季度报告应当在每个会计年度的第3个月、第9个月结束后的1个月内披露，半年报应当在每个会计年度的上半年结束后2个月内披露，年度报告应当在每个会计年度结束后4个月内披露。

3. 企业可以不设置"预付账款"账户，在资产负债表中列示时是否也可以不列示"预付款项"项目？

答：无论企业是否设置了"预付账款"账户，在资产负债表中都需要列示"预付款项"项目。预付账款不多的企业，可以将预付的货款记入"应付账款"账户的借方。但在编制资产负债表时，仍要根据应付账款所属明细科目借贷方的余额分别在"预付款项"和"应付账款"项目中列示。

4. 在资产负债表中，"应付账款"、"预付款项"和"应收账款"、"预收款项"项目应如何填列？

答：简单记忆为：

应收与预收，都有一个收字，这两个是一对。它们与销售有关，只是收款的时间不同。

应付与预付，都有一个付字，这两个是一对。它们与采购有关，只是付款的时间不同。

这几个项目在资产负债表中应根据明细账余额填列。

"应收账款"项目根据"应收账款"和"预收账款"科目的所属相关明细科目的期末借方余额减去已计提的坏账准备后的净额填列。

"预收款项"项目根据"应收账款"和"预收账款"科目的所属相关明细科目的期末贷方余额填列。

"应付账款"项目根据"应付账款"和"预付账款"科目的所属相关明细科目的期末贷方余额填列。

"预付款项"项目根据"应付账款"和"预付账款"科目的所属相关明细科目的期末借方余额减去已计提的坏账准备后的净额填列。

5. 如何分析长期负债是否为一年内到期？"一年内到期"是从什么时候开始计算的？

答：长期负债包括长期借款、应付债券和其他长期应付款。将于一年内到期的长期负债，是指该长期负债从资产负债表日这一天开始计算，到实际到期日之间的时间范围在一年以内，而不是从借款形成日开始到编制报表日，即不是已经借款的时间。

符合这一条件的长期负债应该在"一年内到期的非流动负债"项目中反映。需要特别注意的是：长期负债项目应根据有关科目期末余额减去将于一年内（含一年）到期的金额后的余额填列。例如：20×4年7月1日从银行借入期限为5年的长期借款，实际到期日为20×9年7月1日，该项借款到20×8年12月31日（资产负债表日）还有6个月的时间就要到期，则该项借款应填入20×8年12月31日资产负债表中的"一年内到期的非流动负债"项目中。

6. 企业的受托代销商品在编制资产负债表时是否应计入到存货中？

答：企业收到的受托代销商品应该在资产负债表中列示，具体内容是指"受托代销商品"和"受托代销商品款"在资产负债表中的列报。在编制资产负债表时，受托代销商品作为存货的增项，受托代销商品款作为存货的减项，同时增减相同金额，对存货金额的影响为零，即实质上资产负债表的"存货"项目中不反映受托代销商品的价值，这是很特殊的处理方法。这样处理有利于财务报表使用者正确计算企业的资产，不足之处是丢失部分会计信息，特别是对受托代销业务规模较大的企业，其对外提供的会计信息将可能不充分、不完整。

7. 利润表中的"税金及附加"项目包括哪些内容？为何不包括增值税？

答：税金及附加包括消费税、城市维护建设税、资源税、城市维护建设税、教育费附加及房产税、土地使用税、车船税、印花税等相关税费，不包括增值税。

增值税是企业代国家收缴的流转税，销售商品收到的增值税，不计入商品的销售收入，而是记入"应交税费——应交增值税（销项税额）"科目，销售企业在缴纳增值税时直接通过"应交税费——应交增值税"科目核算，不影响企业的利润，因此在利润表中的"税金及附加"项目不包括增值税。

8. 在编制现金流量表时，如何区分属于经营活动、投资活动还是筹资活动的项目？

答：涉及各项投资业务以及非流动资产的增减变动业务的现金流量，一般归为投资活动产生的现金流量；涉及各项借款业务、长期负债和所有者权益的增减变动业务的现金流量，一般归为筹资活动产生的现金流量；除投资和筹资活动以外其他业务产生的现金流量归为经营活动产生的现金流量。

需要注意的是现金流量表中的投资活动比通常所指的短期投资和长期投资范围要广，投资活动包括非现金等价物的短期投资和长期投资的购买与处置、固定资产的购建与处置、无形资产的购置与处置等。

9. 企业发生的所有业务是否都应当在现金流量表中反映？

答：只有使企业的现金流量发生变动的业务才需要在现金流量表中反映，现金流量表的编制是以收付实现制为基础的，因此，虽然有些业务确认了收入或支出，但是没有实际收到或付出款项，也不需要在现金流量表中反映；而有些业务虽不涉及收入或支出，但只要有现金流入或者流出企业,就需要在现金流量表中反映。

10. 为什么公司的盈利增加了,但公司派发的现金股利却没有增加,甚至有时还会减少?

答:公司派发现金股利需要用现金支付,而公司盈利增加体现在利润表中是净利润增加。而利润是在权责发生制基础上计算出来的,公司实现利润,不一定有现金流入公司,而可能表现为应收账款的增加,因此会出现公司的盈利增加了,公司派发的现金股利还会减少的情况。

11. 什么是勾稽关系?四张财务报表之间是否存在勾稽关系?

答:勾稽关系是编制财务报表时常用的术语,它是指某个财务报表和另一个财务报表之间以及同一财务报表项目之间的内在逻辑对应关系,如果不相等或不对应,说明财务报表的编制存在问题。

四张主要的财务报表(包括资产负债表、利润表、现金流量表和所有者权益变动表)是对经济业务不同角度的反映,它们之间存在勾稽关系。比如利润表中的"净利润"项目等于所有者权益变动表中的"净利润"项目,所有者权益变动表"未分配利润"栏目的本年年末余额等于资产负债表中的"未分配利润"项目,资产负债表中的"货币资金"项目和短期、易于变现的"以公允价值计量且其变动计入当期损益的金融资产"部分项目的合计数等于现金流量表中的"期末现金及现金等价物余额"。

12. 四张财务报表内容有哪些不同?

答:资产负债表、利润表、现金流量表和所有者权益变动表组成了财务报表体系,分别揭示了企业特定日期的财务状况和一定期间的经营成果、现金流动信息、所有者权益增减变动情况。它们从不同侧面反映企业的全貌,满足了信息使用者多方面的需求。下面通过表格比较四张财务报表内容的不同。

项目	资产负债表	利润表	现金流量表	所有者权益变动表
编制基础	权责发生制	权责发生制	收付发生制	权责发生制
会计等式	资产=负债+所有者权益	收入-费用=利润	现金流入-现金流出=现金净流量	本年年末余额=本年年初余额+(-)本年增减变动金额
数据性质	时点数	时期数	时期数	时期数
填列依据	所有账户期初、期末余额	损益类账户本期发生额	现金及现金等价物账户本期发生额	所有者权益类账户和"以前年度损益调整"等账户的期初余额和本期发生额
报表作用	财务状况	经营成果	现金流动信息	所有者权益增减变动情况

三、练习题

(一) 单项选择题

1. 下列关于财务报告目标的说法中,不正确的是(   )。
A. 向财务报告使用者提供与企业财务状况、经营成果和现金流量等有关的会计信息是

财务报告的目标之一

B. 向财务报告使用者反映企业管理层受托责任履行情况是财务报告的目标之一

C. 财务报告应该有助于财务报告使用者做出经济决策

D. 财务报告使用者只包括投资者、债权人、政府及其有关部门

2. 下列关于财务报告的表述中，不正确的是（   ）。

A. 财务报告就是指财务报表

B. 财务报告分为年度、半年度、季度和月度财务报告

C. 财务报表附注是财务报告的重要组成部分

D. 财务报告是指单位根据经过审核的会计账簿记录和有关资料编制并对外提供的反映单位某一特定日期财务状况和某一会计期间经营成果、现金流量的文件

3. 按照财务报表反映的经济内容，财务报表可以分为（   ）。

A. 动态报表与静态报表　　　　　　B. 中报与年报
C. 个别报表与合并报表　　　　　　D. 对内报表与对外报表

4. 下列各项属于静态财务报表的有（   ）。

A. 利润表　　　　　　　　　　　　B. 资产负债表
C. 所有者权益变动表　　　　　　　D. 现金流量表

5. 资产负债表和利润表同属于（   ）。

A. 财务状况报表　B. 财务成果报表　C. 成本费用报表　D. 对外报表

6. 反映企业经营成果的财务报表是（   ）。

A. 资产负债表　　B. 利润表　　　　C. 现金流量表　　D. 财务报表附注

7. 资产负债表是反映企业（   ）的财务状况的报表。

A. 某一时期　　　B. 某一特定日期　C. 某一会计期间　D. 某一月份

8. 编制资产负债表的理论依据是（   ）。

A. 资产＝负债＋所有者权益

B. 收入－费用＝利润

C. 资产账户的借方合计＝权益账户的贷方合计

D. 总分类账户的金额＝明细分类账户的金额合计

9. 资产负债表左方的资产项目是按（   ）分类列出的。

A. 重要性　　　　B. 流动性　　　　C. 时间性　　　　D. 相关性

10. 在资产负债表中，资产按照其流动性排列时，下列排列方法正确的是（   ）。

A. 存货、无形资产、货币资金、应收账款

B. 应收账款、存货、无形资产、货币资金

C. 无形资产、货币资金、应收账款、存货

D. 货币资金、应收账款、存货、无形资产

11. 下列各项不在资产负债表中反映的是（   ）。

A. 未分配利润　　B. 实收资本　　　C. 所得税费用　　D. 盈余公积

12. 编制资产负债表的依据是有关总账或明细账的（   ）。

A. 本期借方发生额　B. 期末余额　　C. 本期贷方发生额　D. 本期发生额

13. 下列资产负债表项目，需要根据相关总账所属明细账户的期末余额分析填列的是（   ）。

A. 应收账款　　　B. 固定资产　　　C. 应付利息　　　D. 应付职工薪酬

14. 下列资产负债表项目，可直接根据有关总账余额填列的是（   ）。

A. 货币资金　　　B. 短期借款　　　C. 存货　　　　　D. 应收账款

15. 某企业"应收账款"科目月末借方余额 20 000 元,其中:"应收 A 公司账款"明细科目借方余额 16 000 元,"应收 B 公司账款"明细科目借方余额 4 000 元,"预收账款"科目月末贷方余额 12 000 元,其中:"预收 C 工厂账款"明细科目贷方余额 18 000 元,"预收 D 工厂账款"明细科目借方余额 6 000 元,月末资产负债表中"应收账款"项目的金额为( )元。

A. 20 000   B. 26 000   C. 16 000   D. 22 000

16. 某企业年末"应收账款"总账科目的借方余额为 600 万元,其中,"应收账款"明细账的借方余额为 800 万元,贷方余额为 200 万元。年末应收账款计提坏账准备后的"坏账准备"科目的贷方余额为 15 万元。预收账款所属明细账的借方余额为零,该企业年末资产负债表中"应收账款"项目的金额为( )万元。

A. 585   B. 600   C. 785   D. 800

17. 下列各项中,应在资产负债表"预付款项"项目中反映的有( )。

A. "应付账款"明细科目的借方余额   B. "应付账款"明细科目的贷方余额
C. "应收账款"明细科目的借方余额   D. "预付账款"明细科目的贷方余额

18. 下列各科目的期末余额,不应在资产负债表"存货"项目列示的是( )。

A. 存货跌价准备   B. 生产成本   C. 工程物资   D. 材料采购

19. 某企业 20×7 年 12 月 31 日"固定资产"科目余额为 1 000 万元,"累计折旧"科目余额为 300 万元,"固定资产减值准备"科目余额为 50 万元。该企业 20×7 年 12 月 31 日资产负债表"固定资产"的项目金额为( )万元。

A. 650   B. 700   C. 950   D. 1 000

20. 某企业"应付账款"账户年末贷方余额为 160 000 元,其中:所属明细账户贷方余额合计数为 540 000 元,所属明细账户借方余额合计数为 380 000 元,"预付账款"账户年末借方余额为 100 000 元,所属明细账户借方余额合计数为 240 000 元,所属明细账户贷方余额合计数为 140 000 元。该企业年末资产负债表中"应付账款"和"预付款项"两个项目的期末数分别应为( )。

A. 780 000 元和 520 000 元   B. 300 000 元和 480 000 元
C. 680 000 元和 620 000 元   D. 260 000 元和 150 000 元

21. 编制资产负债表时,"应付账款"账户所属明细账户的借方余额应填列在( )项目下。

A. 应收账款   B. 预收款项   C. 应付账款   D. 预付款项

22. 下列各项中,应列入资产负债表"其他应付款"项目的是( )。

A. 应付租入包装物租金   B. 应付融资租入固定资产租金
C. 结转到期无力支付的应付票据   D. 应付由企业负担的职工社会保险费

23. 某企业 20×5 年 4 月 1 日从银行借入期限为 3 年的长期借款 400 万元,编制 20×7 年 12 月 31 日资产负债表时,此项借款应填入的报表项目是( )。

A. 短期借款   B. 长期借款
C. 其他长期负债   D. 一年内到期的非流动负债

24. 企业于 20×6 年 5 月 31 日分别借入两年期借款 150 000 元,五年期借款 480 000 元。两项借款均按年分次付息,到期一次还本,年利率为 6%。该企业在 20×7 年年底的资产负债表中,"长期借款"项目应为( )元。

A. 630 000   B. 508 800   C. 667 800   D. 480 000

25. 资产负债表的"未分配利润"项目，应根据（ ）填列。
   A. "利润分配"科目余额
   B. "本年利润"科目余额
   C. "本年利润"和"利润分配"科目余额计算
   D. "盈余公积"科目余额

26. 资产负债表中所有者权益部分是按照（ ）顺序排列的。
   A. 实收资本、盈余公积、资本公积、未分配利润
   B. 资本公积、实收资本、盈余公积、未分配利润
   C. 资本公积、实收资本、未分配利润、盈余公积
   D. 实收资本、资本公积、盈余公积、未分配利润

27. 利润表是反映企业（ ）经营成果的报表。
   A. 某一特定日期　　B. 某一会计期间　　C. 年末　　D. 月末

28. 某年12月31日编制的年度利润表中"本期金额"一栏反映了（ ）。
   A. 12月1日利润或亏损的形成情况　　B. 12月累计利润或亏损的形成情况
   C. 本年度利润或亏损的形成情况　　D. 第四季度利润或亏损的形成情况

29. 某公司本年的主营业务收入为1 700万元，主营业务成本为1 190万元，税金及附加为170万元，销售费用为110万元，管理费用为100万元，财务费用为19万元，营业外收入为16万元，营业外支出为25万元，其他业务收入为200万元，其他业务成本100万元，应交所得税按利润总额的25%计算，其营业利润、利润总额、净利润分别为（ ）万元。
   A. 111、232、174　　　　　　　B. 211、202、151.5
   C. 356、232、74　　　　　　　D. 111、202、151.5

30. 下列选项中，不正确的有（ ）。
   A. 净利润=利润总额－所得税费用
   B. 利润总额=营业利润＋营业外收入－营业外支出
   C. 营业收入=主营业务收入＋其他业务收入
   D. 营业成本=主营业务成本＋税金及附加

31. 下列选项中，不应在利润表"营业收入"项目列示的是（ ）。
   A. 与企业日常活动无关的政府补助　　B. 设备安装劳务收入
   C. 材料销售收入　　　　　　　　　　D. 固定资产出租收入

32. 某企业当期应缴纳的增值税为120 000元，当期应缴纳的消费税、资源税、城市维护建设税分别为14 000元、22 000元、24 000元，则反映在该企业当期利润表上的"税金及附加"项目的金额应为（ ）元。
   A. 180 000　　B. 60 000　　C. 14 000　　D. 38 000

33. 现金流量表中，现金流量的正确分类方法是（ ）。
   A. 经营活动、投资活动、筹资活动现金流量
   B. 现金流入、现金流出和非现金活动
   C. 直接现金流量和间接现金流量
   D. 营业活动现金流量和非营业活动现金流量

34. 关于现金流量表，下列描述不正确的是（ ）。
   A. 现金等价物指的是企业的银行存款以及其他货币资金
   B. 主要反映在一定会计期间现金和现金等价物流入及流出
   C. 现金流量表采用报告式结构

D. 企业可以采用直接法列示经营活动产生的现金流量
35. 下列各项中，不属于现金流量表"现金或现金等价物"的有（　　）。
   A. 库存现金　　　　　　　　　　B. 银行本票
   C. 银行承兑汇票　　　　　　　　D. 持有 2 个月内到期的国债
36. 引起现金流量净额变动的项目是（　　）。
   A. 将现金存入银行　　　　　　　B. 用银行存款购买 1 个月到期的债券
   C. 用固定资产抵偿债务　　　　　D. 用银行存款清偿 20 万元的债务
37. 企业缴纳税款所支付的现金，在现金流量表中应计入的项目是（　　）。
   A. 经营活动产生的现金流量　　　B. 投资活动产生的现金流量
   C. 筹资活动产生的现金流量　　　D. 现金及现金等价物净增加额
38. 下列各项中，属于现金流量表"经营活动产生的现金流量"的是（　　）。
   A. 收到的现金股利　　　　　　　B. 支付的银行借款利息
   C. 收到的设备处置价款　　　　　D. 支付的经营租赁租金
39. 某企业 20×7 年发生如下业务：本年销售商品收到现金 2 000 万元，以前年度销售商品本年收到的现金 400 万元，本年预收款项 200 万元，本年销售本年退回商品支付现金 160 万元，以前年度销售本年退回商品支付的现金 120 万元。20×7 年该企业现金流量表中"销售商品、提供劳务收到的现金"项目的金额为（　　）万元。
   A. 1 720　　　　B. 2 120　　　　C. 2 320　　　　D. 2 000
40. 某企业 20×7 年度发生以下业务：以银行存款购买将于 2 个月后到期的国债 500 万元，偿还应付账款 200 万元，支付生产人员工资 150 万元，购买固定资产 300 万元。假定不考虑其他因素，该企业 20×7 年度现金流量表中"购买商品、接受劳务支付的现金"项目的金额为（　　）万元。
   A. 200　　　　　B. 350　　　　　C. 650　　　　　D. 1150
41. 下列关于所有者权益变动表说法不正确的是（　　）。
   A. 所有者权益变动表是反映构成所有者权益的各组成部分当期的增减变动情况的报表
   B. 所有者权益变动表能反映企业的利润分配情况
   C. 所有者权益变动表是反映某一特定时期的报表
   D. 所有者权益变动表中本年年初余额即为上年年末余额

（二）多项选择题

1. 编制财务报表前应进行必要的准备工作，其准备工作包括（　　）。
   A. 期末账项调整　　B. 对账　　　　C. 结账　　　　　D. 财产清查
2. 财务报告的内容包括（　　）。
   A. 财务报表　　　　　　　　　　B. 财务报表附注
   C. 审计报告　　　　　　　　　　D. 相关信息和资料
3. 财务报表的使用者包括（　　）。
   A. 债权人　　　　　　　　　　　B. 供应商
   C. 投资者　　　　　　　　　　　D. 国家有关政府部门
4. 编制财务报表的基本要求是（　　）。
   A. 持续经营　　　　B. 重要性　　　C. 一致性　　　　D. 可比性
5. 资产负债表的作用主要有（　　）。
   A. 可以反映企业某一特定日期拥有的经济资源及需要承担的负债

B. 可以反映企业所有者权益的情况
C. 分析企业的债务偿还能力
D. 分析企业的获利能力
6. 资产负债表的数据可以通过以下（　　）方式获得。
A. 直接从总账科目的余额获得
B. 根据几个总账科目的余额合计获得
C. 根据有关明细账科目的余额分析获得
D. 根据有关科目余额减去其备抵科目余额后的净额
7. 编制资产负债表时，下列（　　）项目，其对应账户出现借方余额时以负数填列。
A. 应付职工薪酬　　　B. 应交税费　　　C. 固定资产　　　D. 未分配利润
8. 下列项目在编制资产负债表时，（　　）不能直接填列。
A. 存货　　　B. 应收账款　　　C. 长期借款　　　D. 应付账款
9. 下列各项中，应在资产负债表"应收账款"项目列示的有（　　）。
A. "预付账款"科目所属明细科目的借方余额
B. "应收账款"科目所属明细科目的借方余额
C. "应收账款"科目所属明细科目的贷方余额
D. "预收账款"科目所属明细科目的借方余额
10. 下列各项中，应列入资产负债表"应收账款"项目的有（　　）。
A. 预付职工差旅费　　　　　　　　　B. 代购货单位垫付的运杂费
C. 销售产品应收取的款项　　　　　　D. 对外提供劳务应收取的款项
11. 下列会计科目中，其期末余额应列入资产负债表"存货"项目的有（　　）。
A. 库存商品　　　　　　　　　　　　B. 原材料
C. 生产成本　　　　　　　　　　　　D. 委托加工物资
12. 下列各项中，应当列入"资产负债表"中的"固定资产原价"的项目有（　　）。
A. 融资租入生产设备的原价　　　　　B. 经营性租入设备的原价
C. 经营性租出设备的原价　　　　　　D. 转入清理的生产设备的原价
13. 下列各项中，能够引起资产负债表中负债金额增加的有（　　）。
A. 商业汇票到期，收回票款　　　　　B. 计提短期借款利息
C. 收到预收账款　　　　　　　　　　D. 计提固定资产折旧
14. 下列各项中，属于资产负债表中流动负债项目的有（　　）。
A. 应付利息　　　B. 应付股利　　　C. 预付账款　　　D. 其他应付款
15. 资产负债表中的"应付账款"项目应根据（　　）填列。
A. 应付账款所属明细账借方余额合计数
B. 应付账款总账余额
C. 预付账款所属明细账贷方余额合计数
D. 应付账款所属明细账贷方余额合计数
16. 利润表的特点有（　　）。
A. 根据相关账户的本期发生额编制　　B. 根据相关账户的期末余额编制
C. 属于静态报表　　　　　　　　　　D. 属于动态报表
17. 下列各项中，影响"营业利润"项目的事项有（　　）。
A. 以银行存款对外捐赠　　　　　　　B. 原材料销售收入
C. 计算所得税费用　　　　　　　　　D. 结转已销商品成本

18. 下列选项中，应列入利润表"营业成本"项目的有（ ）。
   A. 出售商品的成本
   B. 销售材料的成本
   C. 出租非专利技术的摊销额
   D. 以经营租赁方式出租设备计提的折旧额
19. 下列各项可以列入利润表"税金及附加"项目的有（ ）。
   A. 增值税　　　　B. 城市维护建设税　　C. 教育费附加　　　　D. 消费税
20. 下列各项，属于现金流量表中"现金及现金等价物"的有（ ）。
   A. 库存现金　　　　　　　　　　　B. 其他货币资金
   C. 3个月内到期的债券投资　　　　 D. 随时用于支付的银行存款
21. 下列各项中，应作为现金流量表中"经营活动产生的现金流量"的有（ ）。
   A. 销售商品收到的现金　　　　　　B. 取得短期借款收到的现金
   C. 采购原材料支付的增值税　　　　D. 取得长期股权投资支付的手续费
22. 下列各项现金流出，属于企业现金流量表中"投资活动产生的现金流量"的有（ ）。
   A. 购买交易性金融资产　　　　　　B. 购买原材料
   C. 分配股利或利润支付的现金　　　D. 购买无形资产
23. 下列各项中，属于企业现金流量表"筹资活动产生的现金流量"的有（ ）。
   A. 吸收投资收到的现金　　　　　　B. 分配利润支付的现金
   C. 取得借款收到的现金　　　　　　D. 投资收到的现金股利
24. 采用间接法将净利润调节为经营活动的现金流量，应从净利润中调整（ ）项目。
   A. 不涉及现金的收入　　　　　　　B. 投资活动影响净利润
   C. 不涉及现金的费用　　　　　　　D. 筹资活动影响净利润
25. 下列各项中，属于财务报表附注至少应当包括的有（ ）。
   A. 企业的基本情况　　　　　　　　B. 财务报表的编制基础
   C. 资产负债表日后事项　　　　　　D. 重要会计政策和会计估计
26. 下列有关财务报表附注的说法中，正确的是（ ）。
   A. 附注不属于财务报告的组成部分
   B. 附注是对在财务报表中列示项目的文字描述或明细资料
   C. 附注是对未能在这些报表中列示项目的说明
   D. 附注属于财务报告的组成部分

（三）判断题

1. 企业为了及时地编制财务报表，可以提前进行结账。（ ）
2. 财务报告是单位根据经过审核的会计凭证编制的。（ ）
3. 中期财务报告就是指在每个月中旬编制财务报告。（ ）
4. 财务报表既要对外向有关部门报送，又要供企业内部分析管理使用。（ ）
5. 资产负债表中的"期末数"填列主要来源于总账账户的期末余额。（ ）
6. 资产负债表是反映企业某一特定时期财务状况的财务报表。（ ）
7. 资产负债表的格式主要有账户式和报告式两种，我国采用的是报告式，因此才出现财务报告这个名词。（ ）
8. 资产负债表"货币资金"项目应根据"库存现金"、"银行存款"、"其他货币资金"账户余额合计数填列。（ ）

9. "生产成本"账户的期末余额，在编制资产负债表时，应填列在"存货"项目下。（ ）
10. 资产负债表中的"长期待摊费用"项目应根据该科目的期末余额直接填列。（ ）
11. "无形资产"项目，应根据"无形资产"科目期末余额填列。（ ）
12. 资产负债表中"应付账款"项目应根据"应付账款"和"预收账款"所属明细账贷方余额合计填列。（ ）
13. 利润表是反映企业在一定会计期间经营成果的报表，属于静态报表。（ ）
14. 利润表的格式主要有多步式和单步式两种，我国企业的利润表应采用单步式进行编制。（ ）
15. 利润表中的"本期金额"栏，应根据各损益类账户的本期发生额填列。（ ）
16. 利润表中的营业收入不仅包括主营业务收入和其他业务收入，还包括营业外收入。（ ）
17. 现金流量表中的现金就是指货币资金。（ ）
18. 企业所有财务报表均应当按照权责发生制基础编制。（ ）
19. 现金流量表是反映企业在某一时点上的现金和现金等价物流入和流出情况的财务报表。（ ）
20. 发行债券所收到的现金属于投资活动产生的现金流量。（ ）
21. 经营活动、投资活动、筹资活动所产生的现金流量，既可以通过直接法编制，也可以通过间接法编制。（ ）
22. 间接法就是将会计净利润调节为本期现金净流量额。（ ）
23. 所有者权益变动表"未分配利润"栏目的本年年末余额应当与本年资产负债表"未分配利润"项目的年末余额相等。（ ）
24. 所有者权益变动表是反映对所有者进行利润分配的报表。（ ）
25. 财务报表附注是企业财务报表的组成部分。（ ）
26. 企业对报表重要项目的说明，可以按任意顺序，采用文字和数字描述相结合的方式进行披露。（ ）

（四）业务题

习 题 一

1. 目的

练习资产负债表和利润表项目的计算。

2. 资料

20×7年3月31日，通达公司有关账户期末余额及发生额如下。

（1）"库存现金"账户借方余额为2 000元，"银行存款"账户借方余额为350 000元，"其他货币资金"账户借方余额为50 000元。

（2）"应收账款"总账账户借方余额为1 500 000元，其所属明细账账户借方余额合计数为1 600 000元，所属明细账账户贷方余额合计数为100 000元，"坏账准备"账户贷方余额为50 000元（均为应收账款计提的坏账准备）。

（3）"预付账款"总账账户借方余额为740 000元，其所属明细账账户借方余额合计数为800 000元，所属明细账账户贷方余额合计数为60 000元，"坏账准备"账户贷方余额为10 000元（均为预付账款计提的坏账准备）。

（4）"材料采购"账户借方余额为140 000元，"原材料"账户借方余额为2 400 000元，"库存商品"账户借方余额为1 600 000元，"生产成本"账户借方余额为600 000元。

(5)"固定资产"账户借方余额为10 000 000元,"累计折旧"账户贷方余额为900 000元,"固定资产减值准备"账户贷方余额为2 000 000元。

(6)"应付账款"总账账户贷方余额为1 400 000元,其所属明细账账户借方余额合计数为400 000元,所属明细账账户贷方余额合计数为1 800 000元。

(7)"预收账款"总账账户贷方余额为800 000元,其所属明细账账户借方余额合计数为600 000元,所属明细账账户贷方余额合计数为1 400 000元。

(8)本月实现营业收入2 000 000元,营业成本为1 500 000元,税金及附加为240 000元,期间费用为100 000元,营业外收入为20 000元,适用所得税税率为25%。

3. 要求

(1)计算通达公司20×7年3月31日资产负债表中的货币资金,应收账款,预付款项,存货,固定资产,应付账款,预收款项等项目的金额。

(2)计算通达公司20×7年3月利润表中的营业利润、利润总额和净利润等项目的金额。

习 题 二

1. 目的

练习利润表的编制。

2. 资料

顺鑫公司为增值税一般纳税企业,销售的产品为应纳增值税产品,增值税率为17%,产品销售价格中不含增值税额。适用的所得税税率为25%。该公司20×7年5月发生以下经济业务。

(1)1日,出售给新华公司A产品500件,单价为100元,款项已收到。

(2)3日,出售给西部公司B产品100件,单价为1 000元,款项尚未收到。

(3)6日,以银行存款支付广告费6 000元。

(4)31日,一次结转本月已销产品的销售成本90 000元,其中:A产品为30 000元,B产品为60 000元。

(5)31日,计算并确认短期借款利息3 000元。

(6)31日,计提行政管理部门用固定资产折旧5 000元。

(7)31日,计算应交城市维护建设税为1 800元。

(8)31日,将收入、费用账户余额转入"本年利润"账户。

(9)31日,计算应交所得税,并将所得税费用转入"本年利润"账户(不考虑纳税调整)。

3. 要求

(1)根据上述资料编制会计分录。

(2)根据上述资料编制20×7年5月份利润表。

四、案例题

20×7年8月,郝亮为了完成学校布置的社会实践活动作业,苦思冥想了很长时间,这个暑假应该做点什么呢?天气炎热,柠檬汽水摊是可以做得很好的生意。于是,他找来很多材料,自己做了一个简易的汽水摊,但还需要一样东西——资金!他拿出积攒很久的零用钱,一共是50元,仅仅这些钱是绝对不够的,于是他又向父母借了100元,还打了借条。

有了资金就可以进入正题啦,他去杂货店买来原料:柠檬和糖。50个柠檬,每个2元,共计 100 元；5 斤糖，每斤 4 元，共计 20 元，进货总额 120 元。

120 元的柠檬和糖一共做了 60 杯，所以每杯的成本是 2 元。

一切准备就绪，他的柠檬汽水摊开业了！一周卖了柠檬汽水 50 杯，收入 250 元！而正当他体验这种挣钱的快乐时，突然想起来，卖汽水的玻璃杯要向父母支付租金，朋友也帮他油漆了汽水摊的广告牌。玻璃杯租金 10 元，广告费 20 元，两项费用总额为 30 元。

郝亮计算了一下，即使扣除玻璃杯租金和广告费还是有盈余的。初次做生意，能有这样的收益，他感到心满意足。

要求：请你根据本学期所学的会计知识，做以下工作。
1. 编制必要的会计分录。
2. 编制简易的资产负债表和利润表。

五、练习题与案例题答案及解析

（一）单项选择题

1. D　财务报告使用者不仅包括投资者、债权人、政府及其有关部门，还包括社会公众等。

2. A　财务报告是指单位根据经过审核的会计账簿记录和有关资料编制并对外提供的反映单位某一特定日期财务状况和某一会计期间经营成果、现金流量的文件。财务报告包括报表及其附注和其他应当在财务报告中披露的相关信息和资料。

3. A　财务报表按不同的标准有许多分类。按反映的经济内容不同，可分为动态报表与静态报表；按编报时间不同，可分为中报与年报；按编报的会计主体不同，可分为个别报表与合并报表；按报送对象不同，可分为对内报表与对外报表。

4. B　资产负债表是反映企业某一特定日期（如月末、季末、年末等）财务状况的财务报表。由于它反映的是某一时点的情况，所以又称为静态报表。利润表、所有者权益变动表和现金流量表属于动态报表。

5. D　对外报表是报送给企业外部有关单位或个人使用的报表。对外报送的会计报表包括资产负债表、利润表、现金流量表、所有者权益变动表等。

6. B　会计报表分别从不同的角度反映了企业的财务状况、经营成果和现金流量情况。其中，资产负债表是反映企业某一特定日期财务状况的报表；利润表是反映企业在一定期间经营成果的报表；现金流量表是反映企业在一定期间内现金及现金等价物流入和流出情况的报表。

7. B　因为资产负债表是一张静态报表，它反映的是某一时点上的财务状况的报表。

8. A　编制资产负债表的理论依据是"资产＝负债＋所有者权益"这一等式，"收入－费用＝利润"是编制利润表的理论依据。

9. B　资产负债表的资产项目是按资产的流动性排列的，即流动性强的排在前面，流动性弱的排在后面。

10. D　在资产负债表中，资产按照其流动性强弱排列：流动性强的资产如"货币资金"、"应收账款"等排在前面；流动性弱的资产如"存货"、"无形资产"排列在后面。

11. C　"所得税费用"项目在利润表中反映。

12. B　因为资产负债表是时点报表，编制时所对应的指标应该是时点指标，故为期末余额。

13. A　资产负债表中的"应收账款"项目应根据"应收账款"和"预收账款"科目所属各明细科目的期末借方余额合计数，减去"坏账准备"科目中有关应收账款计提的坏账准备期末余额后的净额填列。

14. B "货币资金"需要根据"库存现金"、"银行存款"、"其他货币资金"三个总账科目余额合计填列;"存货"需要根据"材料采购"、"原材料"、"低值易耗品"等科目的期末余额,减去"受托代销商品款"、"存货跌价准备"科目的期末余额后填列;"应收账款"需要分别根据"应收账款"、"预收账款"所属明细账户的期末余额,并减去坏账准备的期末余额计算填列。

15. B 资产负债表中"应收账款"项目应根据"应收账款"明细账的期末借方余额+"预收账款"明细账的期末借方余额－应收账款的"坏账准备"期末贷方余额填列。本题中"应收账款"项目的金额＝16 000＋4 000＋6 000＝26 000（元）。

16. C "应收账款"项目根据"应收账款"明细账的期末借方余额+"预收账款"明细账的期末借方余额－应收账款的"坏账准备"期末贷方余额填列。本题中"应收账款"项目的金额＝800－15＝785（万元）。

17. A "预付款项"项目应该根据应付账款的明细账借方余额和预付账款明细账的借方余额减去预付账款计提的坏账准备后的净额填列。

18. C "存货"项目反映企业期末在库、在途和在加工中的各项存货的可变现净值,包括各种材料、商品、在产品、半成品、包装物及低值易耗品、发出商品、委托代销商品等。本项目应根据"材料采购"、"原材料"、"包装物及低值易耗品"、"周转材料"、"消耗性生产物资"、"库存商品"、"发出商品"、"委托加工物资"、"生产成本"等科目的期末余额合计,减去"存货跌价准备"科目期末余额后的净额填列。工程物资应该单独列示,而不计入存货项目。

19. A "固定资产"项目的金额＝1 000－300－50＝650（万元）。

20. C 资产负债表中的"应付账款"项目应根据应付账款所属明细账贷方余额和预付账款所属明细账贷方余额合计数填列。"预付款项"项目应根据应付账款所属明细账借方余额和预付账款所属明细账借方余额合计数减去"坏账准备"中预付账款计提的坏账准备期末余额后的金额填列。因此该企业年末"预付款项"项目的金额＝应付账款明细账户贷方余额＋预付账款明细账户贷方余额＝540 000＋140 000＝680 000（元）。该企业年末"预付款项"项目的金额＝应付账款明细账户借方余额＋预付账款明细账户借方余额＝380 000＋240 000＝620 000（元）。

21. D 应付账款所属明细账户为借方余额时,表明该余额的性质已变为资产,即预付账款,故应将其填列在"预付款项"项目下。

22. A 选项 B 计入长期应付款中,选项 C 计入应付账款中,选项 D 计入应付职工薪酬中。

23. D 20×5 年 4 月 1 日从银行借入期限为 3 年的长期借款,该项借款到 20×7 年 12 月 31 日还有 3 个月的时间就要到期,则该项借款应填入资产负债表中的"一年内到期的非流动负债"项目中。

24. D "长期借款"项目,根据"长期借款"总账科目余额扣除"长期借款"科目所属的明细科目中将在一年内（含一年）到期的且企业不能自主地将清偿义务展期的长期借款后的金额计算填列。借入两年期的 150 000 元借款到期日为 20×8 年 5 月 31 日,因此该笔借款应在 20×7 年年底资产负债表中的"一年内到期的非流动负债"项目中反映,"长期借款"项目的金额为 480 000 元,D 选项正确。

25. C "未分配利润"项目,反映企业尚未分配的利润。本项目应根据"本年利润"科目和"利润分配"科目的余额计算填列。

26. D 资产负债表中所有者权益部分是按照永久性程度列示的,具体排列顺序为实收资本、资本公积、盈余公积、未分配利润。

27. B 利润表是动态报表，它反映的是企业在一定期间的经营成果。

28. C 利润表是反映企业在一定会计期间经营成果的报表，因此，某年12月31日编制的年度利润表中"本期金额"一栏反映的是本年度利润或亏损的形成情况。

29. B 营业利润＝1 700＋200－1 190－100－170－110－100－19＝211（万元）

利润总额＝211＋16－25＝202（万元）

净利润＝202－202×25％＝151.5（万元）

30. D 税金及附加不属于营业成本，营业成本＝主营业务成本＋其他业务成本。

31. A 营业收入项目包括主营业务收入和其他业务收入；选项A计入营业外收入，不包括在营业收入中；选项B、C、D均属于企业的营业收入。

32. B 应交增值税不计入利润表。在利润表"税金及附加"项目中反映的金额＝14 000＋22 000＋24 000＝60 000（元）。

33. A 现金流量按照交易的性质可分为经营活动现金流量、投资活动现金流量和筹资活动现金流量。

34. A 现金流量表是反映企业在一定会计期间现金和现金等价物流入及流出的报表。现金是指企业库存现金以及可以随时用于支付的存款。现金等价物是指企业持有的期限短（一般指从购买日起三个月内到期）、流动性强、易于转换为已知金额现金、价值变动风险小的投资。企业的银行存款以及其他货币资金不属于现金等价物。

35. C 银行承兑汇票通过应收票据、应付票据科目核算，不属于现金或现金等价物。

36. D 选项A和B属于现金内部发生的变动，不影响现金流量，选项C不影响现金流量，选项D会影响现金流量的变动。

37. A 生产、管理、销售所产生的现金流量一般属于经营活动产生的现金流量；对内投资（购建长期资产）、对外投资（股权、债权投资）所产生的现金流量一般属于投资活动产生的现金流量；债务性筹资和权益性筹资所产生的现金流量一般属于筹资活动产生的现金流量。

38. D 收到的现金股利属于投资活动产生的现金流量；支付的银行存款利息属于筹资活动产生的现金流量；收到的设备处置价款属于投资活动产生的现金流量。

39. C "销售商品、提供劳务收到的现金"项目的金额＝2 000＋400＋200－160－120＝2 320（万元）。

40. A 购买2个月后到期的国债属于用银行存款购买了现金等价物，不对现金流量造成影响，因此不用考虑此事项；偿还应付账款属于购买商品支付的现金；支付生产人员工资计入"支付给职工以及为职工支付的现金"项目中；购买固定资产属于投资活动。因此本题目只需要考虑偿还应付账款这个事项，"购买商品，接受劳务支付的现金"项目的金额＝200（万元）。

41. D 所有者权益变动表是反映构成所有者权益的各组成部分当期的增减变动情况的报表，它能从所有者权益变动的来源对一定时期所有者权益变动情况进行全面反映，能够反映企业的利润分配情况。所有者权益变动表中本年年初余额为上年年末余额加会计政策变更和前期差错更正。故上述表述D不符合题意。

（二）多项选择题

1. ABCD 编制财务报表前需要做的准备工作包括：检查本期内所有的经济业务是否全部登记入账，保证账簿记录的完整性；进行财产清查，保证账实相符；核对账簿记录，做到账证相符、账账相符；根据权责发生制要求进行期末账项调整，正确计算本期损益；按照有关规定按时结账，结出有关账户的余额和发生额；进行试算平衡等。

2. ABD 财务报告主要包括财务报表、财务报表附注和其他应当在财务报告中披露的相关信息和资料。

3. ABCD 财务报表的使用者包括投资者、贷款人、供应商和其他商业债权人、政府及其机构和社会公众等。

4. ABCD 编制财务报表的基本要求是：以持续经营为基础编制；按正确的会计基础编制；至少按年编制财务报表；项目列报遵守重要性原则；保持各个会计期间财务报表项目列报的一致性；各项目之间的金额不得相互抵销；至少应当提供所有列报项目上一个可比会计期间的比较数据；应当在财务报表的显著位置披露编报企业的名称等重要信息。

5. ABC 企业的获利能力主要是通过利润表来反映的，资产负债表主要是分析企业的偿债能力。

6. ABCD 资产负债表的数据可以通过以下几种方式获得：①根据总账科目的余额直接填列；②根据几个总账科目的余额计算填列；③根据有关明细账科目的余额计算填列；④根据有关科目余额减去其备抵科目余额后的净额填列；⑤根据总账科目和明细账科目的余额分析计算填列。

7. ABD 按照编制资产负债表的要求，"应付职工薪酬"、"应交税费"、"利润分配——未分配利润"账户期末余额为借方时（一般为贷方），在资产负债表的对应项目上填负数。

8. ABCD 根据资产负债表的编制方法，"存货"项目应根据"原材料"、"库存商品"等存货类科目的余额合计填制，"应付账款"和"应收账款"应根据所属明细账户的借方或贷方余额分析计算填列。而"长期借款"项目填列时应考虑长期借款中有无一年内到期的，如有应扣除后填列，扣除部分记在"流动负债"项目下。故存货、应收账款、长期借款和应付账款项目不能直接填列，而应分析计算填列。

9. BD "应收账款"项目的金额＝应收账款所属明细科目的期末借方余额＋预收账款所属明细科目的期末借方余额－应收账款对应的坏账准备的金额。

10. BCD 应收账款是指企业因销售商品、提供劳务等经营活动，应向购货单位或接受劳务单位收取的款项，主要包括企业销售商品或提供劳务等应向有关债务人收取的价款及代购货单位垫付的包装费、运杂费等。预付职工差旅费计入其他应收款。

11. ABCD 存货项目应根据"材料采购"、"原材料"、"库存商品"、"周转材料"、"委托加工物资"、"委托代销商品"、"生产成本"等科目的期末余额合计，减去"受托代销商品款"、"存货跌价准备"科目期末余额后的净额填列。

12. AC 经营性租入设备的原价不进行核算；转入清理的生产设备的原价记入"固定资产清理"账户。

13. BC 商业汇票到期，收回票款，借记银行存款，贷记应收票据；计提短期借款利息借记财务费用，贷记应付利息；收到预收账款，借记银行存款，贷记预收账款；计提固定资产折旧，借记制造费用等，贷记累计折旧。

14. ABD 预付账款属于资产项目。

15. CD 资产负债表中的"应付账款"项目应根据应付账款所属明细账贷方余额合计数和预付账款所属明细账贷方余额合计数之和填列，因此应选择C和D。

16. AD 利润表中的数据是根据相关账户的本期发生额编制的，它反映的是企业一定期间内的经营成果，属于动态报表。

17. BD A项计入营业外支出；B项计入其他业务收入；C项计入所得税费用；D项计入主营业务成本，因此B和D项影响营业利润。

18. ABCD 营业成本项目包含主营业务成本和其他业务成本。选项A计入主营业务成本；选项B、C、D计入其他业务成本。

19. BCD 增值税不能通过"税金及附加"科目核算；城市维护建设税、教育费附加、消费税应通过"税金及附加"科目核算。

20. ABCD 企业的现金及现金等价物包含库存现金、随时用于支付的银行存款、其他货币资金以及 3 个月内到期的债券投资。

21. AC 选项 B 是筹资活动产生的现金流量；选项 D 是投资活动产生的现金流量。

22. AD 购买原材料是经营活动支付的现金；分配股利或利润支付的现金是筹资活动支付的现金。

23. ABC 筹资活动产生的现金流量主要包括：吸收投资收到的现金，取得借款收到的现金，偿还债务支付的现金，分配股利、利润和偿付利息支付的现金等。

24. ABCD 所谓间接法，是指以净利润为起算点，调整不涉及现金的收入、费用、营业外收支等有关项目，据此计算出经营活动产生的现金流量。

25. ABCD 财务报表附注至少应当包括的内容有企业的基本情况、财务报表的编制基础、重要会计政策和会计估计、资产负债表日后事项等。

26. BCD 财务报表附注是对在资产负债表、利润表、现金流量表和所有者权益变动表等报表中列示项目的文字描述或明细资料，以及对未能在这些报表中列示项目的说明等。财务报表附注是财务报告的组成部分。

（三）判断题

1. 错误 编制财务报表既要及时，同时也要内容完整，但不能为了及时地编制财务报表而提前进行结账。

2. 错误 财务报告是单位根据经过审核的会计账簿记录和有关资料编制的。

3. 错误 中期财务报告是指短于一个完整的会计年度的财务报告，如月份财务报告、季度财务报告、半年度财务报告等。

4. 正确 财务报表主要是为企业外部的投资者、贷款人、供应商和其他商业债权人、政府及其机构等使用者提供决策有用的信息，同时也为企业内部管理提供信息。

5. 正确 编制资产负债表时，表中的"期末数"中大部分项目是根据总账账户的期末余额填列的，小部分项目还需根据明细账账户余额分析计算填列。

6. 错误 资产负债表是反映企业某一特定日期财务状况的财务报表。

7. 错误 资产负债表的格式主要有账户式和报告式两种，我国采用的是账户式。财务报告和资产负债表不是同一个概念，后者只是前者的一部分。

8. 正确 为了核算货币资金的增减变动，企业应设"库存现金"、"银行存款"、"其他货币资金"三个账户，故编制资产负债表时，应根据这三个账户的余额合计数填列。

9. 正确 因为"生产成本"账户的余额属于在产品，在产品属于企业的存货。

10. 错误 "长期待摊费用"项目，反映企业已经发生但应由本期和以后各期负担的分摊期限在 1 年以上的各费用。长期待摊费用中在 1 年内（含 1 年）摊销的部分，应在本表"1 年内到期的非流动资产"项目填列。本项目应根据"长期待摊费用"科目的期末余额减去 1 年内（含 1 年）摊销的数额后的金额填列。

11. 错误 "无形资产"项目，应根据"无形资产"科目期末余额减去"累计摊销"、"无形资产减值准备"科目余额后的净额填列。

12. 错误 资产负债表中"应付账款"项目应根据"应付账款"和"预付账款"所属明细账贷方余额合计填列。

13. 错误 由于收入和费用是企业在一定期间内发生的，因此，利润表属于动态报表。

14. 错误　我国企业的利润表应采用多步式进行编制，因为多步式利润表便于利润分析，便于统一汇总。

15. 正确　利润表中的"本期金额"栏，应根据各损益类账户的本期发生额填列，因为利润表是动态报表，它所对应的指标是时期指标。

16. 错误　利润表中的营业收入包括主营业务收入和其他业务收入，但不包括营业外收入。

17. 错误　现金流量表中的现金不仅包括货币资金，而且包括现金等价物等，它是广义的现金概念。

18. 错误　除现金流量表按照收付实现制基础编制外，企业应当按照权责发生制基础编制财务报表。

19. 错误　现金流量表是反映企业一定会计期间的现金和现金等价物流入和流出情况的财务报表。

20. 错误　发行债券所收到的现金属于筹资活动产生的现金流量。

21. 错误　经营活动所产生的现金流量，既可以通过直接法，也可以通过间接法编制。

22. 错误　间接法就是将会计净利润调节为本期经营活动现金净流量额。

23. 正确　所有者权益变动表中未分配利润年末余额、资产负债表中未分配利润项目金额、未分配利润账户期末余额，三者是相等的。

24. 错误　所有者权益变动表反映构成所有者权益各组成部分当期的增减变动情况的报表。

25. 正确　财务报表附注是对在财务报表中列示项目所作的进一步说明，以及对未能在这些报表中列示项目的说明等，它是企业财务报表的组成部分。

26. 错误　企业对报表重要项目的说明，应当按照资产负债表、利润表、现金流量表、所有者权益变动表及其项目列示的顺序，采用文字和数字描述相结合的方式进行披露。报表重要项目的明细金额合计，应当与报表项目金额相衔接。

（四）业务题

习　题　一

(1) 通达公司 20×7 年 3 月 31 日资产负债表中各项目的金额计算

货币资金＝2 000＋350 000＋50 000＝402 000（元）

应收账款＝1 600 000＋600 000－50 000＝2 150 000（元）

预付款项＝800 000＋400 000－10 000＝1 190 000（元）

存货＝140 000＋2 400 000＋1 600 000＋600 000＝4 740 000（元）

固定资产＝10 000 000－900 000－2 000 000＝7 100 000（元）

应付账款＝1 800 000＋60 000＝1 860 000（元）

预收款项＝1 400 000＋100 000＝1 500 000（元）

(2) 通达公司 20×7 年 3 月利润表中各项目的金额计算

营业利润＝2 000 000－1 500 000－240 000－100 000＝160 000（元）

利润总额＝160 000＋20 000＝180 000（元）

净利润＝180 000－180 000×25％＝135 000（元）

习　题　二

(1) 借：银行存款　　　　　　　　　　　　　　　　　　　　58 500

　　　贷：主营业务收入　　　　　　　　　　　　　　　　　　50 000

　　　　　应交税金——应交增值税（销项税额）　　　　　　　8 500

(2) 借：应收账款 117 000
        贷：主营业务收入 100 000
            应交税金——应交增值税（销项税额） 17 000
(3) 借：销售费用 6 000
        贷：银行存款 6 000
(4) 借：主营业务成本 90 000
        贷：库存商品——A产品 30 000
                ——B产品 60 000
(5) 借：财务费用 3 000
        贷：应付利息 3 000
(6) 借：管理费用 5 000
        贷：累计折旧 5 000
(7) 借：税金及附加 1 800
        贷：应交税费——应交城市维护建设税 1 800
(8) 借：主营业务收入 150 000
        贷：本年利润 150 000
    借：本年利润 105 800
        贷：管理费用 5 000
            销售费用 6 000
            财务费用 3 000
            主营业务成本 90 000
            税金及附加 1 800
(9) 所得税费用＝（150 000－105 800）×25％＝11 050（元）
    借：所得税费用 11 050
        贷：应交税费——应交所得税 11 050
    借：本年利润 11 050
        贷：所得税费用 11 050

营业利润＝150 000－90 000－1 800－6 000－5 000－3 000＝44 200（元）
利润总额＝44 200（元）
净利润＝44 200－11 050＝33 150（元）

利 润 表

20×7年5月　　　　　　　　　　　　　　　　　　　　　　单位：元

项　　目	本期金额	项　　目	本期金额
一、营业务收入	150 000	二、营业利润	44 200
减：营业成本	90 000	加：营业外收入	
税金及附加	1 800	减：营业外支出	
销售费用	6 000	三、利润总额	44 200
管理费用	5 000	减：所得税费用	11 050
财务费用	3 000	四、净利润	33 150
加：投资收益			

（五）案例题

1. 编制必要的会计分录

（1）郝亮拿出自己的零花钱，会计上属于投资。

借：库存现金　　　　　　　　　　　　　　　　　　　　50.00
　　贷：实收资本　　　　　　　　　　　　　　　　　　　　　　50.00

（2）郝亮向父母借款。

借：库存现金　　　　　　　　　　　　　　　　　　　　100.00
　　贷：其他应付款　　　　　　　　　　　　　　　　　　　　　100.00

（3）在杂货店购买柠檬和糖。

借：原材料　　　　　　　　　　　　　　　　　　　　　120.00
　　贷：库存现金　　　　　　　　　　　　　　　　　　　　　　120.00

（4）生产柠檬汽水。为了简化计算，生产柠檬汽水需要的人工费、水费没有计入成本。

借：生产成本　　　　　　　　　　　　　　　　　　　　120.00
　　贷：原材料　　　　　　　　　　　　　　　　　　　　　　　120.00

借：库存商品　　　　　　　　　　　　　　　　　　　　120.00
　　贷：生产成本　　　　　　　　　　　　　　　　　　　　　　120.00

（5）销售柠檬汽水。

借：库存现金　　　　　　　　　　　　　　　　　　　　250.00
　　贷：主营业务收入　　　　　　　　　　　　　　　　　　　　250.00

（6）结转销售柠檬汽水的成本。

每杯成本2元，销售50杯的成本＝50×2＝100.00（元）

借：主营业务成本　　　　　　　　　　　　　　　　　　100.00
　　贷：库存商品　　　　　　　　　　　　　　　　　　　　　　100.00

（7）玻璃杯租金和广告费计入销售费用。

借：销售费用　　　　　　　　　　　　　　　　　　　　30.00
　　贷：库存现金　　　　　　　　　　　　　　　　　　　　　　30.00

（8）结转利润。

借：主营业务收入　　　　　　　　　　　　　　　　　　250.00
　　贷：本年利润　　　　　　　　　　　　　　　　　　　　　　250.00

借：本年利润　　　　　　　　　　　　　　　　　　　　130.00
　　贷：主营业务成本　　　　　　　　　　　　　　　　　　　　100.00
　　　　销售费用　　　　　　　　　　　　　　　　　　　　　　30.00

2. 编制简易的资产负债表和利润表

资产负债表

20×7年8月第1周末　　　　　　　　　　　　　　　　　　　单位：元

项　目	金　额	项　目	金　额
货币资金	250.00	其他应付款	100.00
存货	20.00	实收资本	50.00
		未分配利润	120.00
资产合计	270.00	负债及所有者权益合计	270.00

利润表

20×7年8月 第1周　　　　　　　　　　　　　　　　　　　　　　　单位：元

项　目	金　额
营业收入	250.00
减：营业成本	100.00
销售费用	30.00
净利润	120.00

六、教材参考答案

习　题　一

资产负债表

　　　　　　　　　　　　　　　　　　　　　　　　　　　　　　　　　　　会企01表

编制单位：鑫欣公司　　　　20×7年 12月31 日　　　　　　　　　　　单位：元

资　产	期末余额	年初余额	负债和所有者权益（或股东权益）	期末余额	年初余额
流动资产：			流动负债：		
货币资金	96 000		短期借款	372 000	
以公允价值计量且其变动计入当期损益的金融资产	84 000		以公允价值计量且其变动计入当期损益的金融负债		
应收票据			应付票据		
应收账款	168 000		应付账款	91 800	
预付款项	60 000		预收款项	36 000	
应收利息					
应收股利			应付职工薪酬	208 200	
其他应收款	60 000		应交税费	360 000	
存货	330 000		应付利息		
一年内到期的非流动资产			应付股利	120 000	
其他流动资产			其他应付款	72 000	
流动资产合计	798 000		一年内到期的非流动负债		
非流动资产：			其他流动负债		
可供出售金融资产			流动负债合计	1 260 000	
持有至到期投资			非流动负债：		
长期应收款			长期借款	384 000	
长期股权投资	62 000		应付债券		
投资性房地产			长期应付款		
固定资产	2 040 000		专项应付款		
在建工程			预计负债		
工程物资			递延所得税负债		
固定资产清理			其他非流动负债		
生产性生物资产			非流动负债合计	384 000	
油气资产			负债合计	1 644 000	
无形资产	180 000		所有者权益：		
开发支出			实收资本	300 000	
商誉			资本公积	68 000	
长期待摊费用	24 000		减：库存股		
递延所得税资产			盈余公积	132 480	
其他非流动资产			未分配利润	959 520	
非流动资产合计	2 306 000		所有者权益合计	1 460 000	
资产合计	3 104 000		负债和所有者权益总计	3 104 000	

习 题 二

利润表

编制单位：景福公司　　　　20×7 年 10 月　　　　　　　　　　　会企02表
　　　　　　　　　　　　　　　　　　　　　　　　　　　　　　　　单位：元

项　目	本期金额	本年累计数
一、营业收入	419 000	4 443 000
减：营业成本	277 000	2 779 000
税金及附加	34 000	236 000
销售费用	14 000	416 000
管理费用	45 000	147 000
财务费用	18 000	60 000
资产减值损失		
加：公允价值变动收益（损失以"－"号填列）		
投资收益（损失以"－"号填列）	17 490	82 490
其中：对联营企业和合营企业的投资收益		
二、营业利润（亏损以"－"号填列）	48 490	887 490
加：营业外收入	45 000	142 000
减：营业外支出	53 000	88 000
三、利润总额（亏损总额以"－"号填列）	40 490	941 490
减：所得税费用	12 000	309 330
四、净利润（净亏损以"－"号填列）	28 490	632 160

案 例 分 析

杰克·韦尔奇之所以重视现金流量，可以从以下两个方面理解。

1. 因为现金流量是真实的，并且是透明度极高的资料

现金流量表是无论经营者怎样运作都很难作假、最具透明度的财务报表。它分别从企业经营活动、投资活动、筹资活动三个方面反映现金的增减，清楚展示主要业务开展的顺利与否。

现金流量表对于经营者来讲，是展现其企业真实面貌的资料。与其相对应的资产负债表和利润表是在会计准则允许的范围内，加入了所谓的"会计政策"这种经营者意向的财务报表。因此，利润是弹性的，现金是真实的。

2. 因为经营目标已转变成重视现金流量

盲目追求销售额与利润的经营，如果一步走错便会导致经营资源的浪费与严重的负债。企业业绩不佳时为表面上使利润看起来很大，相信很多经营者都犯过盲目增加产量扩大销售的错误。而在企业业绩良好时，为了少缴税金，努力使企业所得看起来较少。在这样反复操作中，连经营者自己最后都难辨真伪。

重视现金流量经营，以企业的健全发展为目标，将公司从"耗用现金的企业"，转化成"生成现金的企业"，并进一步使其成为"创造出更多现金的企业"。这样做的结果，可以使企业在生存竞争中取胜的概率增加。

第九章
会计工作的组织与管理

一、本章知识结构图

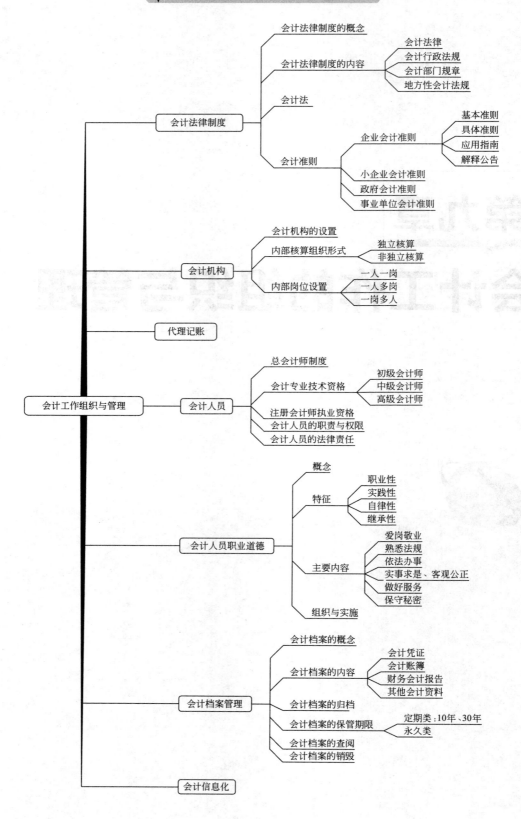

② 二、疑难解答

1. 企业设置会计机构应该遵循哪些原则？

答：企业设置会计机构应该遵循以下原则：一是要与企业管理体制和企业组织结构相适应；二是要与单位经济业务的性质和规模相适应；三是要与本单位的会计工作组织形式相适应；四是要与本单位其他管理机构相协调；五是要体现精简、高效原则。

2. 会计岗位设置时应遵循的内部牵制原则包括哪些内容？

答：会计岗位设置时应遵循的内部牵制原则包括以下内容。

出纳人员不得兼任稽核、会计档案保管和收入、费用、债权债务账目的登记工作；出纳人员以外的会计人员不得经管现金、有价证券和票据；会计机构负责人（会计主管人员）不得兼任出纳和监事工作；会计人员不得兼任内部审计工作；记账人员不得兼任采购员和保管员工作。

使用电子计算机进行会计核算的企业，软件开发人员不得担任除电算维护以外的会计电算化岗位，软件操作、审核记账、电算维护、电算审查岗位在企业会计人员编制允许的条件下应当分别设置。

3. 会计机构内部建立稽核制度的目的是什么？稽核与审核、复核有何不同？

答：《会计法》第三十七条规定"会计机构内部应当建立稽核制度"。其目的在于查验会计凭证、会计账簿、财务报告和其他会计资料有无遗漏、错误或者矛盾，以保证凭证、账簿、报告和其他资料的真实、完整。稽核制度应当包括稽核工作的岗位设置和具体分工、稽核岗位的职责和权限、稽核的方法等内容。

会计初学者常常将稽核与审核、复核相混淆，其实审核、复核和稽核是相似而不同的概念。审核是指在原始凭证审批之后对原始凭证的形式及其实质进行的审查核定，以及在记账凭证填制完毕之后对记账凭证的形式和实质及所附原始凭证的形式进行的审查核定；复核是指对已经审核的会计凭证进行的再一次审核，其复核主要侧重于对会计凭证的形式审核；稽核是指在对会计凭证审核或复核之后对会计凭证的形式和实质进行的查对验证，以及对会计账簿、财务报告等会计资料进行的查对验证。

4. 会计机构负责人、会计主管人员应当具备哪些基本条件？

答：《会计法》第三十八条规定，担任单位会计机构负责人（会计主管人员）的，除了应当具备从事会计工作所需要的专业能力外，还应当具备会计师以上专业技术职务资格或者从事会计工作三年以上经历。

《会计基础工作规范》第七条规定，会计机构负责人、会计主管人员应当具备下列基本条件：一是坚持原则，廉洁奉公；二是具备会计师以上专业技术职务资格或者从事会计工作三年以上经历；三是熟悉国家财经法律、法规、规章和方针、政策，掌握本行业业务管理的有关知识；四是有较强的组织能力；五是身体状况能够适应本职工作的要求。

5.《会计档案管理办法》对电子会计档案做了哪些方面的规定？

答：《会计档案管理办法》在会计档案的范围、保管、移交、销毁等方面对电子会计档案均进行了相应规定，主要包括：一是将电子会计档案纳入了会计档案的范围，规定会计档案包括通过计算机等电子设备形成、传输和存储的电子会计档案；二是规定满足一定条件时单位内部生成和外部接收的电子会计资料可仅以电子形式归档保存；三是要求电子会计档案移交时将电子会计档案及其元数据一并移交,且文件格式应当符合国家档案管理的有关规定、特殊格式的电子会计档案应当与其读取平台一并移交;四是要求电子会计档案的销毁由单位档案管理机构、会计管理机构和信息系统管理机构共同派员监销。

6. 是否通过会计专业技术资格考试,就理所当然地被聘任为相应的会计专业职务?

答:通过全国统一考试,取得会计专业技术资格的会计人员,表明其已具备担任相应级别会计专业技术职务的任职资格。它是担任相应会计专业职务的必备条件,但不是充分条件。用人单位可根据工作需要和德才兼备的原则,从获得会计专业技术资格的会计人员中择优聘任。

7. 会计档案是否在保管期满后就可以销毁?

答:不可以。会计档案保管期满需要销毁时,由单位档案管理机构会同单位会计、审计、纪检监察等机构或人员共同进行鉴定,并形成会计档案鉴定意见书,提出销毁意见,单位档案管理机构编制会计档案销毁清册。

单位负责人、档案管理机构负责人、会计管理机构负责人、档案管理机构经办人、会计管理机构经办人在会计档案销毁清册上签署意见。

单位档案管理机构负责组织会计档案销毁工作,并与会计管理机构共同派员监销。

保管期满但未结清的债权债务会计凭证和涉及其他未了事项的会计凭证不得销毁,纸质会计档案应当单独抽出立卷,电子会计档案单独转存,保管到未了事项完结时为止。

三、练习题

(一) 单项选择题

1.《会计法》是由( )制定的规范性文件。
   A. 全国人民代表大会　　　　　　　B. 全国人民代表大会常务委员会
   C. 国务院　　　　　　　　　　　　D. 财政部

2.( )是指由国务院制定并发布,或者国务院有关部门拟定并经国务院批准发布,以调整经济关系中某些方面会计关系的法律规范。
   A. 会计法　　　B. 会计行政法规　　　C. 地方性会计法规　　　D. 会计部门规章

3. 下列选项中不属于《企业会计准则——具体准则》的是( )。
   A. 一般业务准则　　B. 特殊业务准则　　C. 应用指南　　D. 报告类准则

4. 对一般大型企业来说,会计机构的设置应该是( )。
   A. 与其他机构合并设置　　　　　　B. 配备专职的会计人员
   C. 单独设置　　　　　　　　　　　D. 指定专人办理会计工作

5. 企业会计工作中,由( )进行集中核算。
   A. 企业的会计部门　　　　　　　　B. 企业内部的各职能部门
   C. 上级主管部门　　　　　　　　　D. 会计师事务所

6.《会计法》明确规定,各单位会计机构内部应当建立( )。
   A. 会计人员岗位责任制　　　　　　B. 稽核制度
   C. 会计档案管理制度　　　　　　　D. 财产清查制度

7. 下列岗位设置不符合规定的是( )。
   A. 会计档案保管兼收入登记　　　　B. 财务主管兼总账登记

C. 出纳人员兼会计档案保管　　　　　　D. 财务主管兼稽核

8. 下列各项中，不属于会计岗位的有（　　）。
   A. 工资核算岗位　　　　　　　　　　B. 成本核算岗位
   C. 商场收银员岗位　　　　　　　　　D. 会计部门会计档案管理岗位

9. 国有大型工业企业按照《会计法》的要求设置了总会计师，并明确了总会计师的职责权限。下列做法中正确的是（　　）。
   A. 规定总会计师对分管财会工作的副厂长负责
   B. 由总会计师领导企业的财务管理、成本管理、预算管理、会计核算和会计监督等方面的工作
   C. 规定总会计师对企业财务报告的真实性，完整性负全部责任
   D. 由总会计师负责任免会计机构负责人

10. 会计职业道德是指在会计职业活动中应当遵循的、体现（　　）特征的、调整会计职业关系的职业行为准则和规范。
    A. 会计人员　　　B. 会计职业　　　C. 会计活动　　　D. 会计人员

11. 不属于会计职业道德中爱岗敬业内容的是（　　）。
    A. 热爱会计工作　　B. 忠于职守　　C. 安心会计岗位　　D. 保守商业秘密

12. 会计档案是记录和反映经济业务的重要（　　）。
    A. 凭证　　　B. 资料和依据　　　C. 史料和证据　　　D. 材料

13. 不属于会计档案的是（　　）。
    A. 会计凭证　　　　　　　　　　　　B. 银行存款余额调节表
    C. 会计档案销毁清册　　　　　　　　D. 购销合同

14. 会计档案的保管期限是从（　　）算起。
    A. 编制完成之日　　　　　　　　　　B. 编制完会计档案保管清册之日
    C. 会计年度终了后的第一天　　　　　D. 移交档案管理机构之日

15. 各种会计档案的保管期限，根据其特点分为永久、定期两类。定期保管期限分为（　　）。
    A. 5年和10年　　B. 5年和30年　　C. 10年和30年　　D. 10年和20年

16. 《会计档案管理办法》规定的会计档案保管期限为（　　）。
    A. 最高保管期限　　B. 最低保管期限　　C. 平均保管期限　　D. 适当保管期限

17. 各单位每年形成的会计档案，都应由本单位（　　）负责整理立卷，装订成册，编制会计档案保管清册。
    A. 档案管理机构　　B. 会计管理机构　　C. 人事部门　　D. 指定专人

18. 下列会计档案中，应当永久保管的会计档案是（　　）。
    A. 银行存款日记账　　　　　　　　　B. 银行对账单
    C. 年度财务报告　　　　　　　　　　D. 会计档案移交清册

（二）多项选择题

1. 单位设置会计机构应根据（　　）来确定。
   A. 单位规模的大小　　　　　　　　　B. 经济业务和财务收支的繁简
   C. 经营管理的要求　　　　　　　　　D. 领导意图

2. 下列各项属于集中会计核算形式的特点的是（　　）。
   A. 主要会计工作都集中在会计机构进行

B. 有利于分工合作，精简人员，提高会计工作效率
C. 有利于调动企业内部各有关部门经济核算的积极性
D. 企业内部各有关部门发生的经济业务可以不进行全面完整的核算

3. 下列各项属于非集中会计核算形式的特点的是（　　）。
   A. 各部门发生的经济业务，由各部门核算
   B. 有利于分工合作，精简人员，提高会计工作效率
   C. 有利于企业内部开展全面经济核算，有利于加强企业内部管理
   D. 企业除了要设置总的会计机构外，还要在所属部门设置会计分支机构

4. 会计工作的组织形式包括（　　）。
   A. 科目汇总表核算形式　　　　　　　B. 集中核算形式
   C. 汇总记账凭证核算形式　　　　　　D. 非集中核算形式

5. 会计工作岗位可以包括（　　）。
   A. 会计机构负责人　　　　　　　　　B. 财产物资核算
   C. 工资核算　　　　　　　　　　　　D. 总账报表

6. 会计工作岗位，可以（　　）。
   A. 一人一岗　　　　　　　　　　　　B. 一人多岗
   C. 一岗多人　　　　　　　　　　　　D. 出纳兼会计档案保管工作

7. 根据《会计法》的规定，下列各项中，属于出纳人员不得兼任的工作有（　　）。
   A. 稽核　　　　B. 会计档案保管　　C. 登记固定资产卡片　　D. 办理纳税申报

8. 会计人员的主要职责有（　　）。
   A. 进行会计核算　　　　　　　　　　B. 实行会计监督
   C. 拟定本单位办理会计事务的具体办法　　D. 独立进行经济决策

9. 根据《会计法》的规定，应当承担法律责任的违法行为包括（　　）。
   A. 私设会计账簿
   B. 向不同的会计资料使用者提供的财务会计报告编制依据不一致
   C. 未按照规定建立并实施单位内部会计监督制度
   D. 外商投资企业仅使用英文作为会计记录文字

10. 我国的企业会计准则体系包括（　　）。
    A. 基本准则　　　　B. 具体准则　　　C. 应用指南　　　D. 解释公告

11. 下列属于我国会计准则体系内容的有（　　）。
    A.《小企业会计准则》　　　　　　　B.《政府会计准则》
    C.《企业会计准则》　　　　　　　　D.《企业会计制度》

12. 下列关于事业单位会计准则的表述中正确的有（　　）。
    A. 自 2013 年 1 月 1 日起在各级各类事业单位施行
    B. 要求事业单位采用收付实现制进行会计核算，部分另有规定的经济业务或事项才能采用权责发生制核算
    C. 将事业单位会计要素划分为资产、负债、所有者权益、收入、支出（或费用）五类
    D. 事业单位的财务报表至少应当包括资产负债表、收入支出表或者收入费用表、财政补助收入支出表和附注

13. 从事代理记账工作的人员应遵守以下规则（　　）。
    A. 依法履行职责
    B. 保守商业秘密

C. 对委托人示意要求提供不实会计资料，应当拒绝
D. 对委托人提出的有关会计处理原则问题负有解释的责任

14. 会计档案包括（　　）。
    A. 会计凭证　　　　　　　　　　　B. 会计账簿
    C. 财务报告　　　　　　　　　　　D. 其他会计核算资料

15. 下列不属于会计档案的是（　　）。
    A. 年度财务报告　　B. 财务计划　　C. 财务预算　　D. 财务分析

16. 根据《会计档案管理办法》规定，下列会计档案需要永久保存的有（　　）。
    A. 月度财务报告　　　　　　　　　B. 年度财务报告
    C. 会计档案保管清册　　　　　　　D. 会计档案销毁清册

17. 应保管 30 年的会计档案有（　　）。
    A. 银行存款日记账　B. 银行对账单　C. 原始凭证　　D. 总账

18. 下列属于初级会计资格考试科目的有（　　）。
    A. 经济法基础　　　　　　　　　　B. 财经法规与会计职业道德
    C. 初级会计实务　　　　　　　　　D. 财务管理

19. 关于会计档案说法正确的是（　　）。
    A. 单位负责人要在会计档案销毁清册上签署意见
    B. 会计人员应在会计档案销毁清册上签名盖章
    C.《会计档案管理办法》规定，会计档案不准外借或查阅
    D. 会计档案的保管期限分为永久和定期两类

20. 关于会计档案的销毁，下列说法正确的有（　　）。
    A. 应当由本单位财务会计部门提出销毁意见
    B. 应当编制会计档案销毁清册
    C. 单位负责人应在销毁清册上签署意见
    D. 应当由单位档案机构和会计机构共同派员监销

21. 会计软件经历的发展阶段有（　　）。
    A. 项目型软件阶段　　　　　　　　B. 商品化会计核算软件阶段
    C. 管理型会计软件阶段　　　　　　D. ERP 软件阶段

（三）判断题

1. 不具备设置会计机构和会计人员条件的，应当委托经批准设立从事会计代理记账业务的中介机构代理记账。（　　）
2. 在实际工作中，企业可以对某些业务采用集中核算，而对另外一些业务采用非集中核算。（　　）
3. 当会计因公出差不在时，为了不影响工作，由出纳暂时代替会计工作。（　　）
4. 单位负责人对本单位的会计工作和会计资料的真实性、完整性不负责。（　　）
5. 会计专业技术资格实行全国统一考试制度。（　　）
6. 注册会计师全国统一考试分为专业阶段考试和综合阶段考试。（　　）
7. 会计职业道德是一种强制性规范。（　　）
8. 银行存款余额调节表不能作为调整账簿的原始凭证，故不是会计档案，不需要保存。（　　）
9. 银行对账单属于重要的会计档案，故应永久保存。（　　）

10. 当年形成的会计档案,在会计年度终了后,可暂由本单位会计机构保管五年。(   )
11. 销毁会计档案时,应由单位的会计机构和同级财政部门共同派员监销。(   )
12. 保管期满但尚未结清的债权债务原始凭证,不得销毁,应单独抽出立卷。(   )
13. 各单位保存的会计档案原则上不得借出,但如有特殊需要,经本单位负责人批准,可以借出。(   )
14. PDF 是数字化商业报告的公开的国际标准,它是对报告术语进行了权威定义的一种语言。(   )

四、案例题

立扬股份有限公司是一家大型国有控股企业。20×8 年 3 月,公司所在地财政局在对其进行会计检查时,发现该公司 20×7 年度及 20×8 年 1～2 月发生下列事项。

(1) 20×7 年 3 月,公司董事长胡某主持召开董事会会议,研究进一步加强会计工作问题。根据公司经理的提名,会议决定增设 1 名副经理主管财会工作,现任总会计师配合其工作。

(2) 20×7 年 5 月,公司会计科负责收入、费用账目登记工作的会计张某申请休产假。因会计科长出差在外,主管财会工作的副经理指定出纳员王某兼管会计张某的工作,并指示出纳员王某与会计张某办理了会计工作交接手续。

(3) 20×7 年 6 月,公司出纳王某通过同学关系,收回乙公司欠款 4 万元。该欠款属于坏账,已被注销。公司董事长胡某指示出纳王某将该笔收入在公司会计账册之外另行登记保管,以备业务招待用。

(4) 20×7 年 8 月,会计科长退休。经总经理提议,公司董事会决定聘任自参加工作以来一直从事文秘工作的办公室副主任李某为会计科科长。

(5) 20×7 年 12 月,针对公司产品滞销、年度经营亏损已成定局的情况,公司董事长胡某指使会计科科长李某、会计张某在财务报表上做一些"技术处理",确保"实现"年初定下的盈利 1 000 万元的目标。会计科有关人员遵照办理。

(6) 20×8 年 1 月,公司有一批保管期满的会计档案,按规定需要进行销毁。公司档案管理部门编制了会计档案销毁清册,档案管理部门的负责人在会计档案销毁清册上签了字,并于当天销毁。

(7) 20×8 年 2 月,公司财务会计报告经主管财会工作的副经理、总会计师、会计科长签名并盖章后报出,公司董事长胡某因出差在外,未在财务会计报告上签章。

要求:根据上述情况和有关法律、法规、制度规定,回答下列问题。

(1) 该公司增设主管财会工作的副经理是否符合法律规定?简要说明理由。
(2) 该公司指定出纳员兼管会计工作是否符合法律、制度规定?简要说明理由。
(3) 董事长胡某指示出纳王某将已被注销的坏账收入 4 万元,在公司会计账册之外另行登记保管,违反了哪些法律、制度的规定?应承担哪些法律责任?
(4) 公司董事会决定聘任办公室副主任李某为会计科科长是否符合法律规定?简要说明理由。
(5) 该公司董事长胡某指使会计科科长李某、会计张某在财务报表上做一些"技术处理",使公司由亏损变为盈利的行为属于何种违法行为?应承担哪些法律责任?
(6) 该公司销毁会计档案的做法是否符合法律规定?为什么?

(7) 该公司董事长胡某是否应当在对外报出的财务会计报告上签名并盖章？简要说明理由。

⌘ 五、练习题与案例题答案及解析

（一）单项选择题

1. B 《会计法》是由全国人民代表大会常务委员会制定的，是会计工作的基本规范，是制定其他一切会计法规、制度、办法、程序等的法律依据。

2. B 会计行政法规是由国务院制定并发布，或者国务院有关部门拟定并经国务院批准发布，用以调整经济关系中某些方面会计关系的法律规范。

3. C 具体准则是根据基本会计准则的要求，就经济业务的会计处理及其程序做出具体规定。具体准则按其内容分为一般业务准则、特殊业务准则和报告类准则。

4. C 实行独立核算的大中型企业、实行企业化管理的事业单位，以及财务收支数额较大、会计业务较多的机关团体和其他组织都应当单独设置会计机构。

5. A 集中核算就是记账工作主要集中在会计机构进行。企业内部的各部门一般不进行单独核算，而只对所发生的经济业务进行原始记录并对原始凭证进行初步的审核和汇总，定期送交会计机构，由会计机构进行总分类账和明细分类账核算，编制财务报表。

6. B 《会计法》明确规定，各单位会计机构应建立稽核制度。

7. C 出纳人员不得兼管审核、会计档案保管、收入费用账目、债权债务账目的登记工作。

8. C 商场收银员岗位不属于会计岗位。

9. B 根据《总会计师条例》有关规定，总会计师是单位行政领导成员，直接对单位主要行政领导人负责，所以 A 不正确；《会计法》第四条规定，单位负责人对会计资料的真实性、完整性负责，所以 C 不正确；根据《总会计师条例》第十四条规定，财会机构负责人或者会计主管人员的人选，应当由总会计师进行业务考核，依照有关规定审批，所以选项 D 不正确。

10. B 会计人员职业道德是指在会计职业活动中应当遵循的、体现会计职业特征的、调整会计职业关系的职业行为准则和规范。

11. D 爱岗敬业要求会计人员热爱会计工作，安心会计岗位，忠于职守，尽心尽力，尽职尽责。保守商业秘密是会计职业道德的一项重要内容，但它不属于爱岗敬业的内容。

12. C 会计档案是记录和反映经济业务的重要史料和证据，它是各单位的重要档案之一，也是国家档案的重要组成部分。

13. D 合同、协议、计划、预算不属于会计档案，ABC 项属于会计档案。

14. C 会计档案的保管期限，从会计年度终了后的第一天算起。

15. C 定期保管期限分为 10 年和 30 年。

16. B 《会计档案管理办法》规定的会计档案保管期限为最低保管期限。

17. B 各单位每年形成的会计档案，都应由本单位会计管理机构负责整理立卷，装订成册，编制会计档案保管清册。

18. C 年度财务报告、会计档案保管清册、会计档案销毁清册和会计档案鉴定意见书要永久保管。

(二) 多项选择题

1. ABC 单位规模的大小、经济业务和财务收支的繁简、经营管理的要求，直接决定了一个单位是否应设置会计机构。

2. ABD 集中会计核算形式会减弱企业内部各有关部门经济核算的积极性。

3. ACD 非集中会计核算形式不利于分工合作，精简人员，提高会计工作效率。

4. BD 实行独立核算单位的内部核算组织形式可以分为集中核算和非集中核算两种。科目汇总表核算形式和汇总记账凭证核算形式属于账务处理程序。

5. ABCD 会计工作岗位一般可分为：会计机构负责人或者会计主管人员、出纳、财产物资核算、工资核算、成本费用核算、财务成果核算、资金核算、往来核算、总账报表、稽核、档案管理等。

6. ABC 会计工作岗位可以一人一岗、一人多岗或者一岗多人，但要符合内部牵制制度的要求，出纳人员不得兼任稽核、会计档案保管和收入、费用、债权债务账目的登记工作。

7. AB 出纳人员不得兼任稽核、会计档案保管和收入、支出、费用、债权债务账目的登记工作。

8. ABC 独立进行经济决策是单位负责人的职责而不是会计人员的职责。

9. ABCD 《会计法》第四十二条规定 ABCD 描述的行为属于应当承担法律责任的违法行为。

10. ABCD 我国的企业会计准则体系包括基本准则、具体准则、应用指南和解释公告等。

11. ABC 《企业会计制度》不属于我国会计准则体系的内容。

12. ABD 《事业单位会计准则》将事业单位会计要素划分为资产、负债、净资产、收入、支出（或费用）五类。

13. ABCD 代理记账机构及从业人员的义务包括依法履行职责；保守商业秘密；对委托人示意要求提供不实会计资料，应当拒绝；对委托人提出的有关会计处理原则问题负有解释的责任。

14. ABCD 《会计档案管理办法》规定，会计档案的内容包括会计凭证类、会计账簿类、财务报告类和其他会计核算资料类。

15. BCD 《会计档案管理办法》规定，会计档案包括会计凭证、会计账簿、财务报告、其他会计材料，故 B、C、D 三项不属于会计档案的内容。

16. BCD 月度财务报告的保管期限为 10 年，年度财务报告、会计档案保管清册和会计档案销毁清册应当永久保存。

17. ACD 根据《会计档案管理办法》的规定，原始凭证、总账和银行存款日记账的保管期限均为 30 年，而银行对账单的保管期限为 10 年。

18. AC 会计初级专业技术资格考试科目包括：初级会计实务和经济法基础。

19. ABD 《会计档案管理办法》规定，会计档案不准外借，但因有特殊需要，经本单位负责人批准，可以提供查阅或复制，故 C 选项的说法不正确。

20. BCD 会计档案的销毁应当由本单位档案管理部门提出销毁意见。

21. ABCD 会计软件依次经历了项目型软件阶段、商品化会计核算软件阶段、管理型会计软件以及 ERP 软件发展阶段。

(三) 判断题

1. 正确　如果一个单位既没有设置会计机构，也没有配备专职会计人员，可以委托会计事务所或者持有代理记账许可证书的其他代理记账机构进行代理记账，以使单位的会计工作有序进行。

2. 正确　集中核算与非集中核算是相对的，一个企业往往对某项经济业务采用集中核算，而对另外一些经济业务又采用非集中核算。

3. 错误　会计工作岗位可以一人一岗、一人多岗或者一岗多人，但要符合内部牵制制度的要求，出纳人员不得兼任稽核、会计档案保管和收入、费用、债权债务账目的登记工作。

4. 错误　我国《会计法》明确规定：单位负责人对本单位的会计工作和会计资料的真实性、完整性负责。

5. 错误　初级、中级会计师资格实行全国统一考试制度，高级会计师资格实行考试与评审相结合制度。

6. 正确　根据《注册会计师全国统一考试办法》，注册会计师全国统一考试分为专业阶段考试和综合阶段考试。

7. 错误　会计职业道德对会计工作和会计人员的约束作用，主要依靠社会舆论和道德的力量来维护，因此，会计职业道德需要会计从业人员自觉遵守，具有很强的自律性。

8. 错误　银行存款余额调节表虽然不能作为调整账簿的原始凭证，但它属于会计档案，需要保存，保存期限规定是10年。

9. 错误　银行对账单属于会计档案，但不是永久保存，而是保存10年。

10. 错误　当年形成的会计档案，在会计年度终了后，可暂由本单位会计机构保管一年。

11. 错误　应当由档案机构和会计机构共同派员监销。

12. 正确　对于保管期满但尚未结清的债权债务以及涉及其他未了事项的原始凭证不得销毁，应单独抽出，另行立卷，由档案部门保管到未了事项完结为止。

13. 错误　各单位保存的会计档案不得借出。如有特殊需要，经本单位负责人批准，可以提供查阅或复制，并办理登记手续。

14. 错误　XBRL是数字化商业报告的公开的国际标准，它是对报告术语进行了权威定义的一种语言。

(四) 案例题

(1) 该公司增设主管财会工作的副经理不符合法律规定。《总会计师条例》规定，国有大中型企业及国有资产占控股地位或者主导地位的大中型企业必须设置总会计师；总会计师是单位行政领导成员，协助单位负责人工作，直接对单位负责人负责；设置总会计师的单位，在单位行政领导成员中，不能再设置与总会计师职责重叠的行政副职。该公司已设总会计师，不应再设主管财会工作的副经理。

(2) 该公司指定出纳员王某兼管会计张某的工作不符合法律规定。《会计法》规定，出纳人员不得兼任稽核、会计档案保管和收入、支出、费用、债权债务账目的登记工作。该公司指定出纳员王某兼管会计张某的工作，违背了内部控制制度不相容职务（岗位）相互分离的要求。

(3) 董事长胡某指示出纳王某将已被注销的坏账收入4万元，在公司会计账册之外另行登记保管，违反了《会计法》的相关规定。《会计法》规定，各单位发生的经济业务应当在依法设置的会计账簿上统一登记、核算，不得违反《会计法》和国家统一的会计制度的规定私设会计账簿登记、核算。根据《会计法》规定，私设会计账簿的，由县级以上人民政府财政部门责令限期改正，可以对单位并处三千元以上五万元以下的罚款；对直接负责的主管人员和其他直接责任人员，可以处以两千元以上两万元以下的罚款；属于国家工作人员的，还应当由其所在单位或者有关主管单位依法给予行政处分；构成犯罪的，依法追究刑事责任。

对会计人员，情节严重的，五年内不得从事会计工作。

(4) 公司董事会决定聘任办公室副主任李某为会计科科长不符合法律规定。有关会计法律制度规定，担任会计机构负责人的，除了应当具备从事会计工作所需要的专业能力外，还应当具备会计师以上专业技术职务资格或者从事会计工作三年以上经历。办公室副主任李某自参加工作以来一直从事文秘工作，不具备担任会计机构负责人的资格或者经历。

(5) 公司董事长胡某指使会计科科长李某、会计张某在财务报表上做"技术处理"、使公司由亏损变为盈利的行为属于授意、指使、强令会计机构、会计人员伪造、变造会计凭证、会计账簿、编制虚假财务会计报告的行为。根据《会计法》规定，对于授意、指使、强令会计机构、会计人员及其他人员伪造、变造会计凭证、会计账簿或编制虚假财务会计报告的董事长胡某，构成犯罪的，依法追究刑事责任；尚不构成犯罪的，可以处五千元以上五万元以下的罚款；属于国家工作人员的，还应当给予行政处分。对于该公司和会计科科长李某、会计张某，编制虚假的财务会计报告，对该公司处以五千元到十万元的罚款；对会计科科长李某、会计张某，构成犯罪的，依法追究刑事责任，未构成犯罪的，处以三千元到五万元的罚款，对其中的会计人员，五年内不得从事会计工作。

(6) 公司档案部门销毁会计档案的做法不符合会计法律、制度规定。根据我国法律制度的规定，会计档案保管期满需要销毁的，要由本单位档案部门提出意见，会同本单位会计部门共同进行审查和鉴定，编制会计档案销毁清单，并经单位负责人在会计档案销毁清册上签字，销毁时要由单位档案部门和会计部门共同派人监销。

(7) 公司董事长胡某应在财务会计报告上签名并盖章。《会计法》规定，单位负责人应当保证本单位财务会计报告真实、完整，单位负责人应当在财务会计报告上签名并盖章。董事长胡某是公司的法定代表人（单位负责人），负责单位全面工作，应在公司财务会计报告上签名、盖章，并保证其真实、完整。

六、教材参考答案

案 例 分 析

在本案中，会计人员如果答应林×的要求，就会违背会计职业道德。会计人员在平时工作时，虽然得到林×的不少帮助，会计人员应该感谢林×，在林×家庭遇到困难时，作为同事进行必要的帮助，这是人之常情。但是，在原则问题上，会计人员不应妥协，否则不仅帮不了林×，自己还会受到牵连。下面尝试向林×解释不能答应他的原因。

(1) 违背了会计职业道德中的客观公正内容。客观公正是会计人员必备的行为品德，是会计职业道德的灵魂。"客观"要求会计人员在处理经济业务时必须以实际发生的交易或事项为依据，如实反映企业的财务状况、经营成果和现金流量；"公正"要求公平正直、没有偏失、不带个人私利，不偏不倚地对待有关利益各方。

(2) 违背了会计职业道德中的依法办事内容。会计人员应认真执行国家统一的会计制度，依法履行会计监督职责。本案中，收到支票的对应期间应该在下一年，不符合收入确认的条件，应该是一项负债，如果确认收入，属于提前确认营业收入，违背了会计准则的要求。

（3）提供虚假财务信息，情节严重的，应该负法律责任。如果会计人员答应林×的要求，林×存在授意、指使他人编制虚假财务会计报告的行为，根据《会计法》的规定，其构成犯罪的，司法部门依法追究刑事责任；尚不构成犯罪的，可以处以五千元以上五万元以下的罚款。对于会计人员，根据《会计法》的规定，如果构成犯罪的，依法追究刑事责任；尚不构成犯罪的，由县级以上人民政府财政部门予以通报，可以处三千元以上五万元以下的罚款；五年内不得从事会计工作。

附录一

模拟试题及参考答案

模拟试题

一、单项选择题（下列各题目中的4个备选答案中，只有1个是正确的，请将正确答案的"字母"序号填入题号对应栏内，错选、多选或未选均无分，每小题1分，共10分）

1. 会计的基本职能包括（   ）。
   A. 会计控制与会计决策   B. 会计预测与会计控制
   C. 会计核算与会计监督   D. 会计计划与会计决策
2. 下列选项中，属于会计核算终点的是（   ）。
   A. 复式记账   B. 编制财务报告
   C. 填制和审核会计凭证   D. 登记会计账簿
3. 甲公司于20×7年8月临时租入一套设备用于生产产品，8月份支付8、9、10三个月租金共计90 000元。根据权责发生制的要求，对该项租金支出正确处理的是（   ）。
   A. 全额计入8月份的制造费用
   B. 全额计入9月份的制造费用
   C. 全额计入10月份的制造费用
   D. 按一定的方法分摊计入8、9、10月份的制造费用
4. 会计分录的内容不包括（   ）。
   A. 摘要   B. 账户名称   C. 经济业务发生额   D. 应借应贷方向
5. 下列不属于损益类科目的是（   ）。
   A. 主营业务收入   B. 实收资本   C. 所得税费用   D. 管理费用
6. 下列科目中与"制造费用"科目不可能发生对应关系的是（   ）。
   A. 生产成本   B. 本年利润   C. 原材料   D. 应付职工薪酬
7. 在我国，库存现金日记账和银行存款日记账要选用（   ）。
   A. 活页式账簿   B. 订本式账簿
   C. 卡片式账簿   D. 自己认为合适的账簿
8. 企业的存货由于计量、收发错误导致的盘亏，由企业承担的部分应作为（   ）处理。
   A. 营业外支出   B. 其他业务支出   C. 坏账损失   D. 管理费用
9. 财务报表中各项目数字的直接来源是（   ）。
   A. 原始凭证   B. 日记账   C. 记账凭证   D. 分类账
10. 根据会计法律制度的规定，会计档案的保管期限分为永久和定期，定期保管期限为（   ）。
    A. 10年、25年   B. 15年、20年   C. 10年、30年   D. 20年、25年

二、多项选择题（下列各题目中的4个备选答案中，至少有2个是正确的，请将正确答案的"字母"序号填入题号对应栏内，错选、多选、少选或未选均无分，每小题1.5分，共15分）

11. 下列选项中，正确的有（   ）。
    A. 资产与权益同时增加，总额增加
    B. 资产与负债一增一减，总额不变

C. 资产内部同时减少，总额减少

D. 权益内部的一增一减，总额不变

12. 材料采购成本包括（　　）。

A. 买价
B. 运输费
C. 包装费
D. 入库前的挑选整理费

13. 企业根据职工提供服务的收益对象进行职工薪酬分配时，下列表述中，正确的有（　　）。

A. 属于产品生产人员的，应记入"生产成本"科目

B. 属于车间管理人员的，应记入"制造费用"科目

C. 属于销售人员的，应记入"销售费用"科目

D. 属于财务人员的，应记入"财务费用"科目

14. 涉及现金与银行存款之间的划款业务时，可以编制的记账凭证有（　　）。

A. 银行存款收款凭证
B. 银行存款付款凭证
C. 现金收款凭证
D. 现金付款凭证

15. 记账凭证根据审核无误的（　　）填制。

A. 原始凭证　　B. 汇总原始凭证　　C. 收款凭证　　D. 转账凭证

16. 下列关于会计账簿的登记要求，说法正确的有（　　）。

A. 根据审核无误的会计凭证登记账簿

B. 库存现金日记账和银行存款日记账只需每月结出余额，不必每日结出余额

C. 如果发生账簿记录错误，不得刮擦、挖补或用褪色药水更改字迹

D. 按页次顺序连续登记，不得跳行、隔页

17. 会计账簿按用途的不同，可以分为（　　）。

A. 分类账簿
B. 序时账簿
C. 备查账簿
D. 数量金额式账簿

18. 下列各项中，属于记账凭证账务处理程序一般步骤的有（　　）。

A. 根据收、付款凭证逐笔登记库存现金日记账和银行存款日记账

B. 根据原始凭证、汇总原始凭证和记账凭证，登记各种明细分类账

C. 期末，将库存现金日记账、银行存款日记账和明细分类账的余额与有关总分类账核对

D. 期末，根据总分类账和明细分类账的记录，编制财务报表

19. 下列财产物资中，可以采用实地盘点法进行财产清查的有（　　）。

A. 库存现金　　B. 银行存款　　C. 原材料　　D. 应收账款

20. 下列报表中，属于企业对外提供的动态报表的是（　　）。

A. 利润表
B. 所有者权益变动表
C. 现金流量表
D. 资产负债表

三、判断题（判断下列命题是否正确，您认为是正确的填写"正确"，错误的填写"错误"，并填入题号对应栏内，判断不符合要求或不答均无分，每小题1分，共10分）

21. 会计主体可以是一个企业，也可以是企业内部的某一单位或企业中的一个特定部分。（　　）

22. 会计要素是对会计对象进行的基本分类，会计科目是对会计要素具体内容进行分类的项目。（   ）

23. 借贷记账法下，"借"表示增加，"贷"表示减少。（   ）

24. 所有的记账凭证都必须附有原始凭证，否则，不能作为记账的依据。（   ）

25. 原始凭证和记账凭证都由本单位会计人员填制。（   ）

26. 出纳人员应于每日业务终了时清点核对库存现金。（   ）

27. 在不同的账务处理程序中，登记总分类账的依据相同。（   ）

28. 对于财产清查过程中发现的盘盈或盘亏，应及时调整账面记录以保证账实相符。（   ）

29. 科目汇总表不仅可以起到试算平衡的作用，而且可以反映账户之间的对应关系。（   ）

30. 利润表可以帮助报表使用者分析企业某一特定日期的经营成果。（   ）

四、名词解释（每小题 2.5 分，共 5 分）

1. 资产
2. 复式记账

五、简答题（每小题 5 分，共 10 分）

1. 简述会计科目与会计账户的联系和区别。
2. 简述总分类账和明细分类账平行登记的要点。

六、业务题（共 50 分）

（一）根据下列经济业务编制会计分录（每小题 2 分，共 28 分）

宏达公司 5 月份发生如下经济业务。

1. 购入甲材料一批，价款 80 000 元，增值税 13 600 元，取得增值税专用发票，款项用银行存款支付。
2. 用银行存款支付购入甲材料的运杂费 2 500 元。
3. 甲材料验收入库，结转其采购成本。
4. 技术科张某出差预借差旅费 2 000 元，以现金支付。
5. 张某回来报销差旅费 1 800 元，结清原借款，并退回现金 200 元。
6. 向明星公司发出 A 产品 20 件，每件售价 20 000 元，价款共计 400 000 元，应收增值税销项税额 6 800 元，款项已收并存入银行。
7. 以银行存款支付广告费 8 000 元。
8. 结转销售 A 产品的实际成本，每件成本 5 000 元。
9. 按规定结算本期应交的城建税 3 808 元和教育费附加 1 632 元，并用银行存款支付。
10. 结转本期损益类账户中的收入类账户。
11. 结转本期损益类账户中的费用类账户。
12. 计算本期利润总额，写出计算过程。
13. 假设所得税税率为 25%，计算并结转所得税费用。

14. 将税后净利润转入"利润分配"账户。

(二) 错账更正题（每小题2分，共6分）

1. 资料：同扬公司会计人员在期末结账前，发现下列错账：

(1) 企业用银行存款归还应付账款7 200元，编制如下会计分录并根据记账凭证登记入账。

  借：应付账款   720
    贷：银行存款   720

(2) 以现金直接支付厂部办公用品费900元，编制如下会计分录并根据记账凭证登记入账。

  借：销售费用   900
    贷：库存现金   900

(3) 生产A产品领用原材料7 500元，编制的会计分录为：

  借：生产成本   7 500
    贷：原材料   7 500

但是登记账簿时，误将"生产成本"账户登记为3 550元。

原材料	生产成本
7 500	3 550

2. 要求：说明应该选用何种方法更正错账，并更正错账。

(三) 编制银行存款余额调节表（6分）

1. 资料：金信公司20×7年3月31日的银行存款日记账账面余额为385 200元，银行对账单上存款余额为357 500元。经逐笔核对，发现有以下未达账项。

(1) 3月26日企业开出转账支票29 000元支付前欠货款，持票人尚未到银行办理转账。

(2) 3月27日银行收到货款18 000元，企业未接到入账通知单。

(3) 3月28日企业送存转账支票一张12 900元，企业已登记入账，银行尚未入账。

(4) 3月29日银行代企业支付水电费5 800元，企业尚未收到银行的付款通知。

(5) 3月30日企业收到甲公司转账支票一张56 000元，偿付其前欠货款，银行尚未入账。

2. 要求：根据上述未达账项，编制银行存款余额调节表。（4分）

(四) 编制资产负债表（10分）

1. 资料：苏城公司20×7年3月末账户余额如下。

单位：元

账户名称	借或贷	总账金额	明细账金额	账户名称	借或贷	总账金额	明细账金额
库存现金	借	2 100		短期借款	贷	52 000	
银行存款	借	179 500		应付票据	贷	24 000	
其他货币资金	借	30 000		应付利息	贷	52 000	
应收票据	借	50 000		应交税费	贷	12 500	
其他应收款	借	3 500		长期借款	贷	400 000	

续表

账户名称	借或贷	总账金额	明细账金额	账户名称	借或贷	总账金额	明细账金额
应收账款	借	76 000		应付账款	贷	100 000	
——甲公司	借		78 000	——A公司	贷		113 000
——乙公司	贷		2 000	——B公司	借		13 000
预付账款	借	40 000		预收账款	贷	50 000	
——丙公司	借		45 000	——C公司	贷		53 000
——丁公司	贷		5 000	——D公司	借		3 000
原材料	借	145 000		实收资本	贷	1 000 000	
生产成本	借	230 000		资本公积	贷	80 000	
库存商品	借	106 000		盈余公积	贷	96 5000	
长期股权投资	借	382 000		利润分配——未分配利润	贷	60 000	
固定资产	借	780 900					
累计折旧	贷	98 000					

2. 要求：根据上述资料编制资产负债表。

参考答案

一、单项选择题（每小题1分，共10分）

题号	1	2	3	4	5	6	7	8	9	10
答案	C	B	D	A	B	B	B	D	D	C

二、多项选择题（每小题1.5分，共15分）

题号	11	12	13	14	15	16	17	18	19	20
答案	AD	ABCD	ABC	BD	AB	ACD	ABC	ABCD	AC	ABC

三、判断题（每小题1分，共10分）

题号	21	22	23	24	25	26	27	28	29	30
答案	正确	正确	错误	错误	错误	正确	错误	正确	错误	错误

四、名词解释（每小题2.5分，共5分）

1. 资产

资产是指企业过去的交易或者事项形成的、由企业拥有或者控制的、预期会给企业带来经济利益的资源。

2. 复式记账

复式记账法是在每一项经济业务发生后需要记录时，同时在相互联系的两个或两个以上的账户中，以相等的金额进行登记的一种记账方法。

五、简答题（每小题5分，共10分）

1. 简述会计科目与会计账户的联系和区别。

答：会计科目与账户都是对会计对象具体内容的科学分类，两者口径一致，性质相同。会计科目是账户的名称，也是设置账户的依据；账户是会计科目的具体运用。没有会计科目，账户便失去了设置的依据；没有账户，就无法发挥会计科目的作用。

两者的区别是：会计科目仅仅是账户的名称，不存在结构；而账户则具一定的结构和内容。

2. 简述总分类账和明细分类账平行登记的要点。

答：总分类账和明细分类账平行登记的要点：（1）依据相同；（2）方向一致；（3）金额相等；（4）期间相同。

六、业务题（共50分）

（一）编制会计分录（每小题2分，共28分）

1. 借：材料采购——甲材料　　　　　　　　　　　　　80 000
　　　应交税费——应交增值税（进项税额）　　　　　13 600
　　　　贷：银行存款　　　　　　　　　　　　　　　　　　93 600
2. 借：材料采购——甲材料　　　　　　　　　　　　　 2 500
　　　　贷：银行存款　　　　　　　　　　　　　　　　　　 2 500
3. 借：原材料——甲材料　　　　　　　　　　　　　　82 500
　　　　贷：材料采购——甲材料　　　　　　　　　　　　　82 500
4. 借：其他应收款——张某　　　　　　　　　　　　　 2 000
　　　　贷：库存现金　　　　　　　　　　　　　　　　　　 2 000
5. 借：管理费用　　　　　　　　　　　　　　　　　　 1 800
　　　库存现金　　　　　　　　　　　　　　　　　　 　200
　　　　贷：其他应收款——张某　　　　　　　　　　　　　 2 000
6. 借：应收账款　　　　　　　　　　　　　　　　　 468 000
　　　　贷：主营业务收入——A产品　　　　　　　　　　　400 000
　　　　　　应交税费——应交增值税（销项税额）　　　　 68 000
7. 借：销售费用　　　　　　　　　　　　　　　　　　 8 000
　　　　贷：银行存款　　　　　　　　　　　　　　　　　　 8 000
8. 借：主营业务成本——A产品　　　　　　　　　　　100 000
　　　　贷：库存商品——A产品　　　　　　　　　　　　　100 000
9. 借：税金及附加　　　　　　　　　　　　　　　　　 5 440
　　　　贷：应交税费——应交城建税　　　　　　　　　　　 3 808
　　　　　　　　　　——教育费附加　　　　　　　　　　　 1 632
10. 借：主营业务收入　　　　　　　　　　　　　　　400 000
　　　　贷：本年利润　　　　　　　　　　　　　　　　　 400 000
11. 借：本年利润　　　　　　　　　　　　　　　　　115 240
　　　　贷：主营业务成本——A产品　　　　　　　　　　　100 000
　　　　　　税金及附加　　　　　　　　　　　　　　　　 5 440
　　　　　　管理费用　　　　　　　　　　　　　　　　　 1 800
　　　　　　销售费用　　　　　　　　　　　　　　　　　 8 000

12. 利润总额=(400 000－100 000－5 440－1 800－8 000)=284 760（元）
13. 应交所得税=284 760×25％=71 190（元）

 借：所得税费用 71 190
  贷：应交税费——应交所得税 71 190
 借：本年利润 71 190
  贷：所得税费用 71 190

14. 借：利润分配——未分配利润 213 570
  贷：本年利润 213 570

（二）错账更正题（每小题2分，共6分）

（1）记账凭证上所记金额少于应计金额，采用补充登记法，编制更正会计分录：

借：应付账款 6 480
 贷：银行存款 6 480

银行存款		应付账款	
730		730	
6 480		6 480	

（2）首先填写一张红字记账凭证：

借：销售费用 900
 贷：库存现金 900

其次再填写一张蓝字记账凭证：

借：管理费用 900
 贷：库存现金 900

最后将更正的记账凭证登记入账

库存现金		销售费用	
900		900	
900		900	
900			

管理费用	
900	

（3）采用划线更正法，在"生产成本"账簿上直接划线更正。

生产成本	
7 500	
3 550 ××	

(三）编制银行存款余额调节表（6分）

银行存款余额调节表

20×7年3月31日　　　　　　　　　　　　　　　　　　　　　单位：元

项目	金额	项目	金额
银行存款日记账余额	385 200	银行对账单余额	357 500
加：银行已收企业未收的款项	18 000	加：企业已收银行未收的款项	12 900＋56 000
减：银行已付企业未付的款项	5 800	减：企业已付银行未付的款项	29 000
调节后存款的余额	397 400	调节后存款的余额	397 400

(四）编制资产负债表（10分）

资产负债表

编制单位：苏城公司　　　　　20×7年3月31日　　　　　　　　　　单位：元

资产	期末余额	负债和所有则权益	期末余额
流动资产：		流动负债：	
货币资金	211 600	短期借款	52 000
应收票据	50 000	应付票据	24 000
应收账款	81 000	应付账款	118 000
预付款项	58 000	预收款项	55 000
其他应收款	3 500	应交税费	12 500
存货	481 000	应付利息	52 000
流动资产合计	885 100	流动负债合计	313 500
		非流动负债：	
		长期借款	400 000
		非流动负债合计	400 000
非流动资产：		负债合计	713 500
长期股权投资	382 000	所有者权益：	
固定资产	682 900	实收资本	1 000 000
非流动资产合计	1 064 900	资本公积	80 000
		盈余公积	96 500
		未分配利润	60 000
		所有者权益合计	1 236 500
资产总计	1 950 000	负债和所有者权益总计	1 950 000

附录二
会计学习参考资料

一、法律、法规及规章制度

中华人民共和国会计法（2017年修正）
企业财务会计报告条例（2000年）
企业会计准则——基本准则（2014年修改）
企业会计准则——应用指南（2006年）
小企业会计准则——基本准则（2011年）
事业单位会计准则（2012年）
政府会计准则——基本准则（2015年）
会计档案管理办法（2015年修订）
代理记账管理办法（2016年）
企业会计信息化工作规范（2013年）
会计基础工作规范（2017年修正）
企业内部控制基本规范（2008年）
企业内部控制配套指引（2010年）
管理会计基本指引（2016年）
营业税该征增值税试点实施办法（2016年）
增值税会计处理规定（2016年）
增值税专用发票使用规定（2006年修订）
中华人民共和国发票管理办法（2010年修订）
中华人民共和国票据法（2004年修正）
票据管理实施办法（2011年修正）
现金管理暂行条例（2011年修正）
人民币银行结算账户管理办法（2003年）
支付结算办法（1997年）
银行卡业务管理办法（1999年）
总会计师条例（2011年修订）
会计人员职权条例（1978年）
会计专业职务试行条例（1986年）
会计专业技术资格考试暂行规定（2000年修订）
会计专业技术资格考试实施办法（2000年修订）
注册会计师全国统一考试办法（2014年修订）
财政部门实施会计监督办法（2001年）

二、网络资源

1. 主要会计、税务及财经网站
全国会计资格评价网（kzp.mof.gov.cn）
中华财会网（http://www.e521.com）
中国会计视野（http://www.esnai.com）

中华会计网校（http://www.chinaacc.com）
中国会计网（http://www.canet.com.cn）
中国税务网（http://www.ctax.org.cn）
纳税服务网（http://www.cnnsr.com.cn）
中国经济网（http://www.ce.cn）
中国财经信息网（http://www.cfi.cn）
和讯（http://www.hexun.com）
新浪财经（http://finance.sina.com.cn）
东方财富网（http://www.eastmoney.com）
北京国家会计学院（http://www.nai.edu.cn）
上海国家会计学院（http://www.snai.edu）
厦门国家会计学院（http://www.xnai.edu.cn）
中国证券监督管理委员会（http://www.csrc.gov.cn）
上海证券交易所（http://www.sse.com.cn）
深圳证券交易所（http://www.szse.cn）
中华人民共和国财政部（http://www.mof.gov.cn）
国家税务总局（http://www.chinatax.gov.cn）

2. 会计组织网站

中国注册会计师协会（http://www.cicpa.org.cn）
中国资产评估协会（http://www.cas.org.cn）
中国注册税务师协会（http://www.cctaa.cn）
中国会计准则委员会（http://www.casc.org.cn）
国际会计准则委员会（http://www.ifrs.org）
国际会计师联合会（http://www.ifac.org）
美国注册会计师协会（http://www.aicpa.org）
美国财务会计准则委员会（http://www.fasb.org）
加拿大注册公众会计师联合会（http://www.cga-online.org）
英国会计准则委员会（http://www.frc.org.uk）
国际内部审计师协会（http://www.theiia.org）
国际管理会计师协会（http://www.imanet.org）

三、会计期刊

会计研究
财务与会计
财会月刊
财会通讯
会计之友
中国注册会计师
首席财务官

新理财
税务研究
注册税务师
中国税务
审计研究
金融研究
管理案例研究与评论
中国会计报
中国税务报
财会信报